U0110442

古典文獻研究輯刊

二九編

潘美月・杜潔祥 主編

第2冊

文獻辨僞書錄解題（第一冊）

司馬朝軍 著

國家圖書館出版品預行編目資料

文獻辨偽書錄解題（第一冊）／司馬朝軍 著—初版—新北市：
花木蘭文化事業有限公司，2019〔民 108〕
目 10+202 面；19×26 公分
（古典文獻研究輯刊 二九編；第 2 冊）
ISBN 978-986-485-941-2（精裝）
1. 文獻學 2. 辨偽學 3. 解題目錄
011.08   108011994

ISBN-978-986-485-941-2

古典文獻研究輯刊
二九編 第二冊   ISBN：978-986-485-941-2

文獻辨偽書錄解題（第一冊）

作　　者　司馬朝軍
主　　編　潘美月　杜潔祥
總 編 輯　杜潔祥
副總編輯　楊嘉樂
編　　輯　許郁翎、王筑、張雅淋　美術編輯　陳逸婷
出　　版　花木蘭文化事業有限公司
發 行 人　高小娟
聯絡地址　235 新北市中和區中安街七二號十三樓
　　　　　電話：02-2923-1455／傳真：02-2923-1452
網　　址　http://www.huamulan.tw 信箱 hml810518@gmail.com
印　　刷　普羅文化出版廣告事業
初　　版　2019 年 9 月
全書字數　515880 字
定　　價　二九編 29 冊（精裝）　新台幣 58,000 元
版權所有 • 請勿翻印

文獻辨偽書錄解題（第一冊）

司馬朝軍 著

作者簡介

司馬朝軍，湖南南縣人，珞珈特聘教授，上海社會科學院歷史研究所研究員、古代史室主任。曾任武漢大學國學院經學教授、歷史學院專門史教授、信息管理學院文獻學教授、中國傳統文化研究中心研究員、四庫學研究中心主任。著有《四庫全書總目研究》《四庫全書總目編纂考》《四庫全書總目精華錄》《續修四庫全書雜家類提要》《四庫全書與中國文化》等四庫學系列著作，主撰《辨僞研究書系》，此外出版國學系列著作多種（如《國故新證》《國故新衡》《漢志諸子略通考》《子略校釋》《黃侃年譜》《黃侃評傳》等），著述遍及四部。組織主持「經學論壇」與「江南學論壇」，主編連續性學術集刊《傳統中國研究集刊》與不定期學術集刊《江南學論壇》。

提　　要

　　《文獻辨僞書錄解題》是一部有關文獻辨僞學研究的專門書目，收錄文獻辨僞學研究的論文與著作，著錄時間範圍爲 1912～2018 年，共收錄 3926 條。重要文章附錄摘要或者結論，一般經過加工提煉。少數篇目加了案語，個別地方附錄了相關鏈接。大體分爲十類：首四類大體按照四庫分類，次錄佛、道二藏，末爲辨僞論著。按「部——大類——小類」排列，小類一般按照時間順序排列。一般只收錄中文論著，暫不收外文論著（偶而著錄日文論著）。書後附錄了作者索引，按照音序排列。

目

次

說　明

1、刊物名稱之後不再詳細注明「社會科學版」「人文科學版」等字樣，但報紙注明「海外版」。

2、收錄時間範圍爲 1912～2018 年。

3、重要文章附錄摘要或者結論，一般經過筆者加工提煉。

4、少數篇目加了案語。個別地方附錄了相關鏈接。

5、按照 GB 標準編目。

6、本錄大體分爲十類：首四類大體按照四庫分類，次錄佛、道二藏，末爲辨僞論著。

7、按部——大類——小類排列，小類一般按照時間順序排列。

8、一般只收錄中文論著，暫不收外文論著（偶而著錄日文論著）。

經 部

易類

周易

0001　黎榮燊，《周易》作者源流考，蒼梧花，1924（1）

0002　郭沫若，《周易》的時代背景與精神生產，東方雜誌，1928（21～22）

【解題】寫於 1927 年，通過《周易》卦爻辭揭示殷周社會的政治、經濟結構和精神生產。1928 年再版時改名爲《〈周易〉時代的社會生活》。

0003　黎先簡，《周易》的作者及其思想觀，哲學月刊，1929（2）

0004　顧頡剛，《周易》卦爻辭中的故事，古史辨（第三冊），北京：樸社，1931

【解題】考證了《易經》中的五件史事：王亥喪牛羊於有易、高宗伐鬼方、帝乙歸妹、箕子明夷、康侯用錫馬蕃庶。得出了如下結論：「它裏邊提起的故事，兩件是商的，三件是商末周初的，我們可以說，它的著作時代當在西周初葉。」

0005　顧頡剛，論《易・繫辭》中觀象制器的故事，古史辨（第三冊），北京：樸社，1931

【解題】對所說《周易》卦爻辭所無的觀象制器故事的專門考論，意在證明《繫辭傳》觀象制器章講到古史帝系人物的話是西漢後期人的說法。

0006　錢玄同，論觀象制器的故事出《京氏易》書，古史辨（第三冊），北京：

樸社，1931

【解題】寫於 1930 年，爲錢玄同給顧頡剛的信，信中稱讚顧頡剛辨析《繫辭》「古者庖犧氏」一段爲京氏學者竄入精確不刊，並對顧頡剛的論述有所補充。

0007　錢玄同，讀漢石經《周易》殘字而論及今文《易》的篇數問題，古史辨（第三冊），北京：樸社，1931

【解題】作於 1929 年底，曾載與《北大圖書部月刊》第一卷第二期。此文的目的在於研究漢代今文《易》的篇數之眞相與變遷。認爲西漢初年田何傳《易》時，只有上下經和《彖》、《象》、《繫辭》、《文言》。西漢中葉，漢人僞作的《説卦》、《序卦》、《雜卦》三篇混入。

0008　錢穆，論《十翼》非孔子作，古史辨（第三冊），北京：樸社，1931

【解題】舉出十條論據論證《十翼》非孔子作。今按：此論牽強無根，難以信服。馬王堆帛書《易》記載孔子與弟子研究《易》，已可證明此文論證之不當。

0009　李鏡池，《易傳》探源，古史辨（第三冊），北京：樸社，1931

【解題】上篇爲《〈易傳〉非孔子作底考證》，下篇爲《〈易傳〉著作年代先後的推測》，認爲《彖》、《象》二傳其著作時間最早不出戰國末，最遲不到漢宣帝，作於秦、漢間最有可能；《繫辭》、《文言》爲匯輯之書，產生在漢武帝之後；《説卦》、《序卦》與《雜卦》最早不出焦、京之前，或在劉向校書以至班固作《漢書》時。

0010　李鏡池，論《易傳》著作時代書，古史辨（第三冊），北京：樸社，1931

【解題】此爲李鏡池致顧頡剛的書信，作者推測《繫辭》著於西漢初至西漢末，《文言》或是《繫辭》的一部分。

0011　李鏡池，《周易》筮辭考，古史辨（第三冊），北京：樸社，1931

【解題】《周易》乃占筮之書，其卦爻辭也爲占筮之記錄。

0012　余永梁，《易》卦爻辭的時代及其作者，古史辨（第三冊），北京：樸社，1931

【解題】《易》是出自龜卜，周初卜筮者流所作的一部書。

0013　陸侃如，論卦爻辭的年代，清華週刊，1932（9～10）
【解題】《易》卦爻辭經過口耳相傳，至東周中期方寫定。

0014　宇野哲人，羅霈霖譯，《易·十翼》質疑，國立中山大學文史學研究所
　　　月刊，1934（1）
【解題】《十翼》非孔子所作。

0015　李源澄，讀《易》志疑，學術世界，1935（3）
【解題】羅列關於《易》之作者、《易》之性質、《易》之組成等問題的
觀點。

0016　李星可，《周易》的時代背景與精神生產——評郭沫若所論並抒己見，
　　　中法大學月刊（第6卷），1935（4）

0017　李星可，《周易》的時代背景與精神生產——評郭沫若所論並抒己見
　　　（續），中法大學月刊（第7卷），1935（2）
【解題】以上二文借對郭沫若觀點的討論闡述其易學思想，第一部分為
《〈易經〉中的古代社會》，辨明著作時代和《易經》世代的社會現狀；第二
部分為《〈易傳〉中的思想問題》，分析《易傳》著作時代和思想。

0018　郭沫若，《周易》的構成時代，上海：商務印書館，1940
【解題】《周易》非文王所作，作者為楚人馯臂子弓。後改題為《〈周易〉
之製作時代》收入《青銅時代》。今按：此為臆論，不足為據。

0019　蔡介民，《周易》源流考，國民雜誌，1941（8）
【解題】《易經》包含複雜的自然現象和人事，非一人一時之作，思想
衝突在所難免。

0020　屈萬里，關於《周易》之年代思想，讀書通訊，1942（46）

0021　郭沫若，《周易》之製作時代，青銅時代，北京：人民出版社，1954
【解題】《易》的創作時代在春秋以後，作者為孔子再傳弟子馯臂子弓。

0022　李漢三，《周易》卦爻辭時代考，建設，1955（11～12）
【解題】卦爻辭產生時代不晚於春秋中葉。今按：此論難以成立。

0023　高文策，試論《易》的成書與發源地域，光明日報，1961，6，2

【解題】從天文學史入手，認爲《易經》成書年代爲殷末安陽地區。

0024 劉澤華，略論《易經》的年代及其思想，天津日報，1961，6，14

0025 李鏡池，關於《周易》的性質和哲學思想，文匯報，1961，7，4
【解題】認爲《易經》爲占筮書，而《易傳》爲哲學書。

0026 莊天山，對高文策先生「試論『易』的成書年代與發源地域」一文的幾點意見，光明日報，1961，9，1
【解題】批評高文策從天文學史角度考察《易經》時代的證據不足。

0027 徐世大，《周易》之作者，周易闡微，臺北：開明書店，1963
【解題】《易經》爲農業社會初期之產物，而《易傳》爲儒家學者所作。

0028 李鏡池，《周易》的編纂和編纂者的思想，學術研究，1963（1）
【解題】《周易》爲編纂而成，主張從卦爻辭來尋求每個卦的體系與編者思想。

0029 嚴靈峰，《易經》「小象」成立的年代及其內容，哲學年刊，1967（4）
【解題】推測爻辭爲西周人據商代卜辭改編，《小象》爲東周巫祝撰定，《大象》爲後儒所爲，非周公或孔子所作。今按：結論難以成立。

0030 梅應運，《周易》卦爻辭成書時代之考索，香港新亞書院《學術年刊》（第十三期），1971
【解題】考定卦爻辭成書於春秋末。今按：結論難以成立。

0031 蒙傳銘，《周易》成書年代考，中文大學學報，1975（1）
【解題】考定《周易》成書當在孔子之後。今按：結論不能成立。

0032 徐芹庭，論孔子與《易》之關係——兼評歐陽修錢玄同之誤說，孔孟月刊，1978（10）
【解題】認定《十翼》爲孔子所作，並批評歐陽修「《十翼》非孔子作」與錢玄同「《周易》與孔子無關」之說。

0033 詹秀惠，《周易》卦爻辭之著成年代，孔孟月報，1978（10）
【解題】《周易》卦爻辭著稱於西周初葉，出於一手創作，作者爲太卜之流。

0034　林炯陽，《周易》卦爻辭之作者，易經研究論集，臺北：黎明文化事業
　　　股份有限公司出版，1980
　　　【解題】卦辭作於文王，爻辭作於周公敎可採信，《易傳》必爲孔子所
作。

0035　屈萬里，《周易》卦爻辭成於周武王時考，易經研究論集，臺北：黎明
　　　文化事業股份有限公司出版，1980
　　　【解題】由器用及習語判斷卦爻辭當在東周前，且認定卦爻辭皆成於一
手，最終列舉證據證明作於周武王之時。

0036　李漢三，《周易‧說卦傳》著成的時代，易經研究論集，臺北：黎明文
　　　化事業股份有限公司出版，1980
　　　【解題】從史書記載和《說卦傳》的具體文辭判斷其成書於漢初。

0037　李漢三，《周易》十翼異時分成考，易經研究論集，臺北：黎明文化事
　　　業股份有限公司出版，1980
　　　【解題】論證《象》、《彖》、《文言》、《繫辭》形成於戰國中葉末期。

0038　王開府，《周易》經傳著作問題初探，易經研究論集，臺北：黎明文化
　　　事業股份有限公司出版，1980
　　　【解題】論證孔子作《十翼》說法之誤，認爲《十翼》非孔子所作。

0039　張岱年，論《易大傳》的著作年代與哲學思想，中國哲學發微，太原：
　　　山西人民出版社，1981
　　　【解題】《易大傳》當在老子之後，孟子之前。

0040　王世舜、韓慕君，試論《周易》產生的年代，齊魯學刊，1981（2）
　　　【解題】否定了關於《周易》產生年代的「殷末周初說」和「戰國說」，
並以《左傳》和《國語》爲依據，判斷《周易》爲西周末年到春秋中葉以前
的產物。今按：結論難以成立。

0041　劉大鈞，《易大傳》著作年代再考，東嶽論叢，1981（6）
　　　【解題】贊同張岱年《易大傳》當在老子之後、孟子之前的觀點，認爲
《繫辭》的寫成當稍早於惠子、莊子，或者與之同時。《文言》早於《繫辭》，
《彖》早於《文言》，《大象》早於《彖》，《小象》晚於《大象》，《說卦》最

早。《易大傳》基本部分是戰國中期至春秋初期寫成，有些篇章甚至是春秋末期整理出來；當時的《易大傳》一詞，並不僅指十翼，還包括解說《周易》的不同傳本。

0042 劉大鈞，《周易大傳》我見——關於《周易大傳》各篇寫成的先後及六十四卦順序編次的探討，中國哲學史研究，1982（2）

【解題】《周易大傳》各篇皆戰國作品。最早不早於春秋末，最晚不晚於戰國中期。今本《周易》編次為當初《周易》六十四卦真正編次。

0043 李鏡池，論《周易》的著作年代——答郭沫若同志，華南師院學報，1982（4）

【解題】從歷史社會、思想觀念及文學形式、文字意義等方面推測，主「西周末年說」，破郭沫若「戰國說」。此為李氏 1967 年 4 月 15 日致郭沫若之覆信。郭氏信件見於《中國史研究》1979 年第 1 期。

0044 高亨，《周易》古經的作者與時代，續偽書通考，臺北：學生書局，1984

【解題】《周易》古經成於周初，其中故事，最晚者在文、武之世。又見於《高亨〈周易〉九講》。

0045 王永嘉，《周易》作者考，寧波師院學報，1986（1）

【解題】旨在解脫傳統所說的「《周易》是西周作品」的局限，揭破一般所說的「《周易》是卜筮之書」的神秘，說明它是我國最早的一部史學書，是《左傳》和《國語》二書的總結，有著鮮明的政治目的和精密的思想方法。《周易》的作者當是《左傳》一家的後繼人，他為維護周禮的傳統而作此書。

0046 本田成之，作《易》年代考，《周易研究論文集一》，北京師範大學出版社，1987

【解題】該文發表於 1931 年。「五十而學易，可以無大過矣」應是「五十以學，亦可以無大過矣」，孔子時代《易》尚無定本。此論已被證偽。

0047 靳德峻，本田成之君《作〈易〉年代考》辨正及作易年代重考，《周易研究論文集一》，北京師範大學出版社，1987

【解題】漢以前之經，只有「易」名，而八卦之名實未見之。

0048 毛一波，《易傳》著作年代論述要，東方雜誌，1987（4）

0049　金景芳，關於《周易》的作者問題，周易研究，1988（1）

　　【解題】《易傳》十篇基本上是孔子作，但裏邊有記述前人遺聞的部分，有弟子記錄的部分，也有後人竄入的部分。而弟子記錄的部分，應視爲孔子自作。《繫辭傳》把《周易》的本質特徵和社會效用完整、準確地揭示出來了，是一位頭腦睿智的偉大思想家研《易》的深刻體會；《序卦》是《周易》的綱領，是《周易》六十四卦結構的總說明，非對《周易》有全面地、深入地瞭解，不能道隻字。自春秋到戰國的數百年間，除孔子以外，沒有第二個人做得到。

0050　沈士梅，《周易》成書於春秋以後，周易研究，1988（2）

　　【解題】摘錄曹福敬發表在《中國哲學史研究》1988年第3期的文章，從古筮的示卦特點和古易史、卦爻辭的文學藝術語言與《詩》的關係、辭句反映的社會政治背景來分析《周易》成書於春秋以後。今按：結論難以成立。

0051　楊天宇，談《易經》的成書時代與作者，史學月刊，1988（4）

　　【解題】《易經》一書大約在西周成、康時期已有初本，後經人不斷加工修訂，到春秋初年始成定本。《易經》的編纂者曾經是周王室的卜筮官，後遭政治變故而失官，於是隱於民間，一邊行筮，一邊搜集整理占筮記錄，從事《易經》的編纂工作，並終於將《易經》的初本編纂成功。至於修訂者，可能不止一人，而其最後的修訂者和《周易》書名的確定者，很可能就是春秋初年的像《左傳》所記前往見陳侯的周史或周卜一流的人物。

0052　戢鬥勇，《易經》的形成不可能早於西周晚期，中國哲學史研究，1988（2）

　　【解題】《易經》卦符產生於西周末至戰國時期，卦爻辭產生於西周末至西漢。今按：結論難以成立。

0053　陳鼓應，《易傳·繫辭》所受老子思想的影響——兼論《易傳》乃道家系統之作，哲學研究，1989（1）

　　【解題】老子哲學與《易傳·繫辭》的內在聯繫，表現在兩個最重要的方面：就其哲學內涵來說，是天道觀；就其思維方式來說，是辯證法思想。接著從《繫辭傳》在自然觀方面的基本哲學範疇、命題及概念來考察它所受道家的影響；又從《易傳》思想體系如天道觀、自然觀、辯證的思想方法等

理論架構主幹來考察，認爲以道家思想的影響爲最大；進而說明《易傳》非儒家經典，而是道家系統著作。今按：結論難以成立。

0054 王世舜，論《周易》的產生時代及其與《易傳》的關係，聊城師範學院學報，1989（2）

【解題】春秋中葉以前，《周易》已經建立了自己的一套完整體系，很有可能已產生了定本，當視爲巫、史們的集體創作。從《左傳》和《國語》的記載來看，在遠在孔子之前，《周易》已在社會上被廣泛地加以運用。《周易》之所以具有強大的生命力，就是因爲《周易》不單純是一部筮書，其中還包含深刻的哲理，所以能夠引起孔子極大的興趣；孔子根據口口相傳的關於《易經》的說解，進行加工整理並傳授給學生，再由學生用文字記錄下來形成所謂《十翼》，是完全可能的。

0055 侯廷章，推翻「文王作《周易》說」的論據不實，南都學壇，1989（3）

【解題】《周易》一書的雛形出現在殷末而非西周或戰國，孔穎達、顧頡剛提出的論據都是基於誤解的空說。在沒有發現有力的證據之前，《周易》作者還是沿用舊說爲好。今按：此論比較可取。

0056 呂紹綱，《易大傳》與《老子》是兩個根本不同的思想體系——兼與陳鼓應先生商榷，哲學研究，1989（8）

【解題】《易大傳》與《老子》是兩個不同的思想體系，《易大傳》的思想骨幹得自孔子及儒家，與《老子》無關。老子言道德意在引導人們見素抱樸，回歸自然，達到「爲道日損」的效果；而《易大傳》所言之德，意在鼓勵人們加強修養，利用安身，達到《老子》所反對的「爲學日益」的效果。《易大傳》的最高範疇是「太極」，「太極」是物質性實體；而《老子》在「太極」之前加上一個「道」，「道」是老子虛構出的超物質的規律，也是觀念性實體。《老子》提出「弱者道之用」的命題，強調守柔抱一，主張自然無爲，使它的辯證思維實際上半途而廢；而《易大傳》「一陰一陽之謂道」的命題和「知柔知剛」、「變通趣時」的特點把它對世界的辯證認識推向較高的程度。只有在不承認上帝鬼神的存在上它們是共同的，而《易大傳》又主張「神道設教」，故又貌合神離。至於思想淵源，《老子》受殷易《坤乾》的影響分明較深，而《易大傳》與《坤乾》有著截然不同的思想內涵，它的思想理所當然地來自《周易》古經，又與孔子及其儒家學派一致。

0057　呂紹綱，《周易》的作者問題，周易闡微，長春：吉林大學出版社，1990
　　　【解題】關於《周易》的作者問題，呂氏贊成並接受其師金景芳先生《關於〈周易〉的作者問題》一文的觀點，並作爲其研究這一問題的起點，從思想、歷史文獻學、考古文獻學三個方面加以論證，得出「今本《易傳》確係孔子所作，它的思想屬於孔子」的結論。

0058　孫元昊，關於《周易》經傳構成時代及作者的商榷，中華易學，1990
　　　（3）

0059　劉延剛，《周易・說卦傳》成書年代新探，四川師範學院學報，1990（4）
　　　【解題】《說卦》成書於先秦說和西漢中後期說都不足據。它以八卦配四時八方的時空圖導源於《禮記》的《曲禮》和《月令》，顯然是漢初儒者吸收了陰陽五行的思想，編輯了《禮記》，接著又在以前《易》說卦象和《禮記》時空圖的基礎上編纂了《說卦》。它的成書必在《禮記》的《曲禮》、《月令》、《禮運》等篇成書之後，《史記》成書之前。孟、焦、京、荀之流受《說卦》影響特大，喜講卦氣值日，增衍卦象，《易》學之象數卦氣說在他們手裏就更光大了。

0060　蔣信，《周易》是篡改伏羲卦系而成書，大易集成，北京：文化藝術出版社，1991

0061　陳鼓應，《易傳・繫辭》所受莊子思想之影響，哲學研究，1991（4）
　　　【解題】從陰陽說、變化觀、「神」之義、言意論，以及使用的概念和詞句等角度來分析了《莊子》對《繫辭》的影響。從《易傳》中最重要的部分《象傳》和《繫辭》來看，其受到老莊思想的影響是主要的，還接受了黃老之學、稷下黃老學派——如《管子》四篇等的許多說法及概念。它們是以道家哲學爲主體而吸收陰陽、孺、墨、法各家思想，就其哲學中最重要的組成部分的天道觀及辯證法等方面來看，可稱《易傳》學派爲道家別派。

0062　于載治，論《易經》之編纂時代，中華易學，1991（4）

0063　李學勤，公孫尼子與《易傳》的年代，文史，1992（35）

0064　李學勤，《周易》卦爻辭年代補證，周易經傳溯源，長春：長春出版社，1992
　　　【解題】通過對顧頡剛在《周易卦爻辭中的故事》所列舉的王亥、鬼方、帝乙、箕子、康侯，結合新材料作了一番考證，認爲《周易》經文所見人物

及事蹟確實都是很古老的，經文的形成很可能在周初，不會晚於西周中葉。

0065　李學勤，《易傳》的年代問題，周易經傳溯源，長春：長春出版社，1992

【解題】《易傳》的基本内容和結構在子思的時代已經有了；《樂記》有不少地方沿襲《繫辭》，而成書於戰國末的《荀子》、《呂覽》都曾徵引過《樂記》，其作者當不晚於戰國中期；再從宋玉《小言賦》援引《易傳》來看，《易傳》的成書不會晚於戰國中期，也就是要比楚襄王、宋玉早一個時期；孔門《易》學在很早時候就傳入楚國，荀子一系爲其在楚地的支派，重義理而不重占筮，在晚周至漢初頗有影響。

0066　金景芳，三易思想的產生不在堯前，長白論叢，1992（1）

【解題】三易的經卦皆八，可見其於法天地四時的思想是共同的，而這一思想當在堯改火曆爲「曆象日月星辰」的新曆之後，故三易思想的產生不在堯前。

0067　陳鼓應，論《繫辭傳》是稷下道家之作——五論《易傳》非儒家典籍，周易研究，1992（2）

【解題】《繫辭》重占筮與田齊尚卜之風及稷下道家有關；《繫辭傳》雖重視占卜，但同時也籍卦爻辭等發揮著哲理，其精氣說、道德說，以及勢位思想，與稷下道家有根本的相通之處；《繫辭》具有革新性、開放性，以及功利取向等齊文化特點；《繫辭》乃以道家觀點解《易》之作，並非儒家而是道家經典。今按：此說難以成立。

0068　李平心，關於《周易》的性質、歷史內容和製作時代，平心文集三，上海：華東師大出版社，1992

【解題】《周易》成書在《尚書》、《詩經》、《春秋》之後，郭沫若「《周易》作於戰國時代」的推斷是很難動搖的；《周易》不是純卜筮之書，而是屬於史世系統的私家著作，《卦爻辭》正蘊藏了許多關於周、狄民族矛盾的史事；依據已考明的歷史故事來判斷，也可證明《周易》不是一部尋常的卜筮書，而是用諧隱文體和卜筮形式寫成的特殊史書，其中包含了許多春秋史事，更可證明它的成書很晚。今按：此說難以成立。

0069　謝寶笙，從「悔亡」一詞追尋《易經》的作者，殷都學刊，1993（2）

【解題】《易經》的主題是通過歷史和人生經歷表達「易道」的崇高性；

上經是周興殷亡的歷史哲理描述，下經是作者自傳；並通過「悔亡」一詞，逐步疏理《易經》作者身份，最終得出其身份應是文官之首，更隱晦地點出其為南宮括。今按：此文所說實乃發前人所未發，匪夷所思，難以成立。

0070　曹定雲，論安陽殷墟發現的「易卦」卜甲，殷都學刊，1993（4）

【解題】據「易卦」卜甲的形制特徵斷其為周人之物，為《周易》而非《連山》、《歸藏》，可能是文王被囚羑里時的遺留之物。

0071　張增田，《易經》成書年代新證，安徽大學學報，1994（1）

【解題】《易經》最後成書當在春秋早期。通過對《益卦》、《旅卦》、《鼎卦》的考察，從《易經》所反映的重大歷史事件、商業和日常生活用具三方面進行了深入的考證。結論：《益卦》六四爻「為依遷國」是指西周末年鄭國東遷之事；《旅卦》所觸及的遠地行商具備西周末年，尤其是春秋早期，遠地行商剛剛起步、正待風行的時代特徵；《鼎卦》中的鼎，其形狀和鑄造方式顯然屬於春秋早期，而它能作為一般的煮食之器出現在依神而存的《易經》裏，更是春秋早期禮制遭到破壞的結果。今按：此說難以成立。

0072　宋祚胤，論《周易》的成書時代、思想內容和研究方法，湖南師大社會科學學報，1994（1）

【解題】《周易》寫成於西周厲王末年，為幫助厲王復國中興而作。《周易》以退為進、以後取先、以柔克剛、以弱勝強，這些都是作者以之作為厲王復國中興的強大思想武器。今按：此說難以成立，絕不可信。

0073　黃慶萱，《十翼》成篇考，周易研究，1994（4）

【解題】《說卦傳》成篇最早，其次為《繫辭傳》，不早於漢文帝十二年。《象傳》為文景時授易師編定，《象傳》與之同時而稍晚。《文言》在景帝時已成篇。《序卦傳》不早於漢文帝十二年。《雜卦》可能成於漢宣帝之後。今按：難以成立。

0074　黃寶先，《易經》與稷下學——兼論《易傳》為稷下黃老之作，管子學刊，1994（4）；中國哲學史，1995（3）

【解題】不僅《繫辭》為稷下學派所作，整個《易傳》就是稷下黃老學派之作。其立論依據有：《易傳》功利性體現了齊文化特點；《易傳》以道為主，兼採儒、墨之善，撮陰陽、名、法之要，體現了黃老學派特點；稷下學

爲《易傳》產生的文化背景。今按：此說難以成立。

0075　陳鼓應，《易傳》與道家思想，臺北：臺灣商務印書館，1994

【解題】《易傳》是道家作品，帛書《繫辭》是道家傳體。戰國道家或易家「引道入易」，將《易經》哲學化。《易傳》便是融合老、莊及黃老學說的重要概念、範疇和思維方式而成。其目如下：

第一部分　《象傳》的主體思想：道家的宇宙觀
　　　　　《象傳》與老莊
　　　　　《象傳》的道家思維方式
第二部分　《象傳》、《文言》解《易》的道家傾向
　　　　　《象傳》中的道家思維方式
　　　　　《文言》解《易》的道家傾向
第三部分　《繫辭》與稷下道家
　　　　　《易傳·繫辭》所受老子思想的影響
　　　　　《易傳·繫辭》所受莊子思想的影響
　　　　　論《繫辭》是稷下道家之作
　　　　　《易傳》與楚學、齊學
第四部分　帛書《繫辭》與道家傳本
　　　　　馬王堆出土帛書《繫辭》爲現存最早的道家傳本
　　　　　帛書《繫傳》與今本《繫辭》——再論帛書《繫傳》爲道家之傳本
　　　　　帛書《繫辭》和帛書《黃帝四經》
　　　　　《繫辭》的道論及太極、大恒說
第五部分　《說卦》、《序卦》的道家理路
　　　　　《說卦》「窮理盡性」的道家理路
　　　　　《序卦》相反相因的道家思維方式
第六部分　帛書《易》說與黃老思想
　　　　　《二三子問》、《易之義》、《要》的撰作年代以及其中的黃老思想
　　　　　帛書《繆和》、《昭力》中的老學與黃老思想之關係

0076　葉福翔，《周易》思想綜合分析——兼論《周易》成書年代及作者，中

山大學研究生學刊，1995（2）；周易研究，1995（4）

【解題】《易經》是西周卜筮官員們彙集的卜筮記錄，經殷商草創、西周漸成、孔子編定；《易傳》是對《易經》的義理發揮；《象》是純粹儒家之作，《象》是儒道融合奠基作，《繫辭》和《說卦》是儒、道和陰陽思想綜合作。《易傳》各篇作者為：曾子作《大象》，子思作《小象》，子弘作《象》，田何作《繫辭》，丁寬作《說卦》，楊何作《文言》，田王孫作《序卦》和《雜卦》。今按：此乃胡亂編排，絕不可信。

0077　李學勤，關於《周易》的幾個問題，古文獻叢論，上海：上海遠東出版社，1996

【解題】《周易》卦爻辭成於西周初葉；孔子晚年喜《易》，而且自撰《易傳》（至少其中一部分）；《易傳》主體結構形成應與《論語》處於差不多的年代，孔子關係密切；根據帛書《周易》經文卦名有些與《歸藏》卦名相合或類似，則漢以來流傳的《歸藏》確乎有據，並非全出杜撰。

0078　李學勤，帛書《易傳》與《易經》的作者，古文獻叢論，上海：上海遠東出版社，1996

【解題】文王作《易》之說有著相當古的起源，《周易》經文與文王有關係確實是可能的，《周易》經文最後形成雖遲於文王，但仍可能在周初。

0079　李學勤，孔子與《周易》，古文獻叢論，上海：上海遠東出版社，1996

【解題】孔子晚年喜《易》已得帛書《易傳》證明，《論語·述而》「五十以學《易》」，是孔子與《周易》關係的重要證據，而下句的「大過」，也是用《周易》卦名成語，和帛書《要》篇引用巽卦「史巫」一語相同。

0080　李學勤，帛書《周易》的幾點研究，古文獻叢論，上海：上海遠東出版社，1996

【解題】帛書《周易》經傳的編排還是經過精心考慮的，是一部有自己體系的完整書籍。經文列於傳前；《二三子問》分說經文，列於傳文諸篇之首；《繫辭》、《易之義》通論大義，排在其次；《要》於論說外又有記事，則續於後；《繆和》、《昭力》乃是易經師的言論，故次於最後。《繫辭》是成書很早的古籍，帛書所根據的《繫辭》，其構成其實是和今傳本基本一致的，不過有一部分脫失，一部分散入他篇，於是成了現在的面貌。至於帛書《周易》，其

整體的形成是很遲的，有可能晚到秦亡以後，它應該是楚地易學一派整理的結果，而《繆和》、《昭力》篇中所記諸人，便是這一派的經師。

0081 李學勤，帛書《易傳》及《繫辭》的年代，古文獻叢論，上海：上海遠東出版社，1996

【解題】帛書一派未能盡傳「十翼」，不只是帛書僅見《繫辭》，《繆和》後半部分把歷史事件生搬硬套地同卦、爻辭聯繫在一起，與十翼基本觀點不合，甚至連《左傳》、《國語》春秋筮例的精彩都失去了；再從帛書《周易》經文的卦序也知道，他們不可能同時傳承《序卦》，而《說卦》、《序卦》、《雜卦》是一體的，可能均非這一派所傳。足見帛書這一派《易》學走了偏鋒，只能說是在楚地的一種別傳（楚地是有正宗易學流傳的，如荀子、淮南九師所學）。

0082 王寧，申論《周易》之製作時代，郭沫若學刊，1996（2）

【解題】《周易》爻辭中的「中行」確爲荀林父，即中行桓子，郭沫若說《周易》不作於春秋中葉以前是正確的；《左傳》中那些「以《周易》筮之」或「其在《周易》」云云的話大多是劉歆的僞竄的；孔子讀過《周易》，但沒作《易傳》；《周易》成書年代當在公元前551年至公元前500年之間。今按：此論不能成立。

0083 王文清、李躍柱，略論道家對《易傳》哲學思想的影響——兼論《易傳》歸屬於儒家著作，聊城師範學院學報，1996（4）

【解題】從《易傳》的天道觀、人道觀兩方面分析《易傳》與道家哲學思想的異同，從而說明《易傳》從屬於儒家思想體系，而不屬於道家思想體系。

0084 劉宗漢，從《中方鼎》看《易傳·大象》的性質和年代，高校理論戰線，1996（6）

【解題】通過對《中方鼎》的研究，認爲《大象》是西周王室大史僚中另一部占筮書，與今本《周易》非一經一傳關係，其祖本西周初年已經形成。孔子整理《大象》無容置疑。今按：此乃臆論，不可信從。

0085 郭沂，從早期《易傳》到孔子易說——重新檢討《易傳》成書問題，國際易學研究第三輯，北京：華夏出版社，1997

　　【解題】今本《易傳》由四個部分構成。第一部分爲孔子之前的《周易》
文獻，包括《彖》、《象》二傳全部，《説卦》前三章之外的部分和《序卦》、《雜
卦》全部（古《説卦》佚文），《乾文言》的第一節（古《文言》佚文），它們
成書於西周初年《易經》成書後至孔子出生前這大約 500 年時間裏。第二部
分爲孔門弟子所記孔子關於《周易》的言論，包括《繫辭》的一部分。第三
部分爲孔子的《易序》佚文，包括《繫辭》的另一部分和《説卦》前三章。
第四部分爲孔子的另兩篇佚文，一篇爲《續乾文言》，包括《乾文言》的第二、
三、四節，另一篇姑名之爲《乾坤大義》，包括《乾文言》的第五、六節和《坤
文言》全部。

0086　張增田，《易經》成書年代新證補考，古籍研究，1997（3）
　　【解題】通過對地下材料、相關文獻、卦爻辭句式和語法特徵的考察，
認爲《易經》是在西周滅亡前至春秋開始後不到 100 年間形成的。今按：此
論不能成立。

0087　郭沂，《易傳》成書與性質若干觀點平議，齊魯學刊，1998（1）
　　【解題】評述了以下三種較有影響的觀點：其一，唐代以前形成的認爲
《易傳》作於孔子的傳統觀點；其二，宋人歐陽修以來認爲《易傳》是一部
成書於戰國以後、與孔子無直接關係的儒家經典的觀點；其三，近年來陳鼓
應先生提出的認爲《易傳》不但成書於戰國以後，而且是一部道家系統作品
的觀點。利用排除法對《易傳》作於戰國後的幾種觀點進行了否定，認爲《易
傳》成書不晚於孔子，今本《易傳》各部分都與孔子存在直接或間接的關係，
但若誇大孔子的創作成份，便犯了以偏概全的錯誤。

0088　廖名春，從語言的比較論《周易》本經成書的年代，許昌師專學報，
　　　　1999（1）
　　【解題】採用語言比較的方法，將《周易》本經中的大部分基本詞彙、
實詞附加成份、虛詞的運用等，與殷商甲骨文、《尚書》、《詩經》、《左傳》、
諸子等先秦文獻進行了比較考察，確定《周易》本經成書的時間爲殷末周初。

0089　張殿清，《周易》的成書時間及其哲學思想析評，北京印刷學院學報，
　　　　1999（3）
　　【解題】《周易》包括《易經》和《易傳》兩部分，不成於一人一時，《易

經》成書於周初，《易傳》成書於春秋戰國時期。《周易》是卜筮之書，理論前提是唯心主義的，但是它對經文的解釋卻以對客觀世界及其變化的觀察爲依據的，因而包含有樸素唯物論和樸素辯證法思想。《周易》作爲占卜之書，對事物吉凶的預測，是建立在宗教神學的唯心主義天道觀念基礎之上的，誇大其預測功能是不可信的。

0090　李衡眉，孔子作《易傳》之明證、補證與新證，孔子研究，1999（4）

　　【解題】列舉金景芳提出的三證，分別出自《史記》、《論語》、《易·繫辭傳》與《文言》，證明《易大傳》爲孔子作；又列舉了李學勤的三條證據，以及作者自己提供《史記》與《論語》、《文言傳》相關之處作爲孔子作《易傳》的例證。

0091　廖名春，上海博物館藏楚簡《周易》管窺，周易研究，2000（3）

　　【解題】就上博楚簡《豫卦》與《大畜卦》進行探討，從卦畫角度反駁了「馬王堆帛書《六十四卦》上的卦畫是中國最早用陰陽爻寫成的」的觀點；從卦名方面判斷在戰國中期楚簡裏，卦辭與卦爻辭並存；從爻題方面指出《周易》原無爻題、用題說的觀點不符合事實。

0092　何澤恒，孔子與《易傳》相關問題覆議，周易研究，2001（1）

0093　何澤恒，孔子與《易傳》相關問題覆議（續），周易研究，2001（2）

　　【解題】就「司馬遷述孔子所作《易傳》之範圍」、「孔子五十以學《易》」、「孔門傳《易》說」、「帛《易》佚傳與孔子」四個專題進行討論，認爲帛《易》出土，對研究古代《易》學自有相當大的貢獻，但在證成孔子贊《易》之說上，似仍未足恃以爲定讞。

0094　游喚民，《易大傳》非孔子所作，湖南師大學報，2001（4）

　　【解題】將《易大傳》各傳作了對比研究，論證了《易大傳》各傳非出自一人之手，並指出其中某些哲學範疇及《繫辭傳》、《說卦傳》大談卜筮，爲《論語》所無，從而認定《易大傳》爲說《易》者積累之作，爲一部綜合性論集，非孔子所作；但其中包涵並發展了孔子的思想。

0095　陳啓智，論《易傳》的學派屬性——與陳鼓應先生商榷，周易研究，2002（1）

　　【解題】關於古書學派屬性的判定，首先應辨析其最高範疇與核心理

念，其次應觀其學術方向，看其學其術到底要把社會引向何方，最後還要考察其與歷史文獻之關係。由是觀之，《易傳》爲儒家的典籍，殆無疑義。陳鼓應所説《易傳》與黃老、稷下道家之同，只是表明了《易傳》對此兩派道家之影響，而不是相反。

0096　劉建臻，二十世紀《周易》作者研究述略，福建省社會主義學院學報，2002（2）

　　【解題】就二十世紀《周易》作者的研究問題歸納了十二種觀點，並歸納了五種論證方法。

0097　周錫䪖，《易經》的語言形式與著作年代——兼論西周禮樂文化對中國韻文藝術發展的影響，中國社會科學，2003（4）

　　【解題】用「語體」與「語料」的二重證據法來考察，認爲周初有古本《周易》，乃參照商之《歸藏》編纂而成，到西周末，因變得艱澀難讀，不便實占的應用，遂由史巫以新興之韻文形式增損改寫，而成爲今傳本《易經》；中國的韻文藝術自西周中後期起，能獲得迅速的流行、發展，很大程度上乃拜禮樂文化彬彬大盛所賜，四言體詩歌之成熟是一例，今傳本《易經》之撰作也是一例。

0098　葉菲菲，《易經》的文化沉積與寫作年代，清華大學學報，2004（6）

　　【解題】《易經》有幾點可以表明其寫作年代的文化沉積：隱晦的圖騰意識；「利建侯」的社會環境；以「邑人」爲庶民的社會分層；不使用「哉、矣、也、乎」等語氣詞的語言風格。根據這些文化沉積及有關殷末人物箕子的爻辭推斷，《易經》成書於殷末。

0099　廖名春，錢穆「孔子與《周易》關係説」考辨，河北學刊，2004（2）；中國學術史新證，成都：四川大學出版社，2005

　　【解題】中國學者中最早系統論證孔子與《周易》無涉的當爲錢穆。此前，日本學者本田成之已有此説；因此，不能説這一著名的疑古論點沒有日本漢學的影響。古人所謂孔子作《易傳》之説，雖然也有疏漏、不夠縝密之處，但也基本上符合先秦古書的習慣；從馬王堆帛書和郭店楚簡的記載來看，否定孔子與《周易》經、傳有關，顯然是不能成立的。

0100　李鋭，郭店簡中的「性命」與《易傳》的年代問題，周易研究，2008（3）

【解題】根據郭店楚墓的年代，利用郭店楚墓竹簡《唐虞之道》篇中出現的「性命」以及傳世文獻的材料，指出劉笑敢以「道德、性命、精神這三個複合詞」判定《莊子》內篇早於外、雜篇之說存在問題。因而以其爲根據的種種關於《易傳》年代的結論均不可靠。

0101　劉光勝，帛書《易傳》成書問題新探，遼寧師範大學學報，2009（1）

【解題】從帛書《易傳》成書問題的依據和帛書《易傳》的成書過程加以考察，認爲帛書《易傳》整體形成在秦代《挾書律》施行之前，帛書《易傳》的散亂期和《挾書律》的施行期基本重合，帛書的整理期在《挾書律》廢除到漢文帝前元十二年之間。利倉家族實際上並沒有對帛書《易傳》進行整理，只是抄寫而已。帛本《易傳》中《說卦》前三章的歸屬問題，帛本《繫辭》與今本《繫辭》的先後關係問題，帛書《易傳》的成書時間問題，都可在這一框架下得到合理的解釋。

0102　史善剛、董延壽，《易經》成書時代考，中州學刊，2009（2）

【解題】《易經》的產生和形成是一個漫長的歷史過程，從占卜吉凶禍福到認識萬事萬物，從陰陽概念的產生到八卦的創成，再從八卦推演到六十四卦，是一個循序漸進、一脈相承、逐步發展、日臻完善的過程。而關於《易經》成書之時代問題，有兩個毋庸置疑的可靠渠道：一個是從發展演變達數千年之久的數字易卦中來探尋八卦的起源和易經的來源問題，其時至於西周晚期；一個是從《易經》自身的卦爻辭中，來捕捉和推斷《易經》成書之確切年代，其時大約爲周宣王時代。今按：此論不能成立。

0103　劉新華，從數字卦和卦象看《周易》的成書，周易研究，2009（4）

【解題】《周易》的「象」有悠久的歷史，其源頭可追溯到上古文獻《三墳》。卜筮在商朝時已成熟，早在商朝時就有官方易學和民間易學之分，所謂組成數字卦的數字應該是符號而不是筮數，在《周易》之前有《商易》，《商易》是商代巫咸結合遠古文化與筮數而成。在商周時期有官方《易》和民間《易》，《周易》是對商代官方易學《商易》亦即《坤乾》的損益。從各種文獻看，今傳本《周易》的成書是比較晚的，《周易》形成後有很多不同的傳本，亦有義理《周易》和卜筮《周易》之分。

0104　張慶利，《易傳》作者問題平議，綏化學院學報，2009（6）

　　　【解題】根據存世文獻以及出土文獻所提供的新的證據，反駁了歐陽修等人「《易傳》非孔子作」的觀點，認爲《易傳》的主體爲孔子所作，而在闡釋的過程中，吸收了前人的成果，又經後人的補益，這是可能的，而且是存在的；但這並不妨礙其主體思想仍是孔子的，是早期儒家的。

0105　張慶利，《易傳》作者問題兩則史料辨正，古籍整理研究學刊，2010（6）

　　　【解題】將《史記·孔子世家》「序象、繫、象、說卦、文言」中的「序」訓釋爲「論列」，將《漢書·藝文志》「爲之象、象、繫辭、文言、序卦之屬十篇」中的「爲之象」理解爲「爲《周易》作《象傳》」，認爲《易傳》爲孔子所作。

0106　張濤，論《易傳》的成書與學派歸屬，歷史文獻研究，2010

　　　【解題】《易傳》不僅與道家、儒家關係密切，而且與其他諸子思想也有一定相通、相似之處，是綜合百家、超越百家的產物。今按：此爲顛倒之論。

0107　劉新華，今本《易傳》成書新說，儒家典籍與思想研究，2010

　　　【解題】通過比較帛書《易傳》與今本《易傳》之異同，認爲早在孔子之前可能就已存在古本《易傳》，並被稱爲「易」，作爲占筮之人解《易》的依據。春秋戰國至漢初《易》有數家之傳，又有官方《易》和民間《易》，形成多種《易》說。後經司馬遷時期的「正《易傳》」和費直以傳附經才形成今本。

0108　劉延剛、潘昱洲、劉昌明，《易傳》的成書年代與作者新說，四川大學學報，2011（1）

　　　【解題】《易傳》除《雜卦》而外，均成書於孟子、荀子之後，司馬遷之前，其成書的先後順序應該是：《繫辭》、《文言》、《象傳》、《象傳》、《序卦》、《說卦》、《雜卦》。作者除《說卦》爲漢初方士儒，《雜卦》爲漢武帝以後的漢儒所作外，其他基本上是戰國末至秦、漢初的子夏后學所作。《易傳》的出現體現了百家爭鳴以來，儒家「以神道設教」構建儒家化形上學的努力。今按：結論難以成立。

0109　張朋，孔子「序」《易傳》五篇考辨，中州學刊，2011（1）

【解題】今本《周易》包含在孔子之前已經廣泛流傳的《周易》解說、孔子的思想、戰國時期儒家學者的思想，「序」字含有三重含義：整理，講述，肇緒。只有在「序」字的這三重含義上，孔子「序《彖》、《繫》、《象》、《說卦》、《文言》」才是符合歷史事實的可信記載。

0110　楊慶中，《易經》中的神鬼信仰與「德」性意識——兼及《易經》成書的年代，周易文化研究，北京：社會科學文獻出版社，2013

【解題】通過與《尚書》等文獻中所載周公思想的比較，發現《易經》卦爻辭中所體現出來的宗教信仰、「德」性意識、政治理念等與周公的思想觀念比較一致。據此推測，《易經》卦爻辭的編纂可能與周公有關，《易經》之成書或是在西周初年。

0111　楊世文，宋儒對《易傳》的考辨及其價值，宋代文化研究，2013

【解題】宋儒的可貴之處在於指出了「十翼」之中有相當多的篇目並不是孔子親手所作，而出於門人的記錄或後世經師的追述。今按：此論難以成立。

0112　董延壽、史善剛，《易經》創作時代之辯證，哲學研究，2013（2）

【解題】通過「從易卦到《易經》的演變與發展之歷程」與「《易經》卦爻辭中所反映的《易經》創作之時代」兩個角度來考察，認爲《易經》一書的問世當在西周晚期，而且很可能是在周宣王時代。今按：結論不能成立。

0113　廖名春，從繫辭傳論「伏羲作八卦」，船山學刊，2014（2）

【解題】所謂「伏羲作八卦」是說伏羲氏時代的先民發明了易卦，發明了卦畫符號；這不但包括八卦的卦畫，也包括了六十四卦的卦畫，甚至還當包括一定量的卦爻辭；將「伏羲作八卦」局限於卦畫，不僅與「三《易》」及數字卦皆有卦爻辭的事實不合，在實踐中也是難以解釋的。

0114　鄭吉雄、傅凱瑄，《易傳》作者問題檢討（上），船山學刊，2015（3）
0115　鄭吉雄、傅凱瑄，《易傳》作者問題檢討（下），船山學刊，2015（5）

【解題】就考辨的方式而言，前人辨析《易傳》作者時，主要以《十翼》各傳相參，再輔以《左傳》、《論語》與《易傳》相關之內容，以及《史記》、《漢書》相關之記載，而在辨析文義時，常常雜入「非聖人所言」的主觀意見。近代學者除了利用前人的成果外，更進一步將《易傳》與先秦、漢代之

各類文獻對勘，從文辭使用、押韻方式、思想變化、傳經系統、文獻流佈等各種現象進行分析，近年來又輔以出土文獻，材料更爲豐富，方法也更爲嚴密。就考辨的目的來看，傳統學者將經典視爲政治制度的根本、個人行事的準則，具有神聖性與唯一性。當經典所記述的三代之治始終無法達致，有些學者開始懷疑舊解有誤而嘗試提出新詮，有些則質疑其中雜有非聖人之言而試圖加以清除，《易傳》作者問題屬於後者。近代學者考辨《易傳》作者之目的，在於摘除儒者所賦予經典的神秘面紗，建構思想史之脈絡，大略而言：古史辨時期學者受到反傳統思潮的洗禮，多帶有摧破舊說的企圖，往往利用看似客觀的方法，證成充滿主觀的結論，標新立異，以期引起關注。晚近學者則重拾對傳統文化的敬意，更純粹地以學術的角度來看待此一問題，嘗試釐清先秦思想之縱向發展，以及各家學說之橫向互動。不過，由於先秦文獻流傳的過程中，初爲口說傳授，著於竹帛之後，往往又經後學不斷增益，是以若要用思想對比參照的方式來確認《易傳》的著成時代，具有一定難度。此外，在經、傳分離的觀念籠罩下，學者多將《易傳》視爲《易》理之源，而《易傳》思想以儒家爲主幹，故推本於孔子的創發，不再上溯，又或只著重於戰國時代各家思想的交互影響。實則《易經》富涵義理，孔子吸收《易》理而融會自己的學說，有繼承的一面，亦有開創的一面。如不瞭解《易經》，則難以清楚說明《易傳》的承繼與開創。

0116　劉保貞，卦爻辭的形成與《周易》的哲理化，周易研究，2015（4）

　　【解題】卦爻辭與卜筮之辭從內容到形式都大不同，它不是由筮人總結卜筮之辭而來，從內容上看更可能是當時的「黃曆」式的記錄。孔子用「賦詩斷章」式闡釋方法對卦爻辭的引申發揮使《易經》地位有了質性提升，《易傳》最終奠定了《周易》「大道之源」的歷史地位。

0117　金春峰，從邏輯與歷史的統一解答《周易》古經的一些問題，周易研究，2015（4）

　　【解題】正確認識《周易》古經之成書及其作爲文本的思想文化史意義，是目前亟待解決的重要問題。《周易》的基本面貌春秋時已定型。《周易》編纂成書時，已使用、也才使用了兩個基本卦符。六十四卦由八卦相重而成，體現出「數」的機械性。六十四卦兩兩之間是互覆或互變的關係，爻辭相互呼應，甚至共用，體現了編纂者的有意安排。卦爻辭並非隨意寫就，不能低

估其含寓的思想水平與教誡意義。就殷商數字卦而言，張政烺先生的解讀存在一定失誤。《周易》古經應沒有乘、承、應、二五同功而異位等觀念，《左傳》《國語》無「用九」、「用六」，說明當時沒有大衍筮法。《彖傳》與《大象》從不同角度發展了象數方法，是一種全新的詮釋範式。

0118　姜廣輝、舒科，《易經》前史考略，哲學研究，2015（6）

【解題】《周易》在先秦稱《易》或《周易》，至漢代方有《易經》之稱。本文所考察的主要是漢代《周易》稱「經」以前的歷史，因而稱之爲「《易經》前史」。本文的觀點是：「伏羲畫八卦」無從稽考，「文王重卦」並「作上、下篇」卦爻辭也屬不實，孔子作「十翼」同樣不確。司馬遷《史記》和班固《漢書》所構擬的《周易》演生史並不能爲先秦史料所證實。在作者看來，《周易》卦爻辭及「十翼」各篇乃是歷史上許多佚名的智者所作，即使沒有伏羲、文王、孔子的參與，也並不影響其作爲中華民族偉大元典的地位。

0119　王林棟，古史辨易學辨正，山東大學碩士學位論文，2015

【解題】20世紀20年代，顧頡剛引領的古史辨思潮興起，在史學領域引起了巨大的反響。古史辨學者不僅討論與三皇五帝有關的上古史問題，還討論《易經》、《詩經》等經學問題，以及諸子學的儒、墨、道、法多家的問題，要求還原歷史原貌，建立新史學體系。20世紀易學就在古史辨易學討論的氛圍中展開，出現了與此時期象數派、義理派發展並不相同的新路徑。古史辨學者討論了關於《周易》經傳作者、年代、性質，孔子與《周易》關係，以及觀象制器說等等問題，完全開闢此時期的易學新論域，之後半個世紀易學的發展還是在古史辨的論域中展開。因而，古史辨易學問題的來源，古史辨易學對前人易學的繼承與發展，都是值得注意的。20世紀初，日本學界因爲崔述的《考信錄》掀起了疑古辨偽的思潮，早於古史辨思潮十幾年，出現較早的日本疑古思潮對古史辨思潮的影響，以及此時期日本易學與古史辨易學的關係也都值得討論。全文在結構上分六章。緒論，主要釋題、介紹相關研究成果、篇章結構、研究方法。第一章以顧頡剛爲主體，論述古史辨思潮展開的背景。第二章介紹傳統主流易學思想和前人易學辨偽成果，並討論古史辨易學辨偽的論題、思路對前人成果的繼承與發展。第三章、第四章，是古史辨易學研究的主體，依史學論域分爲：伏羲神農與上古史、文王與卦爻辭、孔子與《周易》、《周易》經傳的性質及關係四部分，具體展開古史辨易

學的發展脈絡及其核心的論域。第五章，研究古史辨易學與日本疑古思潮易學辨偽的交互影響。第六章，對古史辨易學的總結與辨正。

0120　張遠山，伏羲卦序探索史，社會科學論壇，2016（1）

【解題】戰國以降的「伏羲象數易」，籠罩在「渾蓋之爭」的政治陰影之下，總共排出異於《周易》的四種原創卦序、三種衍生卦序，全都不合陰陽本質、象數二義、爻動原理、太極原理，因而兩千多年探索伏羲初始卦序，證明其曆法初義，未能成功。

0121　孟祥笑、高中華，二重證據法與《周易》研究的典範，周易研究，2016（4）

【解題】李學勤《周易溯源》主要對《周易》經傳的年代、筮法、帛書《周易》經傳以及《易緯》進行討論，相關結論和方法不但推動了《周易》研究，而且對整個中國古代文化史的研究都有重要意義。

0122　趙建功，先秦儒家易學蠡測，華中國學，2017，（2）

【解題】孔子及絕大多數先秦儒家都很重視《周易》，《周易》是其主要研習經典之一，且其易學造詣很高。由「孔子晚而喜《易》」的事實可以推斷，孔子晚年對《周易》的認識曾有一次質的飛躍。此後，學《易》成爲他生命中不可或缺的組成部分，《周易》在他心目中的重要性是其他經典難以企及的。因此，至晚在孔子晚年所屬的春秋末期，《周易》即已成爲「群經之首，大道之原」，易學即已分爲義理學派和象數學派。文章還就先秦儒家的進學順序與《周易》的重要性、帛書《易傳》的成書年代、孟子與《周易》的關係、先秦儒家的易學風格和精神氣象等問題進行了探討。

三墳易

0123　王新業，《三墳易》卦序初探，周易研究，1989（1）

【解題】《三墳書》沒有失傳，《三墳易》的一些卦名和卦象等可以在先秦文獻和漢墓出土的文物中找到印證和遺跡，連體卦序是《三墳易》不僞的佐證。作者認爲「不能把《三墳書》說成毛漸僞造，也不能根據晚出的傳文否定《三墳易》的眞實性」。

0124　王興業，再論《古三墳》的《歸藏易》，大易述要，濟南：齊魯書社，

1994

【解題】對《歸藏易》的來龍去脈等基本情況進行了詳細的論述，並將卦氣說的產生於發展分爲了三個階段。

0125　王興業，再論《三墳易》不僞說，大易集述，成都：巴蜀書社，1998

【解題】從卦序方面論證《三墳易》並非後人僞造，但也非伏羲、神農、黃帝所寫，而是戰國人根據流傳的資料完成的。今按：此說不能成立。

0126　王興業，《三墳易》探微，青島：青島出版社，1999

【解題】《三墳易》爲《周易》源頭。《古三墳》不僞，爲後人根據流傳的資料追記而成。今按：此說不能成立。

歸藏

0127　劉師培，連山歸藏考，中國學報，1916（2）

【解題】對《連山》、《歸藏》的流傳進行了梳理，記錄了歷代書目的著錄情況。

0128　高明，連山歸藏考，制言，1939（49）

【解題】梳理了《連山》、《歸藏》的基本情況和流傳亡佚等情況，展示歷代的觀點，並對其所包含的哲理進行論述。

0129　李家浩，王家臺秦簡「易占」爲《歸藏》考，傳統文化與現代化，1997，2，15

【解題】秦簡「易占」卦辭與《歸藏》卦辭佚文的格式相同，而且秦簡「易占」卦辭的一些內容還見於《歸藏》卦辭佚文，則秦簡「易占」即爲《歸藏》；《玉函山房輯佚書》中《連山》有問題，秦簡「易占」非《連山》。

0130　廖名春，王家臺秦簡《歸藏》管窺，周易研究，2001（2）

【解題】秦簡《歸藏》應當是《歸藏》易的《鄭母經》，「鄭母」即「奠母」，即「尊母」、「帝母」，以母爲尊，以母爲主；豫，秦簡《歸藏》作介，說明《周易》豫卦的本義當爲大；規卦相當於《周易》的隨卦；傳本《歸藏》以「興」或「爽」爲坤卦的卦名，是錯把卦辭當作了卦名；秦簡《歸藏》的「天目」當爲「天日」之訛；秦簡《歸藏》的卦名與今本《周易》同者更多於帛書《易經》；秦簡《歸藏》以∧表示陰爻，表明∧是陰爻的一種別寫，而不是

性質不同的數字。

0131　林忠軍，王家臺秦簡《歸藏》出土易學價值，周易研究，2001（2）

　　　　【解題】以新出土的《歸藏》爲主要根據，又徵引出土阜陽漢簡《周易》、馬王堆帛書《周易》和其他文獻資料，證明傳本《歸藏》不僞、《歸藏》早於《周易》、文王演《易》不是重卦、《周易》原爲卜筮之書等論斷。

0132　梁韋弦，王家臺秦簡「易占」與殷易《歸藏》，周易研究，2002（3）

　　　　【解題】秦簡「易占」之卦名當即先於《周易》之卦名而存在的殷易《歸藏》之卦名。秦簡「易占」之占辭中存有與殷易時代不合之數條，但其餘占辭絕非後世所能編造，當即殷易《歸藏》所收夏商舊有的占筮記錄之辭。秦簡「易占」雖非殷易《歸藏》之原貌和全貌，但大體爲殷易《歸藏》之内容。

0133　程水金，《歸藏》非殷人之易考，長江學術（第四輯），武漢：長江文藝出版社，2003

　　　　【解題】《漢書・藝文志》不別《連山》與《歸藏》而統稱爲《周易》，則劉歆之時尚無「三代之易」的説法，鄭玄所謂「近師以爲夏商周」，足證「三代之易」乃東漢晚出之説。《周易》是周民族開國立基「制禮作樂」的產物。由於對《周易》的不同使用方式而形成了不同的「易占」流派，由不同的易占流派又導致了各種易筮之書的產生，故有包括《連山》、《歸藏》在内的「周易三十八卷」易筮之書；而漢人所見之《連山》、《歸藏》皆爲《周易》的衍生物，其成書大抵與《易傳》的時代相先後，決非夏、商之《易》。

0134　倪晉波，王家臺秦簡《歸藏》與先秦文學——兼證其年代早於《易經》，晉陽學刊，2007（2）

　　　　【解題】秦簡《歸藏》的筮辭可以分爲「敘事型」和「隱喻型」兩種基本類型，它們都蘊含有明顯的貞卜「程式」，筮辭中「程式」的存在暗示《歸藏》與古老的口頭傳統密切相關：「敘述型筮辭」承續了前代的某些筮占口語，「隱喻型筮辭」則繼承了原始歌謠的某些語詞。從兩種筮辭反映的不同思維特質上看，秦簡《歸藏》的產生年代應早於《易經》。《易》、《詩》等先秦經典文本與秦簡《歸藏》，甚至其他出土貞卜筮辭有著某種程度的直接親緣關聯。

0135　宋鎮豪，談談《連山》和《歸藏》，文物，2010（2）

　　　　【解題】史傳《連山》、《歸藏》兩部已佚的古老筮占書，非出後人杜撰，

確是有其由來，《連山》在商代甲骨文筮占材料中見其蹤跡，《歸藏》則有湖北江陵王家臺出土秦簡證其不僞，兩者有本自遠古傳説及夏、商、周三代的筮占材料。

0136　史善剛、董延壽，王家臺秦簡《易》卦非「殷易」亦非《歸藏》，哲學研究，2010（3）

【解題】通過對王家臺秦簡《易》卦從卦畫、卦名到卜辭内容的綜合考察，認爲王家臺秦簡《易》卦是一部道地的雜占類史書或者更確切地説，這是一部帶有神話色彩的卜筮史書。

0137　王傳龍，《歸藏》用韻、筮人及成書年代考，儒家典籍與思想研究，2014，2，28

【解題】從考察王家臺簡本《歸藏》的音韻角度入手，結合文獻線索，論證《歸藏》經文本可供吟唱，除繇辭之外或有爻辭。《歸藏》應有經有傳，王家臺秦簡爲古人利用《歸藏》進行占卜的幾十次事件的記述，屬於《歸藏》的傳文《鄭母經》，而非經文本身。《歸藏》經文成書則當在《周易》之前。

0138　劉光勝，從清華簡《筮法》看早期易學轉進，歷史研究，2015（5）

【解題】清華簡《筮法》八卦卦名、卦序與輯本《歸藏》密合，具有鮮明的《歸藏》特徵。但它占筮只依據八經卦，不用六十四卦系統，其占筮形式與方法又與《歸藏》表現出顯著差異。《左傳》、《國語》某卦之「八」是指筮數八，韋昭「八爲不動陰爻」説，存在明顯誤讀。數字卦向符號卦的過渡，爲先秦易學表現形式的一次重要轉型。清華簡《筮法》所反映的數字爻與符號爻的分工，可能是數字卦向符號卦轉型的重要原理與依據。殷周揲著法乙與以清華簡《筮法》爲代表的楚地筮法形式最爲接近，如果尋找楚地筮法的最初源頭，揲著法乙是頗值得注意的對象。清華簡《筮法》重要的學術意義在於：六個筮數聯用，不是判定殷墟易卦爲重卦的充分條件。如果沒有筮法作支撐，不知時人對筮數如何分析，單據六個筮數聯用，依然不能斷言重卦在商代晚期已經出現。

0139　張遠山，伏羲布卦，分卦值日（上）——伏羲連山曆升級爲神農歸藏曆：太陽曆布卦，社會科學論壇，2015（9）

【解題】伏羲六十四卦卦序是一年太陽北歸南藏、圭影南縮北伸的解析

子集，伏羲太極圖是伏羲六十四卦卦序的抽象全集，兩者一體雙生，植根天文，用於曆法。運用圖像思維的特殊邏輯，還原「伏羲布卦」前半程「太陽曆布卦」，遵循「爻動原理」而創制逐一生成卦象對應天象、爻數對應日數的「伏羲初始卦序」，亦即神農歸藏曆的「分卦值日圖」。

0140　張遠山，伏羲布卦，分卦值日（下）——伏羲氏創制神農歸藏曆後半程，社會科學論壇，2015（10）

【解題】伏羲六十四卦專爲陰陽合曆而創制。運用圖像思維的特殊邏輯，還原「伏羲布卦」後半程「太陰曆布卦」，創制神農歸藏曆的三大副圖，把太陽曆升級爲正月建寅、十九年七閏的陰陽合曆，完成曆法升級。隨後提煉出「無極而太極」的「太極原理」，把「渾天説」升級爲「渾夕説」（宣夜説），完成天文升級。

0141　辛亞民，「《歸藏》殷易説」考辨，中國哲學史，2017（1）

【解題】所謂的「《歸藏》殷易説」，是漢代經師對《周禮》「三易説」和《禮記・禮運》「《坤乾》説」的糅合，不能證明殷商時期有名爲《歸藏》的占筮之書。考古材料中殷人的占筮記錄是研究「殷易」的重要資料，但沒有充分的證據説明這些出土材料即是「殷易《歸藏》」。

0142　劉新華，《歸藏》之神話與史實考，西部考古，2017（3）

【解題】經眾學者考證，王家臺秦墓竹簡的「易占」就是傳説中的《歸藏》。《歸藏》中包含大量的神話，經考證，這些神話源於眞實的歷史和歷史人物，黃帝、炎帝、天帝、上帝、女媧、夏后啓等既是眞史中的人物，又是神話中的人物，這使《歸藏》成爲連接神話與現實的橋樑，它把神話還原爲史實，又把現實隱匿比興爲神話。

0143　吳曉東，從《山海經》看《易》的起源，民族藝術，2018（3）

【解題】「易」指日月，「日」「月」皆源於「目」的語音分化。《山海經・大荒經》裏記載了東西兩邊各七座用來觀測太陽、月亮出入位置變易的山，東邊的可視爲「連山」，西邊的可視爲「歸藏」，《連山易》《歸藏易》與《周易》是同一本書的不同稱呼。最早的道觀即觀測太陽與月亮運行軌道的場所，是觀象臺。道教的主要神——玉皇大帝與西王母的原型分別是太陽與月亮。早期的《易》通過觀測日月運行位置的變化來預知陰陽的消長。

易林

0144 胡適，《易林》斷歸崔篆的判決書，國立中央研究院歷史語言研究所集刊（第20卷上），1948

【解題】其著作人可以確定爲曾做過王莽新朝的建信大尹的崔篆；其著作年代據《後漢書·崔駰傳》是在東漢建武初期。

0145 陳直，古籍述聞焦氏《易林》爲東漢人之附益，文史，1963（3）

【解題】東漢初《易林》已漸行，繇辭中所用地名，多爲燕趙地，疑爲東漢燕趙人所附益。

0146 陳良運，《焦氏易林》作者考辨——兼與黎子耀先生商榷，周易研究，1992（3）

【解題】從《焦氏易林》的撰述與流傳角度反駁了黎子耀否認作者爲焦延壽的觀點。

0147 林忠軍，焦延壽易學雜說，山東大學學報，1993（4）

【解題】贊同《易林》非焦延壽的觀點，對未盡之處進行了駁正。

0148 陳良運，學術不可負前人，欺後人——《焦氏易林》產生時代再考，兼評胡適《〈易林〉斷歸崔篆的判決書》中的「考證學方法」，江西師範大學學報，1998（4）

【解題】根據《劉向傳》、崔篆生平事蹟及西漢末期至光武中興的史實，判斷此書它只能產生於漢元帝前後時期。同時也對胡適「大膽假設，小心求證」的考證方法進行了反思，認爲：要審查自己的證據可不可靠，運用不確鑿之證，不可作確鑿之結論；有原始文本的應核對原文，不應憑二手資料輕易作斷語；凡作考證需遵守「孤證不立」的法則，不應信「孤證」而撇開有文字著述、有史實可依的主證或旁證；不以僞證派生的僞證作爲主幹支撐。

0149 陳良運，焦延壽思想淵源考辨——兼證《焦氏易林》產生年代，江西師範大學學報，2000（1）

【解題】通過西漢前中期的賈誼《新書》、桓寬《鹽鐵論》，與《焦氏易林》的主要思想內容進行對照分析，確認《易林》作者的思想與賈、桓二著有著明顯的淵源關係，且同是西漢前中期社會狀況的近距離反映，因此決不可能出自王莽至東漢初期的崔篆之手。

0150　杜國志，《焦氏易林》研究，四川大學碩士學位論文，2002

　　【解題】在沒有更確切證據的情況下，還是以肯定焦延壽的著作權爲妥。

0151　湯太祥，《焦氏易林》作者考，阜陽師範學院學報，2004（3）

　　【解題】文章推翻了《易林》是崔篆作品的說法。並由《焦氏易林》反映的都是西漢一朝，且爲元帝及元帝以前的史實，認定其確爲焦氏作品。

0152　方爾加，《焦氏易林》之管見，周易研究，2004（2）

　　【解題】《易林》的基本傾向是儒家，同時兼採道家思想，並根據其中未涉讖緯推斷作者爲漢中期人，至少是讖緯迷信開始盛行的哀帝之前的人。

0153　馬新欽，《焦氏易林》作者版本考，福建師範大學博士學位論文，2005

　　【解題】論文第一編考證《易林》作者，揭示今見《易林》確爲焦延壽所撰；第二編考證《易林》版本，揭示今見版本都存在較嚴重的訛誤。

0154　于成寶，《易林》的作者歸屬略辨，社科縱橫，2007（11）

　　【解題】從目錄學的角度、崔篆的學術傾向與人生經歷、《易林》爻辭所記事情及其濃鬱的讖緯思想等方面考察，論證《易林》作者當是東漢初的經學家崔篆。

0155　張玖青，論《易林》的《詩》說——兼論《易林》的作者，文學評論，2010（3）

　　【解題】通過用韻的時代特徵、《易林》與《詩經》的關係以及《易林》自身文學性等的分析論證，認爲崔篆作《易林》的可能性更大。

0156　趙逵夫，有關「牽牛織女」傳說的一首詩與《易林》的作者問題，古籍整理研究學刊，2010（4）

　　【解題】《易林》爲西漢末年崔篆所撰，但《隋書·經籍志》以來於其卷數、作者的著錄皆有錯亂，作者或作崔篆，或作焦贛，或作崔贛，考其文多次言及西漢事，而不及東漢之事，其中有歌頌王莽德政語，則爲西漢末年所著無疑，這也與文獻中多處記載崔篆撰《易林》的史實相合。

0157　李昊，焦氏易林研究，成都：巴蜀書社，2012

　　【解題】從《焦氏易林》的語言特徵入手，以內證之法證明其書作者爲西漢焦贛。

0158　張樹國，《焦氏易林》中古小說鉤沉——兼論《易林》的作者與時代，中南民族大學學報，2013（4）

【解題】將《易林》採用的故事類型分爲讖緯類、記異類、仙鬼類和雜傳類，並從寫作特色以及多次徵引劉向及其他西漢著作來推斷作者並非漢昭宣帝時期的焦延壽，而是兩漢之交的崔篆。

河圖洛書

0159　陳恩林，河圖洛書時代考辨，史學集刊，1991（1）

【解題】河圖、洛書的創制時間爲宋，淵源於漢，絕非先秦文獻中所載河圖、洛書。河圖、洛書的產生是《易》學象數學發展到一個新階段的標誌，它把九宮之數融入《易》學，把天地五十五數排列成序，使數學與《易》學相結合，形成了河洛、圖書之學，並成爲了《易》學中的一個重要流派。

0160　韓永賢，河圖洛書時代再考，內蒙古社會科學，1992（1）

【解題】河圖洛書不出於宋代，出於伏羲時期，並非淵源於漢易注和九宮圖，而是源於結繩記號。

0161　陳恩林，再談河圖洛書的時代問題，史學集刊，1992（4）

【解題】重申河圖、洛書創制於宋的觀點。

0162　何豔傑，試論清華簡「中」・禹會祭祀臺基遺址・河圖洛書，中原文化研究，2015（6）

【解題】清華簡《保訓》中的「中」是一種上古數術，與遠古的河圖有著密切聯繫。周初河圖是上古數術神化的具體表現形式。「中」與河圖表現的這種上古數術早在龍山時代的安徽省蚌埠市禹會村祭祀臺基遺址的布局中已有所體現。

0163　張玉清，試論河圖洛書的本源及對古漢語數字造字過程的影響，現代交際，2016（22）

【解題】河圖洛書是中華民族上古文明的源頭，因爲諧音爲歷代典籍和傳說所誤傳，導致自古至今無法探究本源。本文作者首推蟒蛇背部花斑是上古河圖的眞實起源，烏龜背部鱗甲是上古洛書的眞實起源，宋代陳摶「龍圖三變」的河圖洛書圖式是上古時期河圖洛書數理關係的推演圖式之一，並用

最早的象形文字古漢語數字造字過程對河圖洛書的數理關係進行反證。蟒皮的河圖和鳥龜背殼的洛書是早於甲骨文的免書寫免刻畫的天然圖書。

0164　蕭東發，於文，河圖洛書說，現代出版，2017（2）

0165　賴少偉，劉永強，河圖洛書略考，文史雜誌，2017（3）

　　　【解題】河圖、洛書有廣義和狹義之分。先秦典籍已有河圖、洛書的記載，但此爲「東序秘寶」或祥瑞之徵。漢代以河圖、洛書爲八卦、九疇，或以河圖、洛書命名讖緯圖書，至宋以前大抵如此，這都是廣義的河圖、洛書。宋以後專以黑白點構成的數圖即五行生成數方位圖和九宮圖爲河圖、洛書，並指其爲易之本原，此爲狹義的河圖、洛書。狹義河圖、洛書的形成與漢代象數易學的發展有關，五行生成數方位圖即由先秦時用於占筮的「天地之數」與五行方位相結合而得，九宮圖本屬數術，也是在漢代被引入易學體系。正因爲兩幅圖與易有這樣的關係，且《上繫》有「河出圖，洛出書，聖人則之」的話，所以宋人用黑白點繪製兩圖，指其爲河圖、洛書，並認爲這是《易》之本原。

0166　羅曲，彝族的「付拖」（河圖）「魯素」（洛書）解讀——以川南彝族世居之地的河圖洛書古刻文物爲中心，文史雜誌，2017（5）

　　　【解題】河圖洛書不僅見於漢文文獻和古彝文文獻之中，而且在彝族世居之地的四川敘永縣天台山。此地至今還存有河圖洛書石刻文物。彝族古代稱河圖爲「付拖」，稱洛書爲「魯素」，因其所蘊含「天數」「地數」與陰陽五行、八卦等豐富內容，是擇吉的重要理論和工具。

子夏易傳

0167　劉玉建，《子夏易傳》眞僞考證，山東大學學報，1995（4）

　　　【解題】今本《子夏易傳》絕非原本，也非張孤僞本，而是另一個僞作。

0168　劉大鈞，今、古文易學流變述略——兼論《子夏易傳》眞僞，周易研究，2006（6）

　　　【解題】古文易派因無師承和對經義的固定傳授，故雖同研古文《易》，但其對經義往往各自說之，持論不一，此於《周易正義·卷首》所載可見一斑。史料皆稱王弼《易》所依乃是費氏古文本，然由出土之帛書本考之，疑王弼亦取於今文本，非盡依古文也。另據新出簡帛資料，本文考證《子夏易

傳》確爲學有淵源的先秦古《易》傳本，並辨析了其之所以未被列入《漢書・藝文志》的緣由。

0169　陳偉文，今本《子夏易傳》即唐張弧僞本考論，周易研究，2010（2）

　　【解題】今本《子夏易傳》即宋代流傳的唐張弧僞本，易學史上並不存在張弧僞本之後的新僞本《子夏易傳》。弄清今本《子夏易傳》是唐末或五代之作，則或許可視其爲王弼以玄解易到程頤儒理釋易的中間環節，有助於我們更好地認識義理派易學的發展源流。弄清今本《子夏易傳》即張弧僞本，這對古本《子夏易傳》的輯佚也很有意義。因爲古本《子夏易傳》除了主要保存在《經典釋文》、《周易正義》、《周易集解》等唐人著述中外，尚有部分條目保存在宋人著述中。既然不存在朱彝尊、《四庫提要》所謂張弧之外的另一新僞本，則宋人所引《子夏易傳》不見於今本者，皆當爲古本《子夏易傳》。

東坡易傳

0170　謝建忠，蘇軾《東坡易傳》考論，文學遺產，2000（6）

　　【解題】《東坡易傳》爲蘇軾於元豐三年在黃州獨立撰寫，其中關於事物剛柔動靜形理的辯證的哲學思想深刻制約和影響了他的文學思想。

0171　金生楊，也論《東坡易傳》的作者和繫年——與謝建忠先生商榷，文學遺產，2003（1）

　　【解題】《東坡易傳》是三蘇父子合力完成的著作。其寫作歷程爲蘇洵初撰，蘇轍解《易》，蘇軾初成於黃州、再訂於儋州。其中，蘇軾用力最勤，成效最著。

其他

0172　李小成，關朗易學考論，周易研究，2005（2）

　　【解題】先對其人的有無進行考證，再對《關氏易傳》作一辨正，並試圖解決《洞極眞經》的著作權問題，最後考述了關朗易學的傳承脈絡。

0173　林世榮，熊十力《易》學辨僞證論，興大人文學報，2008（40）

　　【解題】熊氏首先「溯源」，推原孔子《周易》乃根源於伏羲八卦之故，認爲孔子承繼太古以來聖明之緒，集其大成，而開內聖外王一貫之道；其次「宗孔」，推尊孔子《周易》實爲一切學問統宗之故，論定晚周諸子百家以逮

宋、明諸師與佛氏之旨歸，必折中於至聖也。此種辨正，主觀成分固重，但非全然無據。其於字句間之饾飣考據，容或有失，但在大根大本上，顯然掌握得住。故研究熊氏之《易》學，應了然其苦心孤詣，方能與之相應，以體認其精神之所在。

0174　吳正嵐，論《易經淵旨》與歸有光思想的一致──兼論《易經淵旨》的真偽，周易研究，2009（3）

【解題】舊題歸有光撰《易經淵旨》與歸有光《震川先生集》中最核心的易學思想、政治思想頗為一致。《易經淵旨》認為易圖非作《易》之本、對《說卦》的解釋不必拘泥於卦位、邵雍易學晦澀難懂，這些觀點正是歸有光易圖論的主要理論環節；《易經淵旨》的仁政觀與《震川先生集》之最重要的政治觀念相呼應。《易經淵旨》是《周易》文本與歸有光思想的精密結合，《石鏡山房周易說統》等材料也為《易經淵旨》乃歸氏真作提供了佐證。

0175　劉德州，《周易異同商》、《書經集傳異同商》作者獻疑，中國典籍與文化，2016（1）

【解題】關於《周易異同商》與《書經集傳異同商》二書之作者，有人認為應當是郭嵩燾。但取此二書與郭氏所著書進行比較，發現諸多觀點存在不同，因此郭氏著書之說難以成立。梳理相關文獻，推測湖南儒生黃鶴更可能是此二書的作者。

0176　王先勝，漢代八卦洗（先天八卦圖）真偽考辨──兼談八卦源流問題，周易文化研究，2017（10）

【解題】《西清古鑑》卷三十三所載鑄有先天八卦方位圖的漢代銅洗不是偽器，先天八卦方位圖亦非漢以後新刻，該八卦洗可能是宮廷或道教禮儀性用器或屬工藝品性質。八卦洗自漢及今約1800年間沒有進入學術視野和易學史，主要與「獨尊儒術」、儒道兩家與易學（主要是先天八卦）的不同關係、認識及古代文化專制有關，又與學科之間的隔膜和研究者的學術視野有關。漢八卦洗進一步佐證宋明易圖學的興起與道家易、道教易傳出有關，進一步證實和凸現「《歸藏》易→道家易→道教易→宋明易圖學」這一與「《周易》→《易傳》→儒家易」明顯有別的傳承演變關係及線路的真實存在。

0177　賴少偉，「八卦方位」「乾坤六子」說與早期易學傳承，揚州大學學報，

2018（1）

【解題】《周易·説卦傳》後九章按其八卦卦序可分爲「八卦方位」説與「乾坤六子」説兩個部分。「八卦方位」説的產生要以人們對四時、四方的認識爲前提，故其出現時間當在帝堯之後。「八卦方位」説可能是《連山》的遺説，而《説卦傳》保存之。戰國中期以後，陰陽觀與五行觀開始合流，從清華簡《筮法》篇來看，「八卦方位」説亦是在此時與陰陽五行學説融合，並於漢代形成一套龐大、成熟的理論體系。「乾坤六子」説的運用見於清華簡《筮法》《別卦》、馬王堆帛書《周易》、王家臺秦簡《歸藏》、漢代京氏易和虞氏易。《歸藏》應有二書，一乃殷易《歸藏》，二是流行於戰國末期的筮書《歸藏》，與「乾坤六子」説聯繫緊密的是筮書《歸藏》。在漢代以前的易學發展過程中，「八卦方位」説與「乾坤六子」説是兩條非常重要的主線。

書類

0178　陸懋德，尚書堯典篇時代之研究（附圖），學衡，1925（43）

【解題】駁《堯典》晚出之三證，認爲「蠻夷猾夏」之「夏」，即「揺」字之省，亦即「擾」字，漢碑多通用，非指夏代；「金作贖刑」之「金」，乃指銅，非黃金；「棄汝后稷」之「后」乃「居」之誤，非「王」意，當作「汝居稷」，與下文「皋陶汝作土」句法相同；因此不足以定《堯典》爲僞書。《堯典》爲夏代史官所修，至早在夏初，至晚在夏末。

0179　顧頡剛，論《今文尚書》著作時代書，古史辨（第一冊），北京：樸社，1926

0180　顧頡剛，論《禹貢》僞證書，古史辨（第一冊），北京：樸社，1926

0181　顧頡剛，論禹治水説不可信書，古史辨（第一冊），北京：樸社，1926

0182　顧頡剛，論禹治水故事書，古史辨（第一冊），北京：樸社，1926

0183　竺可楨，論以歲差定《尚書·堯典》四仲中星之年代，科學，1926（12）；史學與地學，1927（2）

【解題】《堯典》四仲中星爲殷末周初之現象。

0184　衛聚賢，《金縢》辨僞，國學月刊，1927（12）

0185　劉節，洪範疏證，東方雜誌，1928（2）

【解題】《洪範》出於戰國之末。

0186　何定生，《尚書》的文法及其年代，國立中山大學語言歷史學研究所週
　　　刊，1928（49～51）

　　　【解題】《尚書》中屬於西周的作品只有《大誥》，屬於東周的作品只有
《費誓》、《秦誓》兩篇，其餘都是湊上去的，《堯典》、《皋陶謨》、《禹貢》、《甘
誓》則是戰國時候的作品。

0187　張蔭麟，僞《古文尚書》案之反控與再鞫，燕京學報，1929（5）；續
　　　僞書通考，臺北：學生書局，1984

　　　【解題】僞《古文尚書》大略出現於東晉初元帝時，爲梅頤所奏上，其
以前之歷史則不可考。今按：此文批評疑古派濫用「默證」，打中要害。

0188　楊筠如，讀何定生君《尚書的文法及其年代》，國立中山大學語言歷史
　　　學研究所週刊，1929（72）

　　　【解題】何定生《〈尚書〉的文法及其年代》是模仿西人的方法用文法
來研究《尚書》的時代的佳作，但現在的《尚書》非本來之面目，最早也只
是漢朝博士們的本子，單純考察單字，很難作爲考定時代確實的依據，應該
從句法上考察（因爲單字更動易，全句更動難）更妥當。《盤庚》恐出於商周
之際，乃是殷商遺老思盤庚而作。

0189　何德讓，從《漢書・郊祀志》所載巡狩封禪的事實來證明《堯典》作
　　　自秦漢的時代，國立中山大學語言歷史學研究所週刊，1929（75）

0190　衛聚賢，《堯典》的研究，史學年報，1930（2）

　　　【解題】《夏書》先產生，《虞書》次之，《堯典》最後，大概在戰國中
期；古本《堯典》與今本《堯典》不同，今本《堯典》出自伏生。

0191　吳貫因，駁《堯典》四仲中星說及論《堯典》與堯舜禪讓之非僞，平
　　　潮，1930（3～4）；東北大學週刊，1930（108）

　　　【解題】中星之說，非《堯典》所有，實爲漢儒之誤解；古籍之中關於
天文或曆法一部分，其由後人加入者，不發其例；不能據此斷《堯典》爲僞
書，以取消堯舜禪讓之事。

0192　劉朝陽，從天文曆法推測《堯典》之編成年代，燕京學報，1930（7）

　　　【解題】以《堯典》所含天文曆法爲證實此篇爲西紀前二十四五世紀之
作品，又以爲堯舜之傳說實在春秋初期前後，進而否定堯舜確爲曾經生存之

古代聖王。

0193 季光,《禹貢》辨僞,效實學生,1933（4）
【解題】《禹貢》大概出於戰國時候。

0194 顧頡剛,從地理上證今本《堯典》爲漢人作,禹貢,1934（5）

0195 趙貞信,書序辨,古史辨（第五冊）,北京:樸社,1935
【解題】《尚書》有三次作僞:一爲百兩篇,二爲漢僞古文,三爲晉僞古文。《書序》也應該經過三次作僞,現存的百篇《書序》即經過了作晉僞古文經的人改造的,從其篇次的移動、篇名的更換、文字的增減改易可知。

0196 孟森、勞幹、葉國慶,顧頡剛,《堯典》著作時代問題之討論,禹貢,1935（9）
【解題】前三部分爲孟森、勞幹、葉國慶的三人就顧頡剛《從地理上證今本〈堯典〉爲漢人作》一文而致信提出不同看法,孟氏提出四點疑問;勞氏認爲《堯典》爲秦人所作;葉氏提出了三點疑問,並認爲《堯典》類一百衲衣,色樣雜錯,難指爲某一時之作品。最後一部分爲顧頡剛的答信,堅持己說。

0197 勞幹,再論《堯典》著作時代,禹貢 1935（10）
【解題】從文辭氣象、制度有無而定時代,未能甚允;《堯典》爲儒者理想世界之一種建國大綱,固難以其氣象而定其成書成書時之治亂也,且《堯典》本儒者理想所寄,其所增改,雖有故使合於時制,期於實行,然時制所無,固亦非不可提出。

0198 蔣善國,《尚書》的眞僞問題,中山文化教育館季刊,1936（3）
【解題】論證了《古文尚書》之僞,又考察了《今文尚書》中《堯典》、《皋陶謨》、《禹貢》、《甘誓》、《泰誓》、《洪範》等六篇之僞。

0199 陳夢家,古文尚書作者考,圖書季刊,1943（3～4）
【解題】古文《尚書》作者爲東晉孔安國,後人將西漢孔安國與東晉孔安國混而爲一,故梅賾上奏的即爲孔傳本。今按:此論不能成立。

0200 陳夢家,《堯典》爲秦官本尚書說,清華學報,1947（1）
【解題】伏生以齊人而爲秦博士,其所傳《堯典》爲秦代齊魯儒者所更

定而立於學官，則此《堯典》必官本之《尚書》也，故在漢世治《尚書》之
學者多齊人焉；又推論伏生所傳今文二十九篇皆當如此，《尚書》以《秦誓》
終篇，亦可見其消息矣。今按：此說難以成立。

0201　屈萬里，今本《尚書》的眞僞，幼獅，1955（12）

0202　屈萬里，《尚書‧皋陶謨》篇著成的時代，中研院歷史語言研究所集刊
　　　（第28本上），1956；續僞書通考，臺北：學生書局，1984
　　　【解題】《皋陶謨》之著成，當在戰國初葉，而稍後於《堯典》，二篇或
同出於一人一手。今按：此說不能成立。

0203　羅錦堂，《尚書》僞孔傳辨，大陸雜誌，1958（12）
　　　【解題】梅賾所上者或即晉孔安國之今字《尚書》，所謂「今字」者，
乃以古文易作今文，便人易讀，從而又爲之作傳，乃是今通性之《尚書》孔
傳也。

0204　許道齡，從夏禹治水之不可信談到《禹貢》之著作時代及其目的，大
　　　陸雜誌，1958（12）；續僞書通考，臺北：學生書局，1984
　　　【解題】夏禹治水之說不可信，進而懷疑《禹貢》是出於假冒；斷定《禹
貢》爲戰國末年作品，其目的是在鼓吹統一和減免租稅。今按：此說不能成
立。

0205　尚達齋，《尚書‧金縢》之謎，建設，1961（3）

0206　屈萬里，論《禹貢》著成的時代，中研院歷史語言研究所集刊第35本，
　　　1964；續僞書通考，臺北：學生書局，1984
　　　【解題】以梁州貢鐵證《禹貢》成書不得早至西周之世；以五服證《禹
貢》成書不得早至周穆王以前；以梁州疆域證《禹貢》成書不得早至春秋初
年以前；以九州證《禹貢》成書不得早至春秋中葉以前；以揚州三江證《禹
貢》成書不應早至春秋以前；以揚州及徐州貢道證《禹貢》之成書不應遲至
戰國之世；以五行、五嶽及大九州等說證《禹貢》成書不應遲至戰國之世。

0207　毛寬偉，《尚書‧金縢》疑辨，達德學刊，1964（2）

0208　戴君仁，《古文尚書冤詞》再平議，東海學報，1960（1）

0209　徐復觀，陰陽五行觀念之演變及若干有關文獻的成立時代與解釋的問
　　　題，民主評論，1961；中國人性論史‧先秦篇，上海：上海三聯書店，

2001

【解題】《洪範》爲周初之作，經過了箕子及周室的兩重整理和傳承的學者所作的小整理。

0210　金德建，論司馬遷未見百篇《書》序，司馬遷所見書考，上海：上海人民出版社，1963

【解題】認同梁玉繩「信《書序》，不得不議《史記》之疏；信《史記》，不得不疑《書序》僞」的說法，再羅列論據，分析證明，認爲《書序》晚出，司馬遷那時候還根本沒有所謂百篇《書序》。

0211　于大成，談僞《古文尚書》，臺灣新生報，1968，7，30

0212　胡秋原，關於《古文尚書》孔安國傳之公案，中華雜誌，1969（9）

0213　朱門，《古文尚書》眞僞之辨，臺灣日報，1971，2，28（8）

0214　饒宗頤，《古文尚書》是東晉孔安國所編成的嗎，明報月刊，1972（75）

【解題】舉晉代各家的《尚書》著述都和孔安國有關係，皇甫謐撰《帝王世紀》亦得孔傳之助；又舉敦煌所出《古文尚書》孔傳（唐以前抄本）的目錄，與宋以後刊本完全相同，且卷末附有孔安國小傳二行；證明《古文尚書》非東晉孔安國所編成。

0215　周鳳五，僞古文尚書問題重探，臺灣大學中研所碩士學位論文，1974

0216　朱廷獻，《尚書》《舜典》及《益稷》二篇質疑，東方雜誌，1974（11）

0217　莊雅明，《大禹謨》辨僞，孔孟月刊，1978（2）

0218　李民，《尚書·盤庚篇》的製作時代，鄭州大學學報，1979（1）

【解題】《盤庚篇》應是周初統治者製作的一篇歷史文獻。由於周初是緊接著殷末的，其所使用的歷史素材是比較可靠的，雖然其中不可避免地夾雜著一些周人的語言、反映出某些周人的思想意識，但其主要方面仍能透露出不少有關商代的政治、經濟和文化狀況，不失爲一篇中國古代的最早、最長的歷史文獻。

0219　史念海，論《禹貢》的著作年代，陝西師大學報，1979（3）；史學史資料，1980（4）

【解題】《禹貢》應該是戰國時期魏國人的著作。今按：此說難以成立。

0220　許錟輝，僞古文《泰誓》疏證，林鐸，1979（8）

0221　李振興，《尚書》大小序辨疑，孔孟月刊，1980（3）

0222　劉起釪，《洪範》成書時代考，中國社會科學，1980（3）

【解題】《洪範》原本出於商末，從西周到春秋戰國，不斷有人給它增加若干新內容，如《洪範》對後世影響最大的五行說，就應該是春秋戰國時被加進的，可能經過齊方士的整理或加工。

0223　朱廷獻，《泰誓》真偽辨，孔孟月刊，1980（4）

【解題】《泰誓》有三種：一為先秦之《古文泰誓》，二為漢初壁內之《偽泰誓》，三為東晉梅本之《偽泰誓》。《尚書》中除少數之片為當時之錄外，其餘大部分經後人之潤色；當時學者閔文史資料之湮滅，或據片言隻字，或依時人之傳說，而筆之於竹帛，並非憑空虛造。即謂戰國時之《泰誓》逸文，吾人視之為真，當不為過。

0224　曾榮汾，《康誥》之作者，康誥研究，臺北：學生書局，1981

0225　黎建寰，百篇書序探討，臺北：文津出版社，1982

0226　趙光賢，說《尚書‧金縢》篇，中華文史論叢，1982（1）

【解題】《金縢》是三段文字合成的，其寫作時代與性質是大不相同的。第一段是《金縢》本文，可看作周史官記錄；後二段乃後人追記往事傳說，附於《金縢》之後。

0227　金德建，《堯典》述作小議，史學史研究，1982（4）

【解題】《堯典》是西周中期以前的作品。西周的成、康時代，繼承文、武、周公的治法制度，國家由武功轉入文治，成為「刑措四十餘年不用」號稱太平的良好安定局面。陪襯著這樣偉大時代，便要求造述一部偉大著作成為一代的大典，虞史伯夷的《堯典》便應運而生。伯夷把《堯典》的初稿寫下來後，歷昭、穆、共、懿幾代，史官們加以潤色補充，照理也會有的。

0228　李振興，《尚書‧費誓篇》作成時代的再檢討，孔孟月刊，1982（8）

【解題】《費誓》是伯禽伐徐夷時代的作品。

0229　金兆梓，今文尚書論，續偽書通考，臺北：學生書局，1984

【解題】今文《尚書》之二十八篇非伏生所傳，二十九篇為大小夏侯輯訂本，現行之二十九篇非特非歐陽、夏侯等之今文，亦非馬融、鄭玄等雜今古文之古文，亦未必是東晉以後偽孔之古文。

0230　岑仲勉，《堯典》的四仲星和《史記·天官書》的東宮蒼龍是怎樣錯排的，續偽書通考，臺北：學生書局，1984
　　　【解題】《堯典》是戰國作品的可能性很大。今按：此說難以成立。

0231　畢長璞，《堯典》成書年代之問題，續偽書通考，臺北：學生書局，1984
　　　【解題】《堯典》文字乃記堯事，而且記近於堯時，當非杜撰的誣枉之說。

0232　屈萬里，《尚書釋義·堯典》前言，續偽書通考，臺北：學生書局，1984
　　　【解題】列十數證以證《堯典》之作成，當在孔子之後，孟子之前。今按：此說難以成立。

0233　辛樹幟，《禹貢》製作時代的推測，續偽書通考，臺北：學生書局，1984
　　　【解題】《禹貢》的成書時代應該在西周的文、武、周公、成、康全盛時期，下至穆王為止，是當時太史所錄。

0234　李泰棻，《今文尚書》正偽，續偽書通考，臺北：學生書局，1984
　　　【解題】今之《甘誓》蓋雜採《墨子》所引而偽造，即《墨子·明鬼篇》所引《禹誓》本文，按其內容，亦係周代追述，決非夏代作品。今按：此說不能成立。

0235　屈萬里，《尚書·甘誓》篇著成的時代，續偽書通考，臺北：學生書局，1984
　　　【解題】《甘誓》之著成，當在戰國晚期，秦吞併天下之前。今按：此說不能成立。

0236　屈萬里，《尚書釋義·盤庚》前言，續偽書通考，臺北：學生書局，1984
　　　【解題】《盤庚篇》雖佶屈聱牙，然決非盤庚之作品。今按：此說不能成立。

0237　李民，《尚書》與古史研究，續偽書通考，臺北：學生書局，1984
　　　【解題】從名詞和用字上證明《盤庚》不是商代製作的，又從思想體系上證明《盤庚》應作於周初，是周人為安撫和綏靖被遷的殷人而寫的。

0238　屈萬里，《尚書釋義·洪範》前言，續偽書通考，臺北：學生書局，1984

【解題】《洪範》之著成，當在鄒衍之前；雖未必作於子思，而其著成當在戰國初年。

0239　程元敏，《尚書‧多方》篇著成於《多士》篇之前辨，續偽書通考，臺北：學生書局，1984

【解題】《多士》爲周成王七年（即周公攝政之七年）三月二十一日（甲子）朝，周公旦以成王命告殷眾官員之公文書；《多方》當爲周公攝政三年，救平叛亂，自奄歸，書告天下而作。

0240　屈萬里，《尚書‧文侯之命》著成的時代，續偽書通考，臺北：學生書局，1984

【解題】《文侯之命》爲周平王之命晉文侯，非周襄王之命晉文公，事在周平王十一年。

0241　陳夢家，《古文尚書》作者考，續偽書通考，臺北：學生書局，1984

【解題】梅賾所獻《古文尚書》爲東晉會稽孔安國侍中作。今按：此説不能成立。

0242　顧頡剛，《堯典》著作時代考，文史，1985（24）

【解題】《堯典》作於漢武帝時，不但《堯典》之疆域爲漢武帝時之疆域，即《堯典》之制度亦爲漢武帝時之制度。

0243　殷偉仁，試述《尚書‧湯誓》的成文與在先秦時期的流傳，鎮江師專學報，1985（3）

【解題】《湯誓》原形的成文當早在成湯伐夏之時，是當時史官的時事實錄，儘管今本《湯誓》較爲淺易，某些文字顯然被後人改動過，但就其史料價值來説，仍然是眞實可靠的。

0244　劉重來，一樁學術史上的一大疑案——《偽尚書》的現形始末，書林，1985（6）

0245　李祚唐，《堯典》歸屬辯證，貴州文史叢刊，1986（4）

【解題】依據按所紀事件的時代歸代的原則，合紀唐、虞二代事蹟的今文《堯典》（古文《堯典》、《舜典》）當歸入「唐虞書」。

0246　李學勤，帛書《五行》與《尚書‧洪範》，學術月刊，1986（11）

【解題】《洪範》有五行、五事，然而並未明言二者的聯繫，子思的五行說則將作爲元素的五行與道德範疇的五行結合爲一，荀子指責之爲「無類」、「無說」、「無解」，是有道理的。《洪範》與古代數術傳統有密切關係，其論卜筮等，很可能是繼承了商代的統治思想，有濃厚的神秘色彩。子思加以推行，遂將神秘理論導入儒家學說，爲數術與儒學的融合開了先河，這是章太炎所已經揭示的。

0247　劉起釪，尚書源流及傳本考，瀋陽：遼寧大學出版社，1987
　　　【解題】該書目錄如下：
　　　最早的《尚書》
　　　漢代的《今文尚書》和《古文尚書》
　　　三國至西晉的《古文尚書》
　　　東晉至唐的僞《古文尚書》
　　　宋代承用僞《古文尚書》提出新解建立「理學」與展開疑辨
　　　元明奉行宋學，獨尊《蔡傳》及其繼續疑辨
　　　清代推翻僞古文及對《尚書》全面展開研究
　　　現代的《尚書》研究與整理

　　　在第四章談到僞《古文尚書》時認爲：僞孔氏古文本是魏晉古文中一部傑出之作，總結和承襲漢代經學成就，吸收魏和西晉以來各種經說，著重把古文家所推崇的聖道王功貫穿在經文和傳注之中，在《大禹謨》中編造了一個堯舜禹「三聖傳授心法」（宋代道學就以此爲核心思想建立起來），實爲前所未有的《尚書》學優異著作，因此人們樂於接受，到立於學官，就能取得《書經》的正統地位傳下來。

0248　清水茂，《僞古文尚書》與中國文學，國際儒學與中國文化研討會論文，
　　　香港：香港大學中文系，1987
　　　【解題】僞古文雖然不知確切的製作年代，總之當作於魏、晉之間，那時四六的風尚已漸漸盛行起來了。因此如《畢命》、《君陳》，全篇大都用四言寫成，六朝、唐代文人把它借來，摻和在自己的作品裏，也不覺得有任何不合適。他們在其文章裏襲用的眞《尚書》都是四言句的理由，也在這裏。今按：此爲臆論。

0249　黃肅，梅賾《尚書》古文眞僞管見，許昌學院學報，1987（3）

　　　【解題】梅賾以前，《尚書》從沒有過統一的本子，既無定本，篇名也異，文字更互有出入；梅賾獻的《尚書》，集兩漢、魏、晉人輯佚、整理《尚書》的大成，這是《尚書》的第一個被當時以及後來的人承認的定本。

0250　蔣善國，尚書綜述，上海：上海古籍出版社，1988

　　　【解題】有關眞僞的篇目如下：

　　第五篇　　《尚書》的眞僞

　　　第一　《今文尚書》眞僞

　　　　第一章　總說

　　　　第二章　東漢以來對《今文尚書》的懷疑

　　　　第三章　《堯典》的整編時代

　　　　第四章　《皋繇謨》的整編時代

　　　　第五章　《禹貢》的著作時代

　　　　第六章　《甘誓》的作者和整編時代

　　　　第七章　《湯誓》的整編時代

　　　　第八章　《盤庚》的著作和整編時代

　　　　第九章　《高宗肜日》的著作時代

　　　　第十章　《西伯戡黎》和《微子》的著作時代

　　　　第十一章　《大誓》的眞僞

　　　　第十二章　《牧誓》的著作時代

　　　　第十三章　《鴻範》的著作時代

　　　　第十四章　《金縢》的作者和錯簡問題，

　　　　第十五章　《康誥》、《酒誥》、《梓材》的作者和著作時代

　　　　第十六章　《雒誥》的錯簡和《魯誥》佚文

　　　　第十七章　《鮮誓》的作者和著作時代

　　　　第十八章　《甫刑》的著作時代

　　　　第十九章　《文侯之命》與文公之命的辨正

　　　第二　《古文尚書》的眞僞

　　　　第一章　總論

　　　　第二章　孔壁《古文尚書》的眞僞

　　　　第三章　梅賾所獻僞孔安國古文尚書傳的經傳眞僞問題

0251　劉起釪，尚書學史，北京：中華書局，1989

【解題】勾勒出歷代《尚書》學演進與變遷的線索，梳理《尚書》學的發展過程，使得研究者得以比較全面瞭解《尚書》學研究面貌。

0252　劉起釪，《禹貢》的寫成時期及其作者，古史續辨，北京：中國社會科學出版社，1991

0253　劉起釪，《金縢》故事的眞實性，古史續辨，北京：中國社科出版社，1991

0254　張舜徽，僞古文尚書，可降低時代去讀，愛晚亭隨筆，長沙：湖南教育出版社，1991

0255　劉人鵬，閻若璩與《古文尚書辨僞》──一個學術史的個案研究，臺灣大學中國文學研究所博士論文，1991

【解題】前半部在《古文尚書》辨僞史中爲閻若璩對此一問題之研究尋求定位，後半部在閻若璩相關的時代氛圍中，勾畫《古文尚書》辨僞事件的樣貌，並藉此分析考證學的性質。文章認爲在《古文尚書》辨僞中，最重要的意義其實在於重構眞《古文尚書》之歷史。而由閻氏辨僞考證之意圖看，清代考證學意義之一在於重寫歷史。而此一重寫過程，表面上是尊重材料，憑證據立說，實則證據之所以成爲證據，乃是解釋的結果；考證學者以假說或約定出來的原則對材料加以修改、詮釋、批判、糾正，以重新理解並建構歷史，對於史料的直接信任感其實還低於前代。

0256　劉人鵬，論朱子未嘗疑古文尚書僞作，清華學報，1992（4）

0257　劉起釪，東晉出現的僞古文尚書，中國經學史論文選集（上），臺北：文史哲出版社，1992

0258　趙儷生，《洪範疏證》駁議──爲紀念顧頡剛先生誕生 100 週年而作，齊魯學刊，1993（6）

【解題】《尚書・洪範》篇就原型來說是夏、商、周三代傳遞下來的；就寫成的年代說來說是戰國初、中期。研究原型的遠古文化價值是重要的，瑣碎地去抓住一半條在後人篡改中所露出來的狐狸尾巴，其意義是非重要的，進一步把這一原型及其意義和價值貶低，那就是很不應該的了。

0259　杜勇，《洪範》製作年代新探，人文雜誌，1995（3）

【解題】從《洪範》的主體思想特徵、《洪範》五行說發展的邏輯進程、

先秦典籍稱引《洪範》之文的情況來考察，認爲其成書最大的可能性是在春秋中葉。

0260 劉起釪，日本的《尙書》學與其文獻，北京：商務印書館，1997

0261　廖名春，從郭店楚簡和馬王堆帛書論「晚書」的眞僞，北方論叢，2001（1）

【解題】郭店竹簡與馬王堆帛書有關內容可證今傳《古文尚書》二十五篇爲後人所編造。

0262　李學勤，叔多父盤與《洪範》，華學（第五輯），廣州：中山大學出版社，2001

0263　劉家和、邵東方，論理雅各譯注《書經》、《竹書紀年》的文獻考證，慶祝王元化教授八十歲論文集，上海：華東師大出版社，2001

0264　周寶宏，上古漢語詞義是上古文獻寫成時代的重要依據——以產生時代分歧最多的《堯典》爲例，瀋陽師範學院學報，2001（5）

【解題】從上古漢語詞義學角度研究上古文獻的寫成時代，同時用出土文獻和傳世文獻的詞語、詞義作綜合比較，會得出比較科學的結論。《堯典》的寫成年代在春秋戰國時期。

0265　裘錫圭，燹公盨銘文考釋，中國歷史文物，2002（6）

0266　王樹民，僞《古文尙書》與僞孔安國《尙書傳》，文史知識，2003（10）

【解題】簡單介紹了《古文尚書》與孔安國《尚書傳》以及後人的辨僞。

0267　陳蒲清，《尙書·洪範》作於周朝初年考，湖南師範大學社會科學學報，2003（1）

【解題】從《尚書》流傳的歷史、《洪範》的語言特點、《洪範》思想的發展軌跡、「卜」與「筮」的地位變遷四個方面論證《洪範》是周初史官對箕子陳述的筆錄，不是後代人的作品。

0268　李軍靖，《洪範》著作時代考，鄭州大學學報，2004（2）

【解題】從歷史背景、思想發展史角度分析，認爲孔子編次的《尚書》把《洪範》列爲《周書》，先秦諸子在引用時也大多注爲《周書》，從這些距《洪範》成書時代最近的歷史紀錄來看，《洪範》是周書是可信的。甄別一部作品的成書時代，不能完全依據某一點的時代性，而要將其放在該時代的大

背景下去分析，尋求其整體產生的可能性、必要性。周初周公的禮樂之道和
爲政方略，爲西周中期「成康之治」構建政治文明的理論框架奠定了思想基
礎，「成康盛世」爲社會政治思想理論質的飛躍提供了時代條件，作爲古代統
治大法的《洪範》應時而出似乎成爲可能。

0269　李軍靖，《洪範》與古代政治文明，鄭州大學博士學位論文，2005
　　　【解題】第二章「《洪範》的成書年代」，將《洪範》的成書置於社會發
展的大背景中去思索，結合新發現的金文資料和《洪範》原文文字的時代性，
認爲《洪範》產生於西周中期。

0270　楊善群，古文《尙書》研究——學術史上一宗嚴重的冤假錯案，史海
　　　偵跡——慶祝孟世凱先生七十歲文集，廣州：新世紀出版社，2006
0271　陳夢家，尙書通論，北京：中華書局，2005
　　　【解題】「從明清以來學者對於《尚書》一書諸多問題中，清理出來若
干比較簡明的答案」，意在「使後來學者不必再從故籍中多費氣力」。作者以
西漢初年伏生傳今文《尚書》二十幾篇爲起點，考查它的來源和變遷，以確
定每一篇的眞正的著作或結集的時代。該書包括：「尚書通論」（論及先秦引
書、漢世傳本、篇目、書序，以及孔傳本古文和西漢古文等問題）、「尚書專
論」（論及古尚書作者、堯典爲秦官本尚書、王若曰等問題）、「尚書講義」（講
述《甘誓》、《湯誓》、《般庚上》、《大誥》四篇）三部分，增訂版又增加「尚
書補述」，進一步討論孔傳本、書序、體例和逸文等問題。

0272　（美）夏含夷，略論今文《尙書》周書各篇的著作年代，古史異觀，
　　　上海：上海古籍出版社，2005
　　　【解題】根據金文語用所反映的時代性，判斷《尚書·周書》之《金縢》、
《洛誥》、《呂刑》、《多方》、《立政》等篇爲東周作品。

0273　鄭傑文，《墨子》引《書》與歷代《尙書》傳本之比較——兼議「僞古
　　　文《尙書》」不僞，孔子研究，2006（1）
　　　【解題】《墨子》引《尚書》文計 40 則，通過其與今文《尚書》、孔壁
古文《尚書》、漢代新出「百兩《尚書》」、東晉梅賾古文《尚書》等《尚書》
傳本的比較，可見墨家所傳《尚書》有獨自的選本系統，而且這一選本系統
與儒家選本系統同樣具有篇數按年代遞加的合理性，即與戰國所傳《尚書》

篇數的現實比例相合。由《墨子》引《尚書》我們還可看到：流傳至今的伏生今文《尚書》確爲戰國古本；孔壁古文《尚書》僅是戰國所傳多種《尚書》選本中一種流傳很不廣的思孟學派的選本；梅賾古文《尚書》不但與《墨子》之《尚書》引文不同，而且與16種先秦文籍中163次《尚書》引文也不同，所以「梅賾抄襲前世古籍中《尚書》引文而僞造古文《尚書》」的傳統觀點應重新研究；或許梅賾古文《尚書》是一個民間所傳古文《尚書》的眞實傳本。

0274　王勝利，《尚書·堯典》四仲中星觀測年代考，晉陽學刊，2006（1）
　　【解題】根據重新討論和認定的觀測條件，認爲《堯典》所記曆法的歲首是爲夏正，《堯典》四仲中星可確定爲殷末周初時所測之星象，把它們記述成唐堯時代的天象，只應視爲著述者的假託和附會。

0275　岳紅琴，《禹貢》成書西周中期說，學海，2006（2）
　　【解題】從冀州在《禹貢》中的重要位置和周人尊夏的史實，推斷《禹貢》主要内容成於西周。進而由古人關於鐵的認識和使用及梁州貢「鐵」的記載，還有公盨及其銘文，推斷《禹貢》主要内容的成書應在西周中期。

0276　張懷通，由「以數爲紀」看《洪範》的性質與年代，東南文化，2006（3）
　　【解題】根據「以數爲紀」爲文體特徵判斷《洪範》應是夏商時代的作品。

0277　劉起釪，《尚書》研究要論，濟南：齊魯書社，2007
　　【解題】除簡述《尚書》學歷程外，主要談了《尚書》的周初各篇。

0278　張岩，審核古文《尚書》案，北京：中華書局，2007
　　【解題】這是對閻若璩《尚書古文疏證》舉證和論證的一次全面甄別，涉及歷代古文《尚書》研究中的主要問題，旨在爲學術界「走出疑古」後的重建中國古代史提供更加科學的史料基礎。從《尚書》流佈過程、版本傳遞、先秦制度、名物、語詞等名方面進行反駁，指出《疏證》是「有罪推定」，閻氏爲文不實，常有意隱藏不利證據，行文周納，常以「支曼」掩蓋論證，多發高論而無實證，最後得出「閻氏關於『僞書』的指控不成立」的結論。附錄還對戴震考「光被四表」爲「橫被四表」的方法論作了的駁斥，認爲考據的在清代早被濫用，過了限度。

0279 楊文森，朱熹證偽《古文尚書》及《序》、《傳》詳考，文教資料，2007（6）

【解題】朱熹對《古文尚書》的考辨不但具有開創性，而且是全面的，它從語言風格、文字訓詁、歷史事實、書籍傳承等方面基本上證實了它的偽書性質。

0280 白林政，建國後「偽《古文尚書》」及《尚書孔傳》研究平議，曲阜師範大學碩士學位論文，2008

【解題】對建國後有關「偽《古文尚書》」的作者、流傳時期、真偽的種種說法，以及《尚書孔傳》的作者、出現時間、真偽的觀點進行總結評價。

0281 楊緒敏，偽《尚書》的出現及考辨的歷史，徐州師範大學學報，2008（1）

0282 陳隆予，《尚書・文侯之命》的寫作年代與晉文侯評價探析——讀《尚書・文侯之命》，鄭州大學學報，2009（1）

【解題】《尚書・文侯之命》的行文全是西周金文常用語，應為西周晚期作品。

0283 易德生，從楚簡《容成氏》九州看《禹貢》的成書年代，江漢論壇，2009（12）

【解題】《禹貢》的成書年代大概在公元前 380 至前 360 年左右，即戰國早期晚段為宜。

0284 陳立柱，考古資料如何證說古文獻的成書時代？——以《〈禹貢〉「九州」的考古學研究》為例，文史哲，2009（3）

【解題】對《〈禹貢〉「九州」的考古學研究》提出批評，認為原文作者混淆了基本概念，方法上也多牽強和臆斷，不能證明《禹貢》「九州篇」藍本成書於西周之前。

0285 杜勇，《古文尚書・說命》真偽與傅說身份辨析，天津師範大學學報，2009（5）

【解題】今傳《古文尚書・說命》是偽作而非真書，傅說是隱士而非奴隸。

0286　宗靜航，《尙書・胤征》的成書年代———一個語言學的考察視角，徐州師範大學學報，2010（1）

　　【解題】以《胤征》爲例，探討《古文尚書》的成書年代。通過文獻調查，發現「火炎昆岡」、「玉石俱焚」、「猛火」、「天戒」、「常憲」五個詞語，都不見於先秦文獻，而見於東漢或西晉等的典籍。雖不能就此判斷《胤征》爲僞書，但可以推斷《胤征》的最後成書可能在東漢魏晉時期。

0287　陳立柱，《禹貢》著作時代評議———與劉起釪先生商榷，古代文明，2010（1）

　　【解題】對劉起釪提出的《禹貢》寫成必在春秋以前或不晚於春秋的一個「鐵證」，一個「要證」，一則「史事」，和兩則「必早於戰國的史實」進行商榷，認爲劉氏提出的證據存在諸多問題，討論問題的方法也不盡可取，對於顧頡剛的批評尤其值商榷。

0288　丁鼎，「僞《古文尙書》案」平議，古籍整理研究學刊，2010（2）

　　【解題】梳理了以前關於僞《古文尚書》的探討以及當代學術界對「僞《古文尚書》案」的重新審視，認爲閻若璩等人將傳世本《古文尚書》判定爲僞書的結論已經發生了動搖，而毛奇齡等人對閻若璩等人的駁難以及爲傳世本《古文尚書》所作的論證和辯護日益顯示出其學術價値。

0289　武家璧，《堯典》的眞實性及其星象的年代，晉陽學刊，2010（5）

　　【解題】《堯典》的最早寫本可能在商代已完成，《堯典》（含《舜典》）應是「五典」中的「唐虞之書」；《堯典》里保存的商代及其以前的天文曆法知識與殷墟甲骨文的記載相符；《堯典》文本在先秦文獻中不乏引據，說明至少在戰國以前已有了流傳較廣的《堯典》定本；經秦火之後，《堯典》由秦博士伏勝、漢儒孔安國等重新寫定，其中「同律度量衡」、「五歲一巡守」、「十二州牧」等與秦漢史事雷同，被指爲後人所竄入，但竄入部分應該很少，絕大部分内容源自上古。作者又採用地平方法計算《堯典》昏星赤經，復原以後的平均年代距今4200多年，與傳說中的堯帝時代基本符合。

0290　錢宗武，《孔傳》或成於漢末晉初，南京師範大學文學院學報，2011（1）

　　【解題】運用語言學方法，從語言所具有的時空性和社會性的角度切入，結合古代經典詮釋的特點，考察上古文獻常見範圍副詞「咸」和「胥」

的歷時共時變化，進而推測《孔傳》或成於漢末晉初。

0291　周葦風，《尚書‧大禹謨》禹征苗民一節文字的時代歸屬問題，殷都學
　　　刊，2011（2）

【解題】《大禹謨》禹征苗民一節文字的「文德」內涵明顯有悖於儒家
「干羽以懷遠」的政治理想，《孔傳》以「損益」之法曲爲之說，反過來也證
明《大禹謨》禹征苗民一節文字與《孔傳》不可能產生於同一時代。從思想
內容上看，《大禹謨》禹征苗民一節文字反映了先秦時期人們的思想價值取
向，應該屬於先秦原始文獻。

0292　房德鄰，駁張岩先生對《尚書古文疏證》的「甄別」，清史研究，2011
　　　（2）

【解題】在閻若璩《尚書古文疏證》和其他學人辨《尚書》古文之偽的
基礎上，結合近年出土的戰國楚簡等相關資料，申論「尚書大序」中古文《尚
書》二十五篇說、孔安國獻書作傳說與史實不符，孔安國《傳》中的「金城」、
「駒麗」、「南山」是晚於孔安國的人所寫，古文經中的《君陳》、《君牙》、《大
禹謨》等乃偽作，從而反駁張岩在《審核古文〈尚書〉案》一書中對閻氏《疏
證》的「甄別」及其爲梅賾所獻古文《尚書》的辯護。

0293　朱岩，《尚書》語篇的遞歸及其辨偽功能，鹽城師範學院學報，2011（6）

【解題】《尚書》語篇在擁有豐富銜接機制的同時，也展示出明顯的語
篇遞歸性。這種遞歸雖不免漢語語篇形成期的種種稚嫩，但已經使《尚書》
語篇全面超越甲金文字的語篇，既爲上古漢語語篇的成型提供了範本，也爲
後代《尚書》辨偽提供了獨特的視角。

0294　張華，《洪範》與先秦思想，吉林大學博士學位論文，2011

【解題】第一章「《洪範》的作者與成篇時代」，通過成篇時代考察、《燹
公盨》與《洪範》的關係、《書》初次集結的時代、《洪範》的語體特徵五個
方面的論證，認爲《洪範》是因爲周武王訪問箕子，箕子陳述，而由周初史
官記錄而成的。第二章「《洪範》文本內容及其所反映的時代特徵」對《洪範》
的文本內容進行了解讀與考證，又列舉能印證《洪範》內容的西周金文內容、
《今文尚書》中的周初內容及《詩經》中的西周內容，證明《洪範》確實在
西周就已產生，並且對它們產生了影響。

0295　黃忠愼，《尚書‧洪範》考辨與解釋，新北：花木蘭文化出版社，2011

0296　劉光勝，清華簡與先秦《書》經傳流，史學集刊，2012（1）

　　　【解題】根據清華簡形制、字體以及篇目編排，結合郭店簡的內容，認為《漢志》「《逸周書》為孔子刪書之餘」的主流說法並不成立。

0297　虞萬里，由清華簡《尹誥》論《古文尚書‧咸有一德》之性質，史林，2012（2）

　　　【解題】清華簡《尹誥》重現於世，雖無可辯駁地證實了《咸有一德》非先秦原本，然因其內容與《尹誥》有關聯並可互相印證，卻又顯示出憑空編造、偽撰之不可能。從秦漢間經師闡發經典大義的「傳體」形式來考察，認為《咸有一德》很可能是孔安國闡述《尹誥》經旨之傳文，由孔氏或其弟子完善記錄後上送秘府。逮及曹魏立古文博士，尋訪《古文尚書》逸篇，始整理秘府舊簡。由於沒有經文可供校正，所整理的篇章不免有錯簡與殘缺，文字不免有訛誤，但它的書寫簡式卻仍與劉向所校中古文《尚書》每簡二十餘字相當，顯露出兩者的歷史關聯。

0298　楊振紅，從清華簡《金縢》看《尚書》的傳流及周公歷史記載的演變，中國史研究，2012（3）

　　　【解題】成王即位時已為少年，「襁褓說」不能成立；周公「居東」為「避居」而非「東征」；漢代古文《尚書》較之今文《尚書》，更接近原初的《尚書》；孔子沒有刪訂過《尚書》，也沒有作過《書序》，清華簡《金縢》以「志」為名，表明公元前300年前後，《尚書》尚未成書；今傳本《尚書》應不是漢代的《古文尚書》，或根據今文說改造過。又將清華簡《金縢》與傳世文獻進行比較，認為清華簡本《金縢》所記周公事蹟最為素樸，應是較早記載周公歷史的史籍，後世所傳周公事蹟經過了不斷的層累疊加。

0299　杜勇，清華簡《尹誥》與晚書《咸有一德》辨偽，天津師範大學學報，2012（3）

　　　【解題】閻若璩等人在《咸有一德》的辨偽方面，從外證到內證多方揭其破綻，斷為偽作，是可信的。今出清華簡《尹誥》進一步證明了清人辨偽成果的科學性，晚書《咸有一德》是偽非真。

0300　金宇飛，《禹貢》成書年代新論，重慶文理學院學報，2012（6）

【解題】辯駁了顧頡剛針對《禹貢》提出的五條置疑和《禹貢》撰寫必不早於戰國時代的結論。通過剖析《禹貢》九州的地域、順序和貢賦等情況，認爲黃帝劃分九州是可能的，而《禹貢》出自於舜禹時期也是可信的；《禹貢》雖然可能最終編譯或修訂於春秋戰國時期，但其底本最早出自於舜禹時期則是毋容置疑的。

0301　楊善群，清華簡《尹誥》引發古文《尚書》眞僞之爭——《咸有一德》篇名、時代與體例辨析，學習與探索，2012（9）

【解題】清華簡整理者謂《尹誥》或稱《咸有一德》，把兩篇不相干的篇名說成同一篇文字，從而把古文《尚書·咸有一德》指爲「僞作」，這是違背《尚書》一篇一名的通則的。西漢司馬遷和東漢鄭玄由於未見古文《尚書》的全貌，作出不符史實的敘述和注釋，我們今天再不應該重複這樣的錯誤。同時希望清華簡整理者能擺脫疑古時代「定讞」的陰影，吸收《尚書》學研究的最新成果。

0302　馬衛東，《堯典》的歷史觀及其創作時代，求索，2012（12）

【解題】《堯典》的編定當出自孔子之手，其主體内容創作於孔子之前的周代，應是沒有問題的。《堯典》的歷史觀主要有尊古、崇德、大一統及人文觀等四方面的内容。在這些歷史觀的指導下，《堯典》將上古描繪成一個理想的社會，突出了「德」在歷史發展中的作用，擬構了上古「大一統」的政治秩序，對傳說中的歷史人物進行了人文化的書寫。孔子置《堯典》於《尚書》之首，是出於對《堯典》歷史觀的認同，並把德政與大一統追溯到堯舜時代，爲其政治學說提供了歷史根據。

0303　張岩，古文《尚書》眞僞與病態學術——與房德鄰、姜廣輝、錢宗武三位先生商榷，孔子學刊，2012

【解題】此文是對房德鄰先生的反駁作出的回應，並就「古文《尚書》眞僞」問題與姜廣輝先生和錢宗武先生商榷。認爲古文《尚書》問題貫穿兩漢以來的中國學術史，其中有許多需要反省的病態學術現象；中國人腦後的辮子已經剪掉整整一個世紀，這場滿清「朝廷早有定論」的學術鬧劇該收場了。文末還提出了三個方面的學術史評價標準：一是學者内在的學術良知；二是規範一個學術社會良性運轉的基本規則；三是支持學術從業者獲得正確結論的研究方法。文後還附錄《簡要甄別清華簡〈尹誥〉的證據資格》一篇。

0304　李輝，夏含夷《略論今文〈尚書〉周書各篇的著作時代》之商榷，勵
　　　耘學刊，2012（2）

【解題】夏含夷對金文中「以」、「之」、「及」、「厥」、「其」、「作」、「爲」、
「肆」、「穆穆」等語詞的語用時代判斷有誤，故據此得出的對《周書》成書
於東周的判斷也就不可靠了。

0305　李學勤，由清華簡《繫年》論《文侯之命》，揚州大學學報，2013（2）

【解題】據《繫年》簡文可推斷《尚書·文侯之命》的著成年代當晚於
晉文侯三十一年，即公元前 750 年之後。

0306　陳以鳳，近三十年的晚出古文《尚書》及《孔傳》研究述議，古籍整
　　　理研究學刊，2013（2）

【解題】將 1980 年以來近三十年間學界有關晚出古文《尚書》及《孔
傳》的研究情況分「晚出古文《尚書》及《孔傳》眞僞考辨與流傳」、「晚出
古文《尚書》及《孔傳》的出現時間與作者」、「新出土文獻與古文《尚書》
研究」、「晚出古文《尚書》的價值與影響」四個專題擇要綜述。

0307　丁四新，近九十年《尚書·洪範》作者及著作時代考證與新證，中原
　　　文化研究，2013（5）

【解題】梳理了劉節《洪範疏證》以來的學術史，肯定了徐復觀與劉起
釪對劉節等人觀點的批駁。又肯定了《洪範》爲周初著作的觀點，並對一些
學者（特別是海外學者）的質疑作出了的回應。

0308　牛鴻恩，《洪範》晚出新證，渭南師範學院學報，2013（10）

【解題】孔子之世流行「六府」、「五材」，《洪範》尚未成書；《洪範》
倡導君主專制、絕對權力，屬戰國思潮；《洪範》用耕、陽合韻，是戰國韻例。
《洪範》容有戰國以前資料，但其主體成書於戰國前期，君主「作威作福」
之說應出於戰國晚期。

0309　胡治洪，《尚書》眞僞問題之由來與重辨，江蘇師範大學學報，2014（1）

【解題】根據東漢至西晉學人著述引用孔氏書的情況，即可反駁疑《書》
者們對於所謂「作僞者」的指控。如果說孔氏書爲梅賾僞造，則無法解釋大
致與他同時的郭璞何以在《爾雅注》中先於他引用了孔氏書；如果再往前推，
指作僞者爲皇甫謐，則又無法解釋王肅《尚書注》何以已引孔氏書；如果又

説王肅是作僞者，則其前許慎、王符、應劭、徐幹之引孔氏書又當如何解釋？至於疑《書》者們從孔傳古文《尚書》中找出的「破綻」，作者採信張岩《審核古文〈尚書〉案》對閻若璩所舉《尚書》「作僞」證據的反駁，認爲從前提到舉證乃至結論，都根本不能成立。作者還補充説：肯定東晉梅賾所獻《尚書》就是經孔安國整理和注釋的孔子刪定之百篇遺存，並不意味著承認其中所有篇章都完成於其所標繫的時代。

0310　崔海鷹，孔傳《古文尚書》淵源與成書問題探論，曲阜師範大學博士學位論文，2014

【解題】追溯《尚書》類文獻的起源，特別是其與上古王官傳統的關係，從內在理路上對《尚書》類文獻可靠性加以論證。這類文獻來自史官記錄，並經過相續的編纂、整理，並爲史官贊治的重要途徑和工具。因此，《尚書》類文獻重在承載歷代王道、治法，爲現實政治提供制度、思想、文化資源是先民政治、人生智慧的結晶。所謂孔子「刪書」，其實質並非將一部分刪去、棄之，而是擇取其中內容重要、主題鮮明、文本完善的一部分，從而形成已知《尚書》學史上第一個定本（由子思、孟子引《書》可見，孔門中還當有其他《尚書》類文獻的文本傳流）。孔安國整理《古文尚書》，既有對字體的隸定，也包含對文句的改讀、疏通，意在保證《尚書》大義的前提下，在形式上作出適應時代的改變。孔安國對《古文尚書》的整理、訓傳工作，開啓了漢魏孔氏家學中的《古文尚書》傳承歷程。

0311　李山，《堯典》的寫製年代，文學遺產，2014（4）

【解題】通過將《堯典》與可信爲西周中期的文獻《尚書·呂刑》對讀，與可確知爲西周中期的一些金文篇章如《史牆盤》、《燹公盨》等進行對讀，與可信爲西周時期的《詩經》篇章對讀，判斷今傳《尚書·堯典》爲西周中期文獻。

0312　黃懷信，《堯典》之觀象及其傳説產生時代，中原文化研究，2014（4）

【解題】《尚書·堯典》所記四「平秩（在）」句乃觀象授時之説，而與農事無關，其所載之「宅南交」與「宅朔方曰幽都」亦爲互誤；《堯典》年代當遠出刻有「四方名」的甲骨文與《山海經》的同類記載之前，而非因襲後兩者；因刻有「四方名」的甲骨文時代屬於商王武丁時期，所以《堯典》所記傳説產生之時間，最晚應在商代中期；至遲在商代中期，中國已有關於四

仲月「厥民某」以及通過觀天象來確定二至二分的傳說。

0313　陳冉、白楊，孔安國生卒年及是否獻《古文尚書》考，赤峰學院學報，
　　　2014（5）

【解題】根據現有史料對孔安國生卒年進行考證，主要以其任侍中博士、任諫議大夫及任臨淮太守時間爲座標參考系，並對《古文尚書》進行考證，認爲孔安國獻書的史實是不可爭辯的，至於是他親自獻書還是他的家人幫他獻書，都有可能性存在的。

0314　楊柳岸，《古文尚書》晚出詞語考，武漢大學學報，2015（1）

【解題】從漢語史的角度來鑒定古書的眞僞，認爲「遺賢」、「影響」、「其一曰」、「昏迷」、「來世」、「師古」、「放牛」等詞語僅見於《古文尚書》，終周秦之世杳無蹤跡，直到漢代以後文獻才「重新」出現。《古文尚書》中的這些晚出詞正是作僞者「不能完全阻止他所處的時代的語言向筆底侵襲」的明證。

0315　朱建亮，從虞廷十六字訣及其研傳看《僞古文尚書》並非僞書，公共
　　　圖書館，2015（4）

【解題】從思想内容特別是虞廷十六字訣分析所謂《僞古文尚書》，證明該書並非僞書。因爲虞廷十六字訣反映了聖王才可能有的偉大治國思想；反映了舜帝特有的謹慎及其時代特色；儒家、道家都傳承了十六字訣只是各有偏頗。孔子對十六字訣及舜帝的評贊更能説明《僞古文尚書》並非僞書。

0316　崔海鷹，孔安國《尚書序》眞僞及史料價值辯證，湖南科技學院學報，
　　　2015（11）

【解題】孔安國《尚書序》與孔壁出書乃至《古文尚書》問題密切相關，其自身眞僞及史料價值亦頗受歷代學者關注，然存在較多誤解。爲重新審視這一問題，特對《尚書序》相關内容進行分條辯證。主要涉及該序的文辭、語氣問題，「三皇五帝」說問題，對《尚書》性質、體裁的探討問題，孔安國整理《古文尚書》的相關文字問題，孔氏二次獻書問題，以及《古文尚書》的殘損及補綴問題等等。由此一系列辯證，可見今本《尚書序》確實存在較大比例的眞實性要素，其所記載，非親歷其事而不能俱道，當確爲西漢孔安國所作。

0317　杜勇，清華簡《皇門》的製作年代及相關史事問題，中國史研究，2015（3）

【解題】近出清華簡發現《逸周書》中的《皇門》篇，進一步強化了人們視其爲西周文獻的認識。簡文固然以西周文字爲主，但也帶有少量東周時期的語言色彩，說明它並非西周的原始文獻，很有可能是春秋時期根據王室檔案整理成篇的。清華簡《皇門》作爲周公誥辭，大體作於周公攝政後期。篇中周公自稱「余一人」，史官以「（周）公若曰」等同「王若曰」領起全篇誥辭，誥辭始終不曾言及成王等事，都不同程度反映了周初複雜的政治背景下周公攝政稱王的史實。

0318　胡治洪，漢晉之間古文《尚書》流傳情況補證，中國文化研究，2015（3）

【解題】嚴可均《全上古三代秦漢三國六朝文》的《全漢文》、《全後漢文》、《全三國文》、《全晉文》中存在著引用古文《尚書》及其孔安國傳的資料，這些資料表明古文《尚書》自西漢末年至西晉晚期一直綿延不絕，流傳於世。本文依據《全漢文》、《全後漢文》、《全三國文》、《全晉文》中有關古文《尚書》的資料，對《〈尚書〉眞偽問題之由來與重辨》所梳理的古文《尚書》傳承脈絡予以補證，由此更加強有力地證明古文《尚書》自孔安國以迄梅賾四百年間續續不斷，從而更加強有力地反駁了南宋以降疑《書》者們對於古文《尚書》傳承脈絡茫昧無稽的指控。

0319　王永，《清華大學藏戰國竹簡》與《古文尚書》《說命》篇文體比較，古籍整理研究學刊，2015（2）

【解題】清華大學藏戰國竹簡》（三）所收《說命》三篇是一個在結構、內容、對話形式等方面與《古文尚書·說命》三篇存在較大區別的版本。《清華簡·說命》三篇是一個完整的儀式記錄，分爲追敍式的序辭、訓誡性的命辭和補記性的語錄三個部分，敍事細膩生動，對話以王言爲主，刻意塑造賢能之臣。《古文尚書·說命》三篇均爲完整的訓語體，說理透闢明晰，對話以臣言爲主，注重營構納諫之君。前者價值在於儀禮存檔，後者價值在於文體塑形。兩版都體現了各自產生的文化背景，互相比較，亦可再次確證《古文尚書·說命》篇之偽。

0320　李銳，先秦古書年代問題初論——以《尚書》《墨子》爲中心，學術月刊，2015（3）

【解題】先秦古書的年代問題一直是研究古代學術思想的基礎。許多過去所形成的定論近來遭到了挑戰。近些年出土的簡帛古書，不僅直接揭示了一些古書的形成年代，更使我們對過去的觀念和方法有了反思。但是國際漢學界對有關問題的看法卻並不統一，其中與中國學界差別較大的是今文《尚書》和《墨子》「十論」中一些篇章形成年代的問題。分析其具有代表性的斷代方法及其結論，指出其不足，並可以利用古書形成過程中的「族本」觀念來解釋有關問題。

0321　彭裕商，梅本古文《尚書》新考，出土文獻與古文字研究，2015

【解題】東晉初年梅賾所獻孔傳本古文《尚書》的真偽問題歷來爭論頗多。以清華簡的《尹誥》、《傅說之命》與梅本古文《尚書》的《咸有一德》和《說命》相對照，後者非先秦古籍已為學人所共知，但前者多出伏生所傳今文《尚書》的其他篇章尚未有新發現的先秦古籍以確定其真偽。根據相關文獻記載，再結合清華簡的有關情況，對這一問題進行推斷。

0322　艾蘭、袁青，論《書》與《尚書》的起源——基於新近出土文獻的視角，出土文獻與古文字研究，2015

【解題】2008年夏季北京清華大學入藏了一批約2000枚的戰國（前476～前221年）竹簡。對這批竹簡中的一個殘片標本作放射性碳輻射測定，可以推斷出其年代大致在公元前305年，這與湖北荊門郭店一號墓的年代是大體是一致的。郭店楚墓中的竹簡是用楚文字寫成的，清華簡也與之相類似。郭店竹書主要是哲學類文獻，而清華簡主要是歷史類文獻。

0323　晁福林，從清華簡《說命》看《尚書》學史的一樁公案，人文雜誌，2015（2）

【解題】商王武丁得賢臣傅說之事為其卓著聖蹟之一。《史記・殷本紀》曾詳述此事。關於此事的文獻記載始見於古文《尚書・說命》。東漢許慎《說文解字》釋「敻」字曾引用《商書》關於此事的相關記載。今《十三經注疏》本所載與許慎《說文》所引《商書》有文字上的差異。大、小徐本《說文解字》的相關記載亦有差異。這些差異間的是非很難判斷。今得清華簡《說命》所提供的材料，對此可以做進一步的分析推斷，說明大徐本作「敻求」近是，而小徐本作「營求」則近非。既然古文《尚書》超出今文的諸篇無序，那麼《說文》所引者應當是古文《尚書・說命》篇中之語。據此可推，古文《尚

書·說命》篇（或其佚文）在許慎的時代有可能是存在的。

0324 程薇，傳世古文尚書《說命》篇重審——以清華簡《傅說之命》為中心，中原文化研究，2015（1）

【解題】清華簡《傅說之命》的整理公佈，爲我們重新認識傳世古文尚書《說命》篇的真偽提供了嶄新的條件。由於秦代的焚書，《說命》三篇在漢代已經失傳，但是鄭玄曾經根據《禮記》等篇的引文，對《說命》的內容做過一些推測。東晉時期出現的古文尚書《說命》篇，正是依據鄭玄的推測，搜集先秦秦漢時期的相關資料編寫而成，因而其內容存在諸多的矛盾和錯誤之處。這一文本雖然在後世曾產生了深遠的影響，但並非是先秦《說命》篇的原貌。結合清華簡《說命》三篇的內容，我們可以更加清楚地看出傳世古文尚書《說命》篇的造偽痕跡。

0325 張岩，清華簡《咸有一德》《說命》真偽考辨，山東青年政治學院學報，2015（1）

【解題】在清華簡整理者所作宣傳中，簡文《尹誥》（即《咸有一德》）和《說命》可以「證偽」古文《尚書》是一個重要宣傳焦點。文章在此前學者相關研究的基礎上正面考察清華簡《咸有一德》和《說命》的真偽問題，並考察李學勤先生和廖名春先生對簡文的整理研究在學理方面是否成立。《尚書》文章有其特定的法度、格調。選擇偽造《尚書》文章，這本身就是一個殊不自量的妄舉。其捉襟見肘、漏洞百出在所難免。結論：（1）清華簡《咸有一德》和《說命》內容中的作偽破綻十分明顯，其文章質量非常低劣，可以被確認爲今人贋作。（2）在李學勤先生和廖名春先生對漏洞百出的簡文所作整理研究中，存在許多不應有的失察、失誤。

0326 朱建亮，《尚書》成書年代考析，公共圖書館，2016（4）

【解題】《尚書》是我國流傳至今的最早的一部重要文獻，其中蘊含很多中華優秀傳統文化的基本精神。但其成書年代一直是個懸案。根據孔子收集歷史數據、根據文字的發展和孔子引用、根據禮法制度以及從字頻規律等多方面推斷，認爲應是商代中後期和西周時代作品，即周書部分爲西周作品，其餘爲商代中後期作品。

0327 張利軍，清華簡《厚父》的性質與時代，管子學刊，2016（3）

【解題】最近公佈的清華簡《厚父》，學界基本認同其爲《尚書》類文獻，但有《夏書》說、《商書》說、《周書》說，通過分析三說，判斷《厚父》可能是源於創作於商初的「語」體檔案，是商湯滅夏后，訪夏王室貴族厚父，借鑒夏代賢王恭明德事蹟，以史爲鑒的產物。商湯與厚父的對話，經商代史官記錄整理成爲商代典冊，在商代官學教育中傳習而得以保存，成爲《商書》的一篇。經歷商周王朝鼎革，周對包括《厚父》在內的商代典冊檔案進行整理，因其載有夏代賢王明德事蹟，具有較強的史鑒意義而得以繼續流傳於世。至戰國中後期，《厚父》依然存世，見引於《孟子·梁惠王下》，而清華簡《厚父》則可能是戰國時流傳於楚地的《商書》抄本。《厚父》對於判斷《商書》時代、證明夏王朝存在性意義重大。

0328　謝維揚，由清華簡《說命》三篇論古書成書與文本形成二三事，上海大學學報，2016（6）

【解題】清華簡《說命》三篇均有自題篇名，這表明已知《尚書》篇題在很大程度上都不能確定是孔子編書時所擬定，孔子編書應該也不涉及爲各篇文字最終命題；同時孔子編輯的文本並非《尚書》的唯一文本，孔子之後可能有更多人做「編書」之事，由此而形成的表現不一的《尚書》文本也會相繼出現。目前還不能完全否認簡本是與「古文《尚書》」系統有複雜關係的某未知《尚書》文本。在古書成書和文本形成研究中，注意未知文本的作用，將幫助我們在《尚書》成書等重要問題上形成新的想法。簡本《說命》三篇的出現對準確認定包括《國語》在內的早期語類文獻的形成和史料價值，也有重要幫助。

0329　朱建亮，圖書館學老祖宗劉歆僞造了《古文尚書》嗎，公共圖書館，2016（3）

【解題】西漢劉歆是孔子之後的大儒，也是著名的目錄學和圖書館學家。康有爲說「東漢以降眾多僞書皆劉歆一手所僞」不能成立。劉歆作爲國家圖書館的校書官受圖書館職業道德精神之薰染不可能僞造古書；劉歆的個性和志趣決定其僞造蘊含聖王品格的《古文尚書》爲不可能；從劉歆現存文獻的字頻情況看他不可能僞造《古文尚書》；從東漢到隋唐無人疑《古文尚書》爲僞書可證其並非劉歆僞造。

0330　李晶，清華簡《金縢》與《尚書》鄭注文本考——兼論《史記》述《金

滕》的今古文問題，古代文明，2016（3）

【解題】前人認爲鄭玄《尚書注》「兼採今古文」，但是單憑存世文獻，辨別鄭注哪些屬於今文經說、哪些屬於古文經說是個難題。而近年新出的清華簡《金滕》篇是戰國中晚期的古文本，通過文本對讀等方法，可以推斷鄭氏經說主要採用了古文，亦可確知《史記·魯周公世家》述《尚書·金滕》兼採今古文經說，構成了《史記》採用古文的新證據。

0331　馮怡青，梅鷟《尚書考異》研究，陝西師範大學碩士學位論文，2016

【解題】梅鷟《尚書考異》中所討論的梅本《尚書》作偽問題一直是《尚書》學史亦是整個辨偽史中的重要論題，關於古文二十五篇是否作偽、誰人作偽的爭論從宋代開始廣受關注，期間歷經各個階段的發展，每個階段都體現出不盡相同的重點與特徵。明代梅鷟所作《尚書考異》一書作爲第一部專辨梅本《尚書》之偽的著作，從辨偽學角度來看，它開啓了有明一代辨偽新風尚：從對梅本《尚書》辨偽的角度來看，它首次將考據的方法運用到梅本《尚書》的辨偽活動之中，爲後代學者提供了考辨古文的新方法。在《考異》成書之前梅本《尚書》的辨偽活動已經展開，梅鷟在書中亦論述了前代學者的考辨態度及觀點，並在文中多所評點，他褒揚並借鑒了朱熹、吳澄、王充耘等人的觀點，對孔穎達、蔡沈等人則多所指斥，對蔡沈批駁尤甚，指責其「悖師叛道」、「黨邪說，助異端」等評語嚴厲異常，他本人對於梅本《尚書》的態度可見一斑。梅鷟於《尚書考異》中用力最勤的，也是占全書篇幅最多的部分，是他對古文二十五篇蹈襲證據的抉發舉證。梅鷟首次使用考據的方式對古文二十五篇進行辨偽，基本上逐字逐句列舉了這些篇章對先秦兩漢著作的蹈襲竄改，通過這些例證可以清晰地看出這種新的辨偽方法在梅本《尚書》考辨活動中的運用成效以及失誤。《考異》中有相當一部分舉證是可信並具備一定說服力的，但不排除亦有因力求證偽而過分解讀的部分。

0332　周浩翔，《尚書·洪範》時代及思想源流考論，中國哲學史，2016（2）

【解題】歷來對《洪範》的研究重心多放在作者及其著作年代上，鮮有論及其思想來源或原型的。然而在某種意義上說，後者的研究更爲重要。歷代學者對《洪範》的作者及著作時代基本保持一致，直到民國疑古思潮興起，劉節發表《洪範疏證》，重新質疑《洪範》時代，挑戰傳統說法，遂引起了學界對這一問題的長期爭論。經過長期論辯，近來學界基本認可了《洪範》作

於周初的傳統說法。從傳世文獻、銘文等方面系統梳理各種論點、論據，論證《洪範》作於周初。進一步推斷《洪範》乃箕子所傳先王之道，三代治國理政的政治綱領或政治哲學蓋濫觴於此，這些內容淵源有自，或可追溯至舜禹時代。

0333　周光華，從《崔東壁先生遺書》辨今本《尚書》──認識清華簡，人文天下，2016（3）

0334　徐新強、馬士遠，《尚書孔傳》成書蠡測──從訓詁學角度與《詩經毛傳》《毛詩鄭箋》比較，孔子研究，2017（6）

0335　唐旭東，《尚書·湯誥》正文與序和弁言不合問題探論，周口師範學院學報，2017（6）

【解題】今本《尚書·湯誥》正文與序和弁言不合，眞正能與之相合的是《史記·殷本紀》所載之《湯誥》。這種張冠李戴的錯位很可能自孔壁竹書的底本甚至比底本更早的文獻中已經如此。《論語》載今本《尚書·湯誥》部分文字，但嚴重殘缺不全，且有順序倒錯、文字差異等現象，可能係孔子弟子記錄和整理老師口述時出現的錯誤。其同義詞代換現象則可能爲孔子以當時通行詞語轉述古文的結果。今本《尚書·湯誥》爲眞正的孔氏古文《尚書》五十八篇之一，並非僞作。今本《尚書·湯誥》生動地反映了當時的禮俗、文化心態和文化觀念。

0336　馬驍英，《尚書·洪範》誕生的文化背景，教育現代化，2017（42）

0337　滕興建，清華簡與《書序》研究，孔子研究，2017（4）

【解題】新出清華簡以及相關傳世文獻的證據表明，《書序》的成書年代在公元前 289 年到公元前 213 年之間，它既不是孔子所作，也非劉歆等人僞作，而是這一時期的儒家後學託名孔子所作。

0338　趙玫，《古文尚書》「十六字」眞僞辨正──以朱熹對《中庸》首章道心──人心的詮釋爲核心，河北學刊，2017（3）

【解題】宋元以來陸續有學者懷疑《古文尚書》「十六字」的眞僞。清人閻若璩通過細緻的辨僞工作，更使「十六字」係僞造之說成爲定讞。朱熹視舜之「十六字」爲「孔門傳授心法」，是爲道統之傳。通過朱熹將「十六字」與《中庸》首章的對讀，可以看到他爲「十六字」不僞所提供的義理依據。這爲我們提供了以下啓示：疑經、辨經固然重要，但獲得義理價值，把經典

之所以成爲經典的意義全幅呈現，或許是更爲重要的。

0339　周紅，清華簡與先秦《詩》類文獻研究，上海師範大學碩士學位論文，
　　　（2017）

　　　【解題】清華簡主要涉及經、史類文獻，已經公佈的清華簡中與樂詩有
關的是《耆夜》、《周公之琴舞》、《芮良夫毖》三篇文獻。對清華簡樂詩及先
秦《詩》類文獻的研究也主要圍繞這三篇文獻展開。第一章對清華簡樂詩的
成書年代進行考證。清華簡經過碳 14 測定，其出土年代約是戰國中晚期，但
並不能簡單的將三篇清華簡詩類文獻的成書年代都歸爲戰國中晚期。戰國中
晚期僅是其抄寫年代，具體的創作年代，要根據樂詩考訂。通過出土文獻與
傳世文獻對比，斷定《耆夜》樂詩的成書年代在西周中期到春秋時期。《周公
之琴舞》是周朝初年的作品，而《芮良夫毖》是西周末年周厲王時期的樂詩。
第二章對清華簡的眞僞進行了考辨。自清華簡問世，學者們圍繞清華簡眞僞
展開激烈爭論，但多數從技術或史事方面進行討論。試圖從樂詩的角度證明
清華簡爲眞。主要從清華簡樂詩的用詞、用韻方面對其眞僞進行鑑別，認爲
清華簡是眞簡，絕非現代人僞造。

0340　劉光勝，由懷疑到證實：由宋至清抉發《古文尙書》僞跡的理路，中
　　　原文化研究，2018（5）

　　　【解題】《今文尚書》佶屈聱牙，《古文尚書》平易曉暢，吳棫、朱熹對
《古文尚書》的懷疑，主要是出於語言風格的差異。明代梅鷟從語句、文體、
史實及傳授源流等方面抉摘《古文尚書》的作僞痕跡，和宋儒並無切實的證
據相比，他的考據方法有了實質性推進。清儒閻若璩首先確立孔壁《古文尚
書》爲眞實可信，然後將漢代文獻記載中眞《古文尚書》的内容與梅賾本對
照，由根柢至枝節，全方位抉摘梅賾本《古文尚書》之蟥漏。由宋至清，很
多學者竭力證僞《古文尚書》。

其他

0341　趙銘豐，惠棟《古文尙書考》辨僞舉證的效力平議，東吳中文線上學術
　　　論文，2008（2）

0342　曹美秀，洪良品的古文《尙書》辨眞理論，臺大中文學報，2013（42）

　　　【解題】以成書時間較晚、資料搜羅較齊備的洪良品爲例，分析其對古

文諸篇的辨眞理論，同時與辨僞者之重要論點及考辨方法相比較，一方面打破既有看待清代《尚書》學的視野，而以較寬廣的角度，探討《尚書》學於晚清的發展情形；一方面藉由雙方論證方法之比較，提供觀察辨眞及辨僞觀點的另一個視角；二者皆有助於對清代學術史的建構與解讀。

0343　侯金滿，《尚書大傳》源流考，南京大學碩士學位論文，2013

　　【解題】以伏生《尚書大傳》爲研究對象，以文獻考證爲基礎，探考其解經形式之源流，最後進入其經說思想內部，構建其經說之思想體系。

0344　江曦，張爾岐《書經直解》辨僞，圖書館雜誌，2014（3）

　　【解題】張爾岐《書經直解》是一部僞書，與張居正的《書經直解》當爲一書。

0345　史振卿，杜林漆書：清儒《尚書》辨僞的焦點，文藝評論，2015（6）

　　【解題】梳理並分析了清儒對杜林漆書的三種觀點：「杜林漆書爲孔壁古文《尚書》」、「杜林漆書與今文《尚書》同」、「杜林漆書來自秘府本」。

0346　劉世明，宋代《尚書》學的偏失與創獲，中國宋史研究會專題資料彙編，2015

　　【解題】《尚書》是我國第一部歷史資料彙編，由漢至唐，注疏層出不窮。宋代學風大變，解經述經也呈現新的景象。宋儒以己意論《書》，臆斷文義、妄測古字，隨意刪改經文，使《尚書》文本面目全非。更有甚者，以莊老、象數等旁門小技推演《書經》，引經學至虛無，實爲解《書》之歧路也。宋代學者闡釋《書經》亦有許多創獲之處。他們將《尚書》視作求心之書，明聖王之志、救失道人心，凸顯了人的情感意識與主體精神。

0347　張循，「讀書當論道」還是「唯其眞而已」？——清儒關於僞《古文尚書》廢立的爭論及困境，清史研究，2015（3）

　　【解題】清儒關於《古文尚書》的爭論大體分爲兩個相互聯繫的主題，一爲眞僞，一爲廢立。現代研究者站在文獻學或史學的立場，需要關心者只涉及眞僞問題。但對清代的儒者而言，眞僞本身並不能完全決定《古文尚書》在儒學系統中的價值，因爲在這個考據層面之上，還牽涉一層義理的問題。清儒大體公認《古文》雖僞卻義理純美，因此應當如何在考據與義理兩邊取捨——或以僞而廢，或以正而立，成爲他們長期爭論的一個難題。義理基本

已經淡出現代學術的關懷，如果能夠將現代史學或文獻學的回溯邏輯暫擱一旁，轉而深入清儒因義理而來的關於《古文》廢立的困境，那麼通過這場偽《書》廢立的爭論所折射出的清代漢學（考據學）的思想史意義，也許就不再是其作爲現代學術的源頭活水，反而是它與現代學術之間的巨大斷裂了。

0348　朱天助，現存《古文尚書》、《古文春秋》、《古文論語注》舊輯本檢討及其衍生問題之初探，儒家文化典籍，2015

　　【解題】《古文尚書》、《古文春秋》、《古文論語注》三書舊抄本皆題宋王應麟撰，然歷來學者對此頗多質疑。通過匯考三書現存各批本，詳錄各批本特徵，考索各本間的關係，推求清儒撰述之底冊，認爲此三書確非清儒所輯。又綜考王應麟的學行和著述，以爲三書屬王氏應考及撰述之資料長編。清儒如惠棟、嚴蔚、宋翔鳳、陳鱣等依傍王應麟舊輯本，續加補治而刊行之，然諸家多隱沒王應麟舊輯本之功。此三種輯本爲清代輯佚考據學之嚆矢，清儒研治三書古義能後出轉精，實蒙王應麟輯本遺澤甚多。

0349　陳良中，宋代疑《書》思想研究，陝西師範大學學報，2015（1）

　　【解題】宋代學者疑辨《尚書》由字詞、語序、篇序而至今古文《尚書》、大小《序》《孔傳》，字詞、語序的疑辨各家不一。對文序的疑辨主要集中在《武成》《洪範》兩篇，對古文《尚書》、大小《序》《孔傳》疑辨成爲宋以後《尚書》研究的重要內容。疑辨由枝節而至全體，開啓了只解今文《尚書》、古文《尚書》證偽以及漢代今古文《尚書》輯佚研究的新方向。辨偽對於學界正確認識《尚書》文本有重要意義，但又帶有隨意改經的流弊。

0350　楊善群，評閻若璩考據的欺騙性——《尚書古文疏證》綜合研究，史林，2016（1）

　　【解題】閻若璩《尚書古文疏證》以 128 條論據證明古文《尚書》之「偽」，自此書問世三百多年來一直好評如潮，但他運用了二難推理、吹毛求疵、虛張聲勢、顛倒先後、主觀武斷、厚今薄古、胡編亂造、自相矛盾等 8 種不正當的考據方法，歪曲事實，欺騙讀者。他的絕大部分論據都似是而非，因而是不能成立的。除了清朝政府和皇帝以「欽定」的形式，對閻氏《疏證》作了不實事求是的吹捧和褒揚外，其書之所以長期受到推崇，乃因爲其考據方法極富欺騙性。該文從十個方面一一揭露其對歷史事實的歪曲，還對閻氏《疏證》採用欺騙性考據的原因及其危害作了簡明的評析。詳細揭露閻氏《疏證》

考據方法的欺騙性，並分析其形成的原因與危害。

0351　江曦，艾紫東《尚書淺注》辨僞，德州學院學報，2017（3）

【解題】《尚書淺注》一書，《清史稿藝文志拾遺》、《山東文獻書目》均著錄爲艾紫東撰，《山東文獻集成》據《誠正堂艾氏叢書》稿本影印，亦題撰者爲艾紫東。這是一部僞書，與張居正《書經直解》當爲同一書，所謂艾紫東的《書經淺注》實爲張居正書的一個抄本。

0352　江曦，國家圖書館藏抄本「王若虛《尚書義粹》」辨僞，新世紀圖書館，2017（10）

【解題】《續修四庫全書總目提要》著錄的王若虛《尚書義粹》是抄錄閻若璩《尚書古文疏證》並改題撰者的僞作，其顧廣圻題記、藏書印、翟思忠序等皆爲僞造。

0353　（日）竹元規人，顧頡剛在廈門大學的《尚書》講義──兼論顧頡剛「王肅僞造說」的學術史背景和意義，史學史研究，2017（2）

【解題】顧頡剛 1926 年任廈門大學史學研究教授，承擔「經學專書研究」課程。這是他首次承擔的課程，而且是他之後連續撰寫的《尚書》講義的開端。顧頡剛此次的講義，基本上只講到《僞古文尚書》的造僞和辨僞，他主要根據丁晏的說法指出《僞古文尚書》是王肅僞造的。對於「王肅僞造說」，顧頡剛開課時已有強烈反駁，現在看來已不成立。文章最後討論顧頡剛的「王肅僞造說」的背景和意義，以期作爲對學術思想史研究的一種方法上的反思。

0354　孫新梅、毛哲，魏晉南北朝辨僞史略，河南圖書館學刊，2018（8）

0355　（美）韓大偉，復審《古文尚書》案側記：以《咸有一德》爲例，上海：出土文獻與經學、古史國際學術研討會，2018

0356　王祥辰，清代吳派《尚書》學疑辨成就管窺──以《古文尚書考》爲中心，學海，2018（2）

【解題】閻若璩的《尚書古文疏證》與惠棟的《古文尚書考》，在清初的《古文尚書》辨僞活動中影響力頗大。尤其是《古文尚書考》的成書，使得「僞《古文》案」徹底定讞。《古文尚書考》與《尚書古文疏證》關係密切。惠棟在《古文尚書考》上卷中選錄《疏證》內容十二條，惠棟藉此展現了自

己的學術傾向、治學態度，明晰了偽《書》的形成方式與傳播脈絡。在《古文尚書考》下卷中，惠棟援引《疏證》之材料與梅鷟的《尚書考異》內容雖大量雷同，但不足以佐證閻若璩抄襲《考異》。惠棟以《疏證》爲依託創作《古文尚書考》，補正了《疏證》的疏漏之處，將《古文尚書》拉下神壇，促成了漢學取代宋學趨勢的定型。

詩類

詩經

0357　顧頡剛，讀《詩》隨筆，小說月報，1923（1）；古史辨（第三冊），北京：樸社，1931

　　【解題】第一則認爲今本《詩經・碩人》無「素以爲絢」一句，而《論語》所引有，則其輯集必在孔子之後；孟子引《詩》與今本無異同，則其輯集必在孟子以前。

0358　張壽林，《詩經》是不是孔子所刪定的——呈正顧頡剛先生，北京大學研究所國學門月刊，1926（2）；古史辨（第三冊），北京：樸社，1931

　　【解題】孔子刪詩之說不可信。

0359　李宜琛，論刪詩——代壽林兄答辛素君，晨報副刊，1926，11，10

0360　田津生，答張李二君孔子不刪詩說，晨報副刊，1927，3，9

0361　林之棠，刪詩「疑」，國學月報彙刊，1928（1）

　　【解題】針對孔子刪詩說提出了六點質疑。

0362　張壽林，三百篇所表現的時代背景及思想，晨報副刊，1928，4，9～14

0363　胡潤修，《商頌》時代的僞證，中國文學季刊，1929（1）

　　【解題】春秋時宋亦稱商，《商頌》非商詩乃宋詩；因其風格近於《魯頌》，乃春秋時作品。

0364　丁強漢，《常武》《瞻卬》的時代，中國文學季刊，1929（1）

　　【解題】《常武》是宣王時詩，《瞻卬》是幽王時詩。

0365　劉宇，《常武》時代考，中國文學季刊，1929（1）

【解題】《常武》是襄王時詩。

0366　黎昔非，《采芑》時代的質疑，中國文學季刊，1929（1）
【解題】《采芑》爲宣王時詩。

0367　陳鍾凡，《詩經》製作時代考，學藝，1930（1）
【解題】《詩經》所載作品，從周武王、成王時起，訖定王時止。即自西紀前十一世紀，訖第六世紀，凡五百年間詩歌，匯粹於此。

0368　張壽林，《商頌考》，睿湖，1930（2）
【解題】正考父作商頌的說法不可靠。

0369　劉澤民，《鴟鴞》的作者問題，古史辨（第三冊），北京：樸社，1931
0370　俞平伯，論《商頌》的年代，古史辨（第三冊），北京：樸社，1931
【解題】《商頌》是周詩，是頌宋襄公的。

0371　陳槃，周召二南與文王之化，古史辨（第三冊），北京：樸社，1931
【解題】《周南》、《召南》不過是二十幾篇的歌詩，後來給樂師收入樂章，因爲體制不同，而且是「南國」采輯的，所以就叫它作「南」。周自西周以來，競尚「雅」樂，荊楚民族，自成風氣，周公把它采輯起來，譜入樂章，成爲一種「南」樂。周公採的，冠以「周」字；召公採的，冠以「召」字。不過采詩的並非西周的周公、召公，而是春秋之時的周公、召公。

0372　顧頡剛，論《詩經》所錄全爲樂歌，古史辨（第三冊），北京：樸社，1931
【解題】《詩經》所錄全爲樂歌，其中一大部分是爲奏樂而創作的樂歌，一小部分是由徒歌變成的樂歌。

0373　高芒（李嘉言），《詩經》作者縷略，清華週刊，1933（10）
【解題】以「明指作者」、「指出作者範圍」、「疑之不明」三類論述《詩經》作者問題。

0374　華鍾彥，孔子未曾刪詩辨，女師學院期刊，1934（2）
0375　朱東潤，《國風》出於民間論質疑，國立武漢大學文哲季刊，1935（1）
【解題】國風大半不出於民間，其中多爲統治階級之作品。

0376 王修密，孔子刪詩異說之我見，江西學生，1935（3～4）

【解題】孔子刪詩之說有其可信之處：一、周有采詩之敎，且其國祚亦長，不論天子十二年（或五年）一巡狩，其所得之數，當不止今《國風》一百六十餘首，否則如何得見其詩敎之盛？二、孔子觀書周室，得虞、夏、商、周四代之典，取其善者定爲《尚書》百篇，則孔子何獨不能刪詩，取其合於禮義法戒者定爲三百篇？三、孔子自衛反魯，然後樂正，雅頌各得其所；蓋以衆詩中不免有不合於禮義法戒者，刪之，以合「無邪」之旨。四、季札觀樂，魯樂工必擇思無邪者而歌之，又何能出於三百篇之外，則其次序當然與三百篇相合，蓋孔子僅刪詩而未變動其次序也。五、墨子所謂「儒者歌詩三百，誦詩三百，弦詩三百」，正墨子不承認其數也；若墨子承認其數或詩三百即爲原有之數，則墨子何不直曰儒者歌詩、誦詩、弦詩；且當時歌詩、誦詩、弦詩者，又何只限於儒者，今墨子標明「儒者」，實有別於中也，蓋因當時人尚多不遵孔子所刪定者，其遵之者僅儒者而已。

0377 李常山，孔子刪詩辨，北平晨報思辨，1935（19）

【解題】作者贊同孔子刪詩之說，認爲古時詩即樂，孔子既定禮樂，所以就必須定詩，正樂與刪詩是一回事；《詩經》若未經刪過，何以只此三百？至於孔子不刪淫俚之詩，或正以警世。

0378 薛思明，刪詩辨，國專月刊，1936（4）

0379 朱希祖，《周頌》、《魯頌》、《商頌》作者今古文異說辨，制言，1936（29）

0380 李梅溪，《詩經》作者的研究，長郡青年，1943（1）

【解題】孔子未嘗刪詩，《詩經》全爲貴族的作品。

0381 繆鉞，詩三百篇纂輯考，國立浙江大學文學院集刊，1943（3）

【解題】《周頌》、《大雅》、《小雅》多王朝歌頌功德及祭祀宴享之樂歌，與士大夫所獻之詩，而其撰作年代多在西周，自應早爲王朝大師所纂錄，而頒佈於諸侯國。各侯國各集其詩，再由本國大師加以選擇，及獻於王朝，王朝大師或又加以刪汰，故各國風詩多者不過三十餘篇，少者則十餘篇或數篇而已。侯國隨時獻其詩，王朝大師有隨時纂錄頒佈之，各國士大夫皆諷誦而肄習焉。及春秋中葉後，獻詩制廢，大師輯錄風詩止於陳靈，合雅、頌計之，適爲三百餘篇，舉成數則言三百。此後遂爲定本，故孔子兩稱「詩三百」，而墨子書中亦言「誦詩三百，弦詩三百，歌詩三百，舞詩三百」也。

0382 黃節，詩經明辨，學術季刊，1956（4）

0383 胡毓寰，《詩經・七月》的作者問題初探，文學遺產增刊（第五輯），
北京：作家出版社，1957

0384 李曄，試論《周頌・噫嘻》篇的製作時代，光明日報，1957，2，3

0385 李辰冬，從《詩經》中的士、我、予談《詩經》的作者問題，中央日
報，1957，11，5

0386 劉夢雪，讀《從詩經中的士、我、予談詩經的作者問題》後，民主評
論，1958（2）

0387 胡毓寰，關於「納禾稼」及《七月》的作者，光明日報，1958，8，4

0388 段熙仲，《魯頌・閟宮》的作者問題，光明日報，1959，11，8

0389 白川靜，詩經蟲說，中央研究院歷史語言研究所集刊外編（第四冊），
1960

0390 李辰冬，我怎樣發現──吉甫是《詩經》的作者，作品，1961（2）

0391 李辰冬，吉甫的戀史和婚變，作品，1961（4）

0392 李辰冬，吉甫東征與西征，作品，1961（3）

0393 李辰冬，吉甫晚年和悲劇，作品，1961（5）

0394 李辰冬，我怎樣發現吉甫是《詩經》的作者，師大學報，1961（6）

0395 李辰冬，《詩經》與其作者，中央月刊，1962（2）；中原文獻，1963（4）

0396 李辰冬，談《詩經》的作者問題，師大學報，1963（18）

【解題】《詩經》三百零五篇的作者，除尹吉甫外，沒有第二人。今按：
此論不可信。

0397 金德建，論孔子整理《詩經》去其重複，司馬遷所見書考，上海：上
海人民出版社，1963

【解題】孔子的除去重複，也像漢代劉向校書除去重複篇章的情形一
樣，如《荀子》原有三百二十二篇，經過劉向校除重複，定著三十二篇，篇
幅僅存十分之一。由此類推，《詩經》原來有三千篇，孔子除去重複之後，去
掉的篇章竟有十分之九，只保存三百名首，本來是不足爲怪的。

0398 程榕寧，李辰冬在《詩經》上的重大發現（1～5），大華晚報，1972，
9.4～10.2

0399 侯紹文，《詩經》並非尹吉甫一人作品考證，東方雜誌，1976（8）；世

界評論，1977（5）

0400　李霜青，論《詩經》非尹吉甫一人所作，世界評論，1976（3～4）

0401　李霜青，再論《詩經》非尹吉甫一人所作，世界評論，1976（5～7）

0402　李霜青，《詩經》的產生年代與地域分佈，中華國學，1977（11）

0403　李霜青，關於《詩經》的作者，臺灣新聞報，1977，6，15（12）

0404　李辰冬，詩經通釋，臺北：水牛出版社，1977

【解題】先從《詩經》三百零五篇裏尋出了七條原理和十六條法則，後再依據這些原理法則來一字一句解釋三百篇，最後發現《詩經》是尹吉甫的作品，也是他的自傳，記載了宣王三年到幽王七年這五十年間的史事。以《竹書紀年》所記載的從宣王三年到幽王七年的事蹟爲三百篇的時代綱領，從中發現了一些「綱領詩」（這些詩都有確切的年月可考，把三百篇的先後次第連貫起來）和「鑰匙詩」（這些詩在表面上並無年月，然一與綱領詩配合，不僅瞭解了它本身的意義，又能打開其他詩篇之門），認爲三百篇就由這兩種「綱領詩」與「鑰匙詩」交互配合而組織成一個完整的史蹟。今按：此說不可信。

0405　李辰冬，詩經研究，臺北：水牛出版社，1978

0406　李辰冬，詩經研究方法論，臺北：水牛出版社，1978

【解題】該書共收作者十六篇文章，是對來自學界質疑的回覆。

0407　夏平，今本《詩經》不能全面信賴的問題，急就二集，香港：中華書局，1978

0408　趙民樂，《詩經·七月》作者臆說，南京師大學報，1979（3）

【解題】《詩經·七月》是周初幽地一個小奴隸主作的農事詩。

0409　張易克，《詩經》論戰，張易克自印本，1980

【解題】此爲與李青霜的論辯集。

0410　劉毓慶，《商頌》非宋人作考，山西大學學報，1980（1）

【解題】從新出土的文物和相關的文獻來考察，認爲定《商頌》爲宋頌實屬錯案，《商頌》實爲商代所有，現存五篇，乃是經過正考父整理甚至加工過的；《商頌》各篇俱顯盛世之德，毫無亡國之思，大有「只有天在上，更無山與齊」的氣勢，絕非正考父之流所能爲。理由有八：一、先秦古籍中，凡提到《商頌》者，沒有一處認爲是宋國的作品的。二、周時的宋國會有諸侯

爲他助祭嗎？且各篇的措辭與口氣，非商王絕不能當。三、《商頌》的稱謂與用詞，與周詩有所不同。四、功臣從享，在《周》、《魯》二頌中未曾見到，而《長發》則提到祭功臣阿衡之事，此與《盤庚》所云「予念我先神后之勞爾先」、「茲予大享於先王，爾祖其從與享之」相符，也與甲骨文所見者相符。五、《國語·魯語》記展禽語云：「商人禘舜而祖契」，而在《商頌》大禘詩中，卻沒有隻字道及舜，反而說商是上帝的兒子，有娀氏所生，其時代之差，可得而知；且在《商頌》五篇中，竟沒有半個字提及帝乙，而且根本沒有提到商以後的事，其非宋時之作甚明。六、《商頌》中某些人名，與春秋先秦傳說不合，而與甲骨文合。七、《商頌》多每句用韻，與《風》、《雅》隔句押韻不同。八、《商頌》、《魯頌》形式不同，內容亦不相類。

0411　蔣見元，也談《詩經·七月》的作者——與趙民樂同志商榷，南京師大學報，1981（1）

　　【解題】從內容、風格、形式等方面考察，認爲《七月》不是一首個人創作的詩，而是以不少詩作爲素材彙集編纂而成的。這些素材來自不同的時代，內容有農諺也有民歌，作者有勞動者也有剝削者，他們原先是各歌其事，互不相干的，最後由統治階級的文人將大量零碎的素材整理編輯成一首完整的詩。

0412　李伯勳，否定孔子刪詩說的幾點補充意見，社會科學雜誌，1983（3）

　　【解題】在前人否定孔子刪詩說的基礎上，補充了七條理由：一、孔子沒有說他自己刪過詩，他的弟子也從來沒有說過孔子「刪詩」的事；且《論語》中孔子兩次說「詩三百」，可見其時《詩》只有三百篇，並非孔子刪後才三百的。二、孟子、荀子也沒有提過孔子「刪詩」的事。三、墨子也沒有說過有關孔子「刪詩」的事情，從他說的「弦詩三百，歌詩三百，舞詩三百」來看，卻反證了從春秋後期以來詩三百篇已有了一個大體上通行的定本。四、《左傳·襄公二十九年》吳公子季札聘魯，請觀周樂，樂工爲他歌的各國風詩的次序也和今本《詩經》基本相同，那時孔子才八九歲，不可能刪詩。五、《左傳》中賦詩、引詩的例子，證明在孔子之前詩三百篇已基本上定型化了，成爲使節們在外交場合「賦詩言志」的依據。六、孔子刪詩是以「禮義」爲準繩的，但是用孔子在《春秋經》和《論語》裏所標榜的「禮義」，來驗證《詩經》裏某些詩歌和某些佚詩的具體內容，就會有自相矛盾的地方。七、《左傳》

引詩二百一十八條，佚詩十四條；《國語》引詩三十三條，佚詩二條；說明孔穎達所說「書傳所引之詩，見在者多，亡佚者少，則孔子所錄，不容十去其九。馬遷言古詩三千餘篇，未可信也」是正確的。

0413　趙光賢，《詩·十月之交》作於平王時代說，齊魯學刊，1984（1）

　　　【解題】就《詩經·十月之交》提到的月份、朔日、紀日、日食，據張培瑜《晚殷西周冬至合朔時日表》，認爲《十月之交》詩當是幽王時詩。反對近世金文學家的「作於厲王時」說，認爲西周銅器本身的年代和銘文的意義問題很多，如企圖根據疑問重重的銘文來推翻客觀存在的毫無疑問的天象，那就不免本末倒置，對史料用之不慎了。又認爲《十月之交》雖是描寫幽王時政治腐敗、國家將亡的情況，但其寫作不是在幽王時，而是在平王時。

0414　翟相君，《詩經·燕燕》的作者，上海師範大學學報，1984（1）

　　　【解題】探討《詩經·燕燕》的作者，否定「衛莊姜作」、「衛定姜作」、「薛君作」諸說，而認同《詩序》「衛莊姜送歸妾也」之說。

0415　劉兆偉，《詩經·七月》的作者及其意義，瀋陽師範學院社會科學學報，1984（4）

0416　李欣復、吳傳之，孔子編選《詩經》辯正，浙江師範學院學報，1984（4）

　　　【解題】《詩經》應該說是孔子所編選，其弟子所潤色。後代學者把去重取詩誤爲「刪詩」有悖原意；所謂「皆絃歌之」，也只是配以一定的樂曲，並非修改其文字內容；所謂正樂，也只是著重在樂曲的雅正，而不是內容的邪正。古詩三千餘篇是個約數，及至孔子去重取可施教者，選出三百〇五篇一一配樂，這是很自然和正常的；孔子所云「詩三百」，那根本不是指周詩總數，而是講自己教學所選之《詩經》數目。孔子要用合於周禮和雅言的詩對學生進行教育，便只能從教學目的和實際出發，自選一定數量的詩作教材，因自編自選，未選者當然會有合於禮義者，所選者不合禮義，那也是各人標準、眼光有不同，不能據以定孔子未曾選詩。且「詩三百」的記載在孔子前不見於史籍，而首次出現在《論語》記述的孔子言論中，唯孔子選編《詩經》方有可能；墨子先從儒學，後來才創墨學，「詩三百」倒可反證他沿襲了儒家舊說。《詩經》的內容與春秋前期士大夫爲應對酬答而用詩的作風有很大的不同，除了選錄《周樂》中那些仍較流行的祭詩與頌詩外，還搜集、包容了大

量的列國民風，這些詩歌的用處可以適應田間勞動、生活交際、鄉俗禮儀等多方面需要，屬於「禮俗詩」範疇；他的目的除了培育從政之材，還要培養學生處世、爲人、治學等多方面才能，以便使他們將來能從事各種活動，從更廣泛的範圍去恢復周代的禮樂制度。

0417　李家樹，《詩經》作者鑴略與內容鳥瞰，香港大學中文系集刊，1985（1）

0418　魏同賢，從《詩傳》《詩說》談到作僞、辨僞問題，文獻，1985（2）

　　　【解題】就子貢《詩傳》、申培《詩說》的辨僞來談，認爲古代的辨僞學成果卓著，但又往往僅止於辨別眞假，而不能對這種現象作歷史的、社會的、個人的複雜因素的考察和說明，從而也就不能肯定、吸取其中那怕是局部的但卻是合理的、有價值的成分。

0419　金德建，《商頌》述作考，古籍論叢（第二輯），1985

　　　【解題】對《商頌》「作於春秋宋襄公時」的說法加以駁正。理由如下：正考父遠在宋襄公之前；《商頌》作期當在西周；《商頌》是商家祭祀樂章，非正考父追作；商容爲商禮樂之官，《商頌》作者淵源上牽涉到商容；《商頌》記載商代史蹟，不宜附會魯僖四年齊侯伐楚之事，「奮伐荊楚」有甲骨文可證。

0420　翟相君，孔子刪詩說，河北學刊，1985（6）

　　　【解題】《左傳》「季札觀樂」的記載不可信，《詩三百》成書於孔子四十六歲之後；「詩」和《詩三百》並不相同，《詩三百》是「詩」的選本，《論語》中有刪詩之證，且逸詩也正說明孔子刪詩。

0421　周光旦，孔子刪《詩》之我見，寧夏教育學院學報，1986（1）

0422　魯洪生，從《邶風·柏舟》的作者問題談起──兼論《詩經》作者的推斷問題，瀋陽師範學院學報，1986（4）

0423　梅顯懋，《商頌》作年之我見，文學遺產，1986（5）

　　　【解題】今存《商頌》可能在商代已有粗陋的原形，商亡後，其祭歌由後裔宋人保存，至春秋時宋國某一代君主欲重振國威，故有大夫正考父奉命校《頌》，配以新樂，其中修飾潤色，自然難免。故今存《商頌》既有商代舊歌之遺跡，又有春秋時宋人之思想意識；既偶有古奧之處，又在整體上呈平易通暢之風格；既與《魯頌》相類，又有其自身的特異性。明乎此，則《商頌》作爲商代史料有其參考價值，而評其文學價值，只能置於春秋時代來加

以考察。

0424 劉操南，孔子刪《詩》初探，杭州大學學報，1987（1）
　　　【解題】詩三千餘篇是周室和諸侯國各種藏本彙集來的，各本篇目基本相同（皆爲三百篇左右），稍有出入，故所去的可以是十分去九的；刪去的只是不合禮樂，即無與於絃歌的「單章零句」，數量極少，故詩亡逸者少。孔子刪定除重後，仍爲三百篇左右，故孔子言詩，輒云三百，無妨孔子有刪詩之事也。季札觀樂之時，魯樂所奏，其所據的藏本風詩不僅未出十五國風，且有所缺；孔子所定，即就這雛型的各種藏本，相互訂補，稍有增刪，同時正樂，於文字上有所改易，非判然爲二書。孔子曾云：「詩可以觀」，周時采詩，「所以觀風俗，知得失，自考正也」，故「貞淫」都可入詩，正反皆可教育；孔子刪詩，司馬遷只說「去其重」，「取可施於禮義」兩條，並未提出「貞淫」爲標準，此乃後儒臆説。

0425 陸侃如，《三百篇》的年代，陸侃如古典文學論文集，上海：上海古籍出版社，1987
　　　【解題】認定《頌》的年代大概在公元前九百年至六百年之間，《風》、《雅》的一部分年代在公元前八二七年至五一〇年之間，而大部分詩章難以確定確切的年代。

0426 劉心予，關於《詩經》各篇的年代問題，人大複印報刊資料（中國古代近代文學研究），1987（10）

0427 李家樹，《詩經》製作年代鐫略，人大複印報刊資料（中國古代近代文學研究），1987（12）

0428 涂以楠，《詩經》的編定，先秦文學集疑，廣州：廣東高等教育出版社，1988

0429 曾抗美，《詩經·東山》作者辨議，華東師範大學學報，1988（5）
　　　【解題】此詩作者是一位「士」，即周初社會中參軍作戰的自由農民。

0430 劉操南，《詩》三百篇的創作與累積考說，杭州大學學報，1988（2）
　　　【解題】《詩》三百篇是從西周初期開始至春秋之時不斷地陸續累積起來的，詩的素材，源於傳說，產生的時代可能很早，但記錄成篇，配以禮樂，唱於祭祀、燕饗，還是始於周初，其下限當迄於定公4年，當爲周敬王14年，

即公元前 505 年。

0431　梅顯懋，正考父「作《商頌》」新考，遼寧師範大學學報，1989（3）

【解題】司馬遷所言「正考父……作《商頌》」一句，其語義與其所説「孔子……作《春秋》」同，當解爲「改作」，或「有所損益」；且《史記》將此事屬之於襄公時代，恐亦有誤。

0432　王澤君，孔子刪詩說辨惑，四川師範大學學報，1989（4）

【解題】孔子只修訂《詩》之音樂，而不刪整《詩》之内容，是不可能的；刪《詩》定《禮》也不是一般人所能勝任的，必由孔子所承擔無疑。

0433　李家樹，現存《詩經》已非本來面目，詩經歷史公案，臺北：大安出版社，1990

0434　陳子展、杜月村，《詩經》的編訂與分類，詩經導讀，成都：巴蜀書社，1990

【解題】孔子有正樂，但並未刪《詩》，《詩》的編訂當歸功於周太師爲首的樂官。

0435　邵勝定，由書傳稱引考《詩》的歷史形態——兼證司馬遷孔子刪詩說的可信，上海大學學報，1991（5）

【解題】「古詩三千」是孔子整理詩的時候，從列國搜集到的總數；「詩三百」是春秋末年以後的人說的，時代早的歷史人物言詩並無「三百」字樣，當以指孔子刪訂後的《詩》爲宜。今本《詩經》中的各國《國風》，數量都很少，各國原本，數字應絕不止此。「三千餘篇」除去《雅》和《周頌》，還有二千八百篇左右，除以十五，每國計應有詩一百八十餘篇。說各國關於《詩》的載籍，平均輯詩一百八十餘篇，應該是合乎情理的。原數和現存數的差額，就是孔子所刪的。

0436　徐醒生，「孔子刪詩說」管見，淮北煤師院學報，1992（4）

【解題】就程俊英《詩經漫話》中整理出的六點「孔子不曾刪過《詩》」的理由作了批駁，認爲：一、孔子之前沒有人說過「詩三百」，《論語》中的「詩三百」當爲孔子刪《詩》之後所言，說明《詩》確經孔子刪定，因爲在孔子以後，「詩三百」的提法才流行開來；二、先秦古籍中逸詩的數量相當可觀，即使在孔子死後多年亦被引用，足證孔子刪《詩》無疑；三、孔子絕不

像宋代理學家那樣把愛情詩看成「淫詩」；四、魯樂工演奏的十五國風和雅、頌的順序與今本《詩經》大致相同，說明它與孔子刪《詩》後的編次順序有一定的傳承關係；五、朱彝尊等人認爲古代外交家和樂工有一個基本相同的本子，沒有憑據，不能成立；六、司馬遷的祖先世代均任太史，他又曾遊歷全國，所言「孔子刪詩說」定有眞憑實據。

0437　許廷桂，「孔子刪《詩》說」之再清算，重慶師院學報，1995（4）

【解題】史料所載孔子以前歷史人物引《詩》基本不出今存《詩經》範圍，逸詩甚少，便足以證明古本《詩經》的規模與今本大體相當，絕不可能還有「三千餘篇」；再從孔子周遊列國的情況來考察，也不容他攜帶十國以上的《詩經》簡牘回去備用。司馬遷的「孔子刪《詩》說」是聽信他人浮言而失實致誤，「去其重，取可施於禮義」，將大量篇什編選得分量適中，這個工作在春秋初年《詩經》結集時必定有人做過，但斷不是兩百年後的孔子所作。

0438　許司東，孔子刪詩說辨正，東嶽論叢，1996（1）

【解題】周王朝廷的樂官可能很早就編有一種詩集，用作教本，而且也頒行於各諸侯國。當初的本子所收詩篇有限，以後陸續有所增入。大致到了周定王時期，增加到三百來篇。每有所增加，通過諸侯朝聘盟會之類的活動，互通消息。這樣，周王室的傳本跟各諸侯國的傳本在內容和編次方面大致相同，而且跟今天的傳本也相差不遠。孔子採訪到的各國傳本在篇目、篇次、字句等方面都會存在種種差異，於是把三千篇詩互相參校，刪除重複，確定篇次，重加論纂，從而定著一個三百餘篇的《詩經》定本；他刪掉的主要是相重的詩篇，不相重的與舊有的「詩三百」傳本一致的詩篇，基本上都保留下來了。

0439　王增文，孔子刪詩說考辨，黃淮學刊，1996（1）；河北師範大學學報，1996（4）

【解題】孔子刪詩說可信。理由如下：一、有較早較多的史料贊成孔子刪詩說；二、否定孔子刪詩說者的主要理由不足以服人；三、孔子有必要也有能力刪詩；四、《詩經》本身有孔子整理刪削的跡象；五、現存先秦典籍中也有孔子刪詩的痕跡。其中第二點較爲精彩處，如下：先秦典籍佚失者甚多，僅憑現存先秦典籍所引逸詩較少，就斷定古詩沒有三千多首，實屬武斷；且能入選《詩經》者必是時人公認的名篇，是人們平時所常歌詠引用者，未選

的逸詩篇目雖多，但思想藝術上必是稍差，屬時人不常歌詠引用者，故現存先秦典籍所引之詩，見於今本《詩經》者多，屬於逸者少。《左傳》季札觀樂的記載與今本《詩經》並不吻合，一是篇目的排列次序不完全相同，二是季札對所觀之樂的評語與《詩經》的有關內容明顯不合；且觀樂畢竟不能等同於觀詩，季札所觀之樂是按風、雅、頌的順序排序的，並且國風部分還按所產邦國分類，這和《詩經》的分類與編排大致略同，但這也只可證明《詩經》在分類編排上還是依照季札所觀「周樂」的舊例，並不能證明孔子沒有刪詩。

0440　陳隆予，《詩經·商頌》年代考辨，殷都學刊，1996（2）

【解題】《詩經·商頌》是商末作品，在春秋時代絕對不能產生今存《商頌》如此心胸開闊的英雄史詩；並對梅顯懋《〈商頌〉作年之我見》一文提出商榷意見。

0441　張啓成，論《商頌》爲商詩補證，貴州文史叢刊，1996（5）

【解題】就張松如（即詩人公木）的《商頌研究》補充了兩點：一、例舉了三家詩學者中確認《商頌》爲商詩的八個證據，並分析其依據的由來，證明了王先謙謂三家詩一致確認《商頌》爲宋詩的說法是片面的。二、皮錫瑞等學者以《周頌》簡而《商頌》繁斷定《商頌》爲宋詩，由於忽視了對殷、周歷史文化的具體分析，忽視了《周頌》與《商頌》詩體性質的差異性，因而也不能成立。

0442　范軍，「孔子刪詩」說述略，編輯學刊，1997（1）

【解題】雖然孔子並不是《詩經》的最初編訂者，沒有刪詩，但他對《詩經》的「正樂」和傳播是有很大功勞的。

0443　許廷桂，《詩經》編者考，第三屆詩經國際學術研討會論文集，1997

【解題】《詩經》在當時具有崇高而神聖的地位，太師是不夠格承擔總纂《詩經》的重任，當由政治家主持編定；進而推測《詩經》便是主要爲著政治的需要，而由周宣王、周平王相繼主編，他們的樂官、史官參編，孔夫子最後補編而形成的。

0444　陳桐生，《商頌》爲商詩補證，文獻，1998（2）

【解題】就「《商頌》爲商詩」的觀點在楊公驥、張松如等前賢的基礎上復作了十一條補證：一、魏源關於正考父作《商頌》歌辭、然後到周太師

處審校音節使合頌聲之説不能成立。二、《詩經》中周、魯、商三《頌》，如同《春秋》據魯、新周、故殷一樣，讓宋保留殷商的禮樂制度，與周王朝禮樂制度以及《春秋》新王制度一起構成三統，是漢代今文經學家的發明而非孔子本意。三、魏源以《左傳》所載吳公子季札稱讚三《頌》「盛德之所同」作爲《商頌》作於周代的證據，這是一種誤解。四、《毛詩》之所以將《商頌》説成是太甲祀成湯、仲丁祀中宗及祖庚祀高宗，是受到《尚書·高宗肜日》、《書序》、《史記·殷本紀》等典籍的影響，這樣拘泥於某王固然不是最好的解釋，但魏、皮等人據此反對古文，倡導今文，這是以一種偏見反對另一種偏見。五、皮氏據何義，以爲萬舞之名始於周代，以此作爲《商頌》作於周時之證；但何休之説不足爲憑，皮錫瑞據何休立論，並不能令人信服。六、《魯詩》提出正考父作《商頌》是戰國秦漢之際勇於創造而嚴謹不足的特定學風下的產物。七、王肅關於夏二、殷三、周四的馬制之説是毫無根據的臆測之辭，因此據王肅臆説而推論《商頌》作於周代的説法也就是一個不攻自破的神話。八、殷商王朝雖幾經遷都，但大體上不出中原，楚在殷南，這個基本方位是確定的，且其與荊楚的關係，只是不穩定的軍事邦國同盟關係，故皮錫瑞對《殷武》「維女荊楚，居國南鄉」的解説值得商榷。九、正考父不可能歷事九君而活到宋襄公時代。十、不同的歷史條件造就了不同的文化心態，殷人處於盛世之中的文化心態是作爲破落户的宋人所無法體驗並代爲傳達的。十一、《商頌》5 首在藝術風格上不盡相同，不會出於正考父一人之手，故三家詩之説是不可信的。

0445　陳桐生，《詩經·商頌》研究的百年巨變，文史知識，1999（3）

【解題】兩千多年來對《商頌》創作年代的研究經歷了四次重大轉變：先秦典籍《左傳》《國語》載《商頌》爲商詩，但漢初今文三家詩則認爲《商頌》是創作於春秋時期宋襄公時代，這是一變；晚出的古文《毛詩》則認爲《商頌》是商詩，從東漢至清代中葉一千多年時間內，商詩説佔據主導地位，這是二變；清代中葉後今文經學復興，今文經學家魏源、皮錫瑞、王先謙等人反古文經説，高舉三家詩旗幟，力主《商頌》爲宋詩，這是三變；本世紀由宋詩説而變爲商詩説，這是對《商頌》創作年代看法的第四次轉變。該文重在談第四次轉變，列舉了楊公驥、張松如對「宋詩説」的觀點及論據提出的十條反駁。

0446　江林昌，《商頌》的作者、作期及其性質，文獻，2000（1）

　　【解題】《商頌》漸出於商族統治者巫祝集團之手，《那》、《烈祖》至遲當在商湯之時，《長發》當作於商湯與伊尹之後，《玄鳥》、《殷武》則在殷商後期。商亡後，《商頌》經由殷太師、少師傳入周室，後復從周室歸還殷商後裔宋人。

0447　楊旭升，關於《詩經》的編者──與許廷桂先生商榷，重慶師院學報，2000（4）

　　【解題】就許廷桂《〈詩經〉編者新說》一文提出商榷意見，認爲許說《詩經》係「宣王肇始，平王編成」缺乏依據，《詩經》中爲數不少的作品，分明產生在平王之後，孔子補編亦難自圓其說；「季札觀樂」對史料有揀擇、虛擬，不能據此認定襄公二十九年就有《詩》的定本而否定孔子刪《詩》；許說詩、樂是結合在一起的觀點，也與史實不合，在《詩經》的時代，詩之用凡有四宗，絕不止合樂而歌一途，且我國古代音樂發達很早，並非長期與詩、舞糾結而存在，《詩》被採合樂只是其中部分篇什。

0448　王承略，從興的角度對《詩經》中某些部分創作年代的推測，福建論壇，2000（6）

　　【解題】通過對《詩經》各部分興詩的定量分析，認爲《魏風》非春秋時詩，《商頌》作於西周時宋，《檜風》不應作於西周時，《豳風》創作下限到了春秋初期，「二南」是東周南方詩。

0449　張志和，孔子刪詩說新議，南都學壇，2001（1）

　　【解題】《風》詩在禮制嚴格的周王朝，本來就是不登「大雅之堂」的，即使在後來用於外交賦詩的場合，其使用頻率也是極低的。在孔子之前《風》詩中的絕大部分作品並沒有被編定，《雅》、《頌》、《二南》雖有各國樂官、大師的保存，亦未必就有一個類似《詩經》這樣的集子，而《詩》的編定者可能就是孔子。司馬遷所言古詩「三千餘篇」並不爲妄，「三千」乃是概略而言詩歌之多，非謂當孔子之世有現成的詩三千。非刪詩說者認爲孔子刪詩「不容十分去九」，其誤解恰在以爲孔子時仍有詩「三千餘篇」；而主刪詩其誤亦在於此。殊不知，時移而事易，新詩在不斷產生，舊詩亦在不斷消亡。至孔子之時，詩歌之流行見存者當不過數百首而已。

0450 范震威，孔子刪《詩》諸說的辯證與闡釋，北方論叢，2001（3）

【解題】對「孔子刪《詩》說」自原創至今的兩千多年的源流衍變做了一番學理性追問，認爲在沒有新的考古發現做確證前，應該諸說並存，而原創的刪《詩》說仍占主流話語地位。

0451 牟玉亭，《商頌》的時代，社會科學戰線，2002（1）

【解題】《商頌》是經過周人以及春秋時代的編者和使用者加工、潤飾、乃至修改過的，但不能否定它本來是殷商的舊歌，而且它基本保存著原來的内容和雛形。

0452 陳煒湛，商代甲骨文金文詞彙與《詩·商頌》的比較，中山大學學報，2002（1）

【解題】以甲骨文及同時期之金文詞語與商頌做比較研究，證明《商頌》的主要内容可用甲骨文及同期金文表述，判斷其爲商詩；並推測《商頌》的原始記錄形式爲三言句或以三言爲主，其四言詩形式是後世添加虛詞、副詞、迭音詞等的結果。

0453 姚小鷗，《商頌》五篇的分類與作年，文獻，2002（2）

【解題】「殷武」不指武丁或任何一位商王，當是宋國國君宋武公，《殷武》中所述先祖事蹟，必係從殷人傳統頌歌中擷取，故其文辭高古，頗存殷商時的成語。《殷武》之外的《商頌》四篇，當傳自殷商時代，並基本保持了原貌。

0454 廖名春，上博《詩論》簡的作者和作年——兼論子羔也可能傳《詩》，齊魯學刊，2002（2）

【解題】上海博物館 29 支《詩論》簡，不能全歸諸孔子名下，其中既有孔子之說，也有孔子弟子之說。孔子這位解《詩》的弟子，很可能是子羔。傳孔子和子羔《詩》說的，是孔子弟子子羔以外的再傳弟子。先秦儒家傳《詩》，孔子以下，是多元而並非單線，其中也有子羔一系。

0455 劉生良，《詩論》與「孔子刪詩說」，光明日報，2003，1，15

【解題】孔子《詩論》的發現，說明孔子是《詩》的最早、最有權威的普及者和評論者，從而爲更好地解答孔子有權刪詩，進而爲「孔子刪詩說」提供了旁證。

0456　劉生良，孔子刪詩說考辨及新證，陝西師範大學學報，2003（3）

　　【解題】通過對逸詩的多少、《左傳》季札觀樂的記載、《論語》所言之「詩三百」、司馬遷所言之「去其重，取可施於禮義」、正樂與刪詩及孔子有無權力刪詩五個問題的考辨，並結合最近整理出版的上海博物館藏戰國楚竹書《孔子詩論》所提供的新證（如記孔子授詩共涉及詩 59 篇，有 1／10 多是今本《詩經》中沒有的，7 篇是新發現的逸詩；詩的順序不是風、雅、頌，而是訟／頌、夏／雅、風），認爲「孔子刪詩說」不容置疑和否認。古詩是通過采詩、獻詩、作詩三條途徑收集起來的，這大體上相當於後來風、雅、頌三部分的分類，最初大概是由周初的樂官太師之屬將他們所作的宗廟祭歌、公卿列士所獻雅詩以及從列國和民間採集來的土風歌謠彙集起來，略加編次，稱之爲《詩》，歷代樂官太師及其僚屬當隨時將其歸類補充編排。孔子對《詩》的整編，不是一次性完成的，大概在中年設教時，亦即《史記‧孔子世家》所謂定公五年「孔子不仕，退而修《詩》、《書》、《禮》、《樂》，弟子彌眾」時，應教學之需先作了初步整理，竹簡所記乃孔子前期編詩、教詩之順序，故仍以頌、雅、風之舊例相次；至於今本《詩經》的次序爲何與之不同，這很可能是孔子晚年「自衛反魯」，使「樂正，《雅》《頌》各得其所」時調整所致，或許因爲後來頌詩中新補入了《魯頌》、《商頌》，似乎不宜再以頌詩爲首，所以孔子把它和風詩的位置調換了一下。——此爲文章精彩處。

0457　李山，《商頌》作於「西周中葉」說，北京師範大學學報，2003（4）

　　【解題】《商頌》應爲西周中期的作品。西周昭王時與淮水、漢水地區的淮夷、荊楚進行過連年戰爭，宋國在這場戰爭中是爲周朝效過力的，因此才眞正受到「二王之後」的特殊待遇，《商頌》的創作正以此爲契機。

0458　馬銀琴，齊桓公時代《詩》的結集，文學遺產，2004（3）

　　【解題】在齊桓公時代，周王室確實有過一次編輯詩文本的活動，在這次編輯活動中，不但《國風》中的大部分作品得到了採集和編定，而且春秋前期仍以獨立形式流傳的《周頌》與《商頌》也在此時被納入了以「詩」爲名的文本當中，《風》、《雅》、《頌》合集的詩文本從此產生出來。

0459　韓國良，司馬遷「孔子刪詩說」述證，華中師範大學研究生學報，2005（4）

　　【解題】孔子確曾有「刪詩」之舉，前人提出的三點理由都不能成立。

據錢穆考證，魯昭公二十年（前 522），孔子三十歲，始授徒設教。若此論不差，則《詩經》的固定成書並具有權威當正是在這一時期。司馬遷的「孔子刪詩說」並沒有錯，乃是後人誤讀了《史記》。

0460　劉毓慶、郭萬金，《詩經》結集歷程之研究，文藝研究，2005（5）

【解題】考之歷史，參之經文，《詩經》在成書過程中最少進行過三次重大編輯整理。第一次編輯在周宣王時，所收皆爲典禮用詩，即所謂之「正經」部分；第二次編輯在周平王時，所續主要爲「變雅」及「三衛」；第三次爲孔子手定，主要增「變風」部分與魯、商二《頌》。

0461　胡三林，「孔子刪詩說」概觀，高等函授學報，2005（6）

【解題】將近年來雙方所執的觀點分別作了簡要的梳理，認爲肯定派依託《詩經》文本和先秦典籍，其理由更讓人信服。

0462　朱金發，孔子刪《詩》說討論綜述，南陽師範學院學報，2007（1）

【解題】對歷代關於「孔子刪《詩》」的討論作了一個綜述。

0463　管恩好，《商頌·那》爲商詩考，名作欣賞，2007（8）

【解題】從《那》「尚聲」、重樂舞的文化特點、樂器「庸」的流行年代、狂熱的宗教情感、第一人稱的敘述口吻等方面來考證《那》原爲商代作品，但在後世的流傳過程可能經過了文辭的再加工。

0464　馮良方，孔子刪詩說辨析，孔學研究，2007

【解題】對「孔子刪詩說」的正反意見進行了辨析，認爲兩說都難以成爲定論，但肯定性的意見似乎更接近事實的眞相。

0465　韓國良，走出司馬遷「孔子刪詩說」研究的誤區，溫州大學學報，2007（1）

【解題】該文即作者 2005 年發表的《司馬遷「孔子刪詩說」述證》。

0466　張中宇，《國語》、《左傳》的引「詩」和《詩》的編訂——兼考孔子「刪詩」說，文學評論，2008（4）

【解題】從《國語》、《左傳》引「詩」分佈及出現時間來看，「詩」與「雅」關係極爲密切，「雅」可能爲中國早期一般意義上的「詩」，此後地方之「風」逐漸具備與「雅」並列稱「詩」的地位。「頌」一直具有相當特殊的

地位與獨立性，很可能早有單獨文本流傳，應最後整編入「詩」。「風」地位的上升與「頌」逐漸融入「詩」這一過程的完成，爲雅、風、頌合流，進而編訂綜合性詩集提供了心理準備與社會條件。孔子極可能是中國第一部整理成型的「詩」的文學文本的最後整合及編定者，同時也是最早把文學從音樂中以「文本形式」分離出來的人，他對中國詩歌的獨立發展產生了深遠影響。

0467　張世明，《商頌》頌商——《商頌》作年小議，鄭州航空工業管理學院學報，2008（4）

　　【解題】《商頌》爲商詩，其基本框架在商代即已形成。但其稱謂有不合商時的地方，顯然經過了後人的潤飾，語言仍帶有周代色彩。

0468　梁光華，也說孔子刪《詩》，遵義師範學院學報，2008（5）

　　【解題】該文贊同孔子刪《詩》說，並對反對派的代表性觀點和有力證據作了批駁。遍查孔子之前的典籍，第一個說「《詩》三百」的人正好是他，「《詩》三百」的發明權和所有權非孔子莫屬。《左傳·宣十二》所引上古之《詩·周頌·武》本有七章詩，孔子刪定爲一章，其餘的詩章或被刪編爲也是僅有一章的《周頌·賚》和《周頌·桓》，且《左傳·襄二十九》記魯樂工爲季札所歌之樂的次序也與今本不同，可見《詩》之古今編次確實不同。孔子以「思無邪」爲整理選刪《詩》的思想原則標準，「去其重」，「取其可施於禮義」者三百零五篇，而且「皆絃歌之，以求合《韶》、《武》、《雅》、《頌》之音」。儘管孔子刪定的「《詩》三百」編定本成爲社會公認的流行範本，但是由於上古流行於世的《詩》實在太多，人們也十分熟悉，所以孔子之後春秋至戰國時期的文獻典籍中，仍然是可以看到不少稱引「《詩》三百」之外的上古「逸詩」。

0469　劉立志，孔子刪《詩》論爭平議，南京師大學報，2008（6）

　　【解題】從古詩三千之數、孔子編選取捨的標準、季札觀樂等角度考查辨析，認爲目前尚無確證可以推翻司馬遷「孔子刪《詩》」的說法。

0470　劉波，《詩經·商頌》創作年代考述，首都師範大學碩士學位論文，2008

　　【解題】通過對《商頌》五首詩的分析，並結合商王朝的社會背景及其祭祀制度，認爲《那》與《烈祖》所反映出來的崇尚樂舞的祭祀制度和祭祀形式，都是商代所特有的；《玄鳥》《長發》表現出來的民族起源與圖騰崇拜，

《殷武》詩對武功的細緻描繪等內容，與商朝的社會背景及祭祀制度非常的符合。進而認爲《商頌》應草創於商代，而成形於春秋時期。

0471　朱紅，孔子刪《詩》研究，西北大學碩士學位論文，2009
　　　【解題】從「孔子刪《詩》說」的歷史流變、孔子刪《詩》之爭、新材料的出現與孔子刪《詩》研究、孔子刪《詩》之我見四個部分對「孔子刪《詩》說」作專題研究，作者在利用傳世文獻的基礎上，結合《孔子詩論》等出土文獻進行分析，認爲孔子刪《詩》說是成立的。

0472　江林昌，甲骨文與《商頌》，福州大學學報，2010（1）
　　　【解題】先秦文獻大多證明《商頌》爲殷商古詩，《商頌》本身內容符合商代宗教歷史文化，商代隆重的祭神事鬼習俗，龐大的「巫」「史」「祝」「宗」等祭司集團，豐富的樂舞頌詩內容，是《商頌》創作的時代背景。再考察甲骨文獻，發現甲骨文中有《商頌》所提到的族名、王名與地名，甲骨文中的詞彙與《商頌》中的主幹詞彙完全一致；更重要的是，殷墟花園莊東地所出的甲骨文中，還有貴族子弟系統接受「學商」、「秦商」、「舞商」活動的詳細記錄；這些都表明《商頌》在商代確實已在貴族階層中流傳了。

0473　趙棚鴿，《毛詩正義》「孔子刪《詩》」觀及其成因，唐都學刊，2010（3）
　　　【解題】《毛詩正義》總體贊成「孔子刪《詩》」說，但又認爲孔子之前已有亡詩、今本《毛詩》部分篇目由太師及國史編定、古詩非皆由孔子刪編。之所以出現這一現象，主要原因是《正義》延續前代成說、根據事實立論、反對司馬遷等；它在唐代能被普遍接受，則是因爲這一說法與其時孔子地位下降的社會思潮相吻合。

0474　曹建國，《詩》本變遷與「孔子刪詩」新論，文史哲，2011（1）
　　　【解題】孔子之前的《詩》以樂爲主要存在形式，而文本相對處於次要的位置；采風所得歌詩，雖文本核心相同而細節略有變異，又因時地差異而音聲不同，故得以共存而致重複；孔子雖重視《詩》樂，但關注的重心則已轉向了文本，詩義的闡發也以文辭爲中心，故刪重存異精減《詩》本，號稱「詩三百」。秦漢之際，《詩》經秦火、項火而不全，篇章散亂，漢儒收拾殘簡重加編訂，但仍以孔子編訂《詩》本爲祖本，兩者之間並無本質區別。司馬遷說「孔子刪詩」當有一定的依據，不容輕易否定。

0475　祝秀權，論《詩經・周頌》的時代特徵，西華大學學報，2011（5）

　　【解題】《周頌》是西周特定時代之特定文化背景下產生的詩篇，有其時代特徵。《周頌》中的周初詩篇強調繼承文德、保守天命，體現了周初統治者突出的敬業意識；而西周中、晚期《頌》詩則只強調求福祿於神祖。《周頌》宗教色彩、神靈意識淡薄，抒情、描寫多針對現實，具有突出的理性特徵；這種理性特徵是西周思想文化背景的反映，它與《尚書》等史籍中所反映的西周統治者的理性思想是相符的。《周頌》篇幅短小，不分章節，言辭古奧，形式簡陋，文采和藝術性較低，因而《周頌》在藝術形式上顯示出中國詩歌在形成之初的諸多原始性特徵，這與《魯頌》《商頌》形成鮮明的對比。

0476　逯宏，周太師校《商頌》考，山西師大學報，2011（6）

　　【解題】作爲殷商後裔，周代宋國人必然承襲了殷商舊祭歌。平王東遷以後，周王室爲了改善與殷商後裔的關係，採取了更加開放的文化政策，「周太師校《商頌》」即是其中之一。具有殷商文化背景的上古歌謠與周人雅樂風格不同，正考父與周太師改變了《商》樂中十二篇歌詩的樂律及文字，校改後的殷樂借助《詩三百》的編定得以流傳。今本《商頌》是層累地形成的，經過不同時代人的增刪、修飾後才寫定的，但周太師校《商頌》無疑是重要的一步。

0477　韓宏韜，「孔子刪詩」公案發生考，社會科學論壇，2011（11）

　　【解題】從孔子所言「正樂」，到司馬遷的「刪詩」說，再到王充、項岱的「刪詩」，其內涵不斷變化。孔穎達《毛詩正義》從《詩經》的編訂，從「逸詩」等角度來考察孔子與《詩經》成書的關係，這些都指向孔子「刪詩」的反命題。而自六朝以來追求學術創新的思想，古文學派客觀求是的精神，孔子地位的相對下降，以及《正義》體例的隱蔽性，則是反命題產生的基本條件。

0478　朱金發，司馬遷的孔子刪《詩》說，南都學壇，2011（2）

　　【解題】司馬遷是在他父親說孔子「修舊起廢，論《詩》《書》，作《春秋》」的基礎上提出「孔子刪《詩》」說的；他把孔子刪述六經說成是承傳先王道統，爲後代立法的盛舉，其目的是爲自己修撰《史記》尋找理論依據。

0479　郭寶軍，從《詩經・頌》擬測《詩經》的最終編訂者——兼及孔子刪

詩說的含義與成立，西華師範大學學報，2012（1）

【解題】今本《詩經·頌》中魯、商二《頌》與《周頌》的不類，反映出《詩》的最終編訂者的意圖，由此擬測《詩》的最終編訂者爲孔子。孔子刪詩主要是剔除重複，參考以往的編序，按照一定的意圖而最終編訂。現存的部分逸詩，就是曾經刪詩（可能包括孔子）的重要證據；現存的逸詩不多，也反映了孔子弟子眾多，在文化傳承方面的巨大影響作用，這也是孔子編訂過《詩》的重要證據。

0480　喬東義、常清，「孔子刪詩」說釋略，湖南科技學院學報，2012（1）

【解題】孔子主要的功勞在於「正樂」，而不在於「刪詩」。孔子之前，詩樂之教已爲周王朝定制，周王朝的樂官很可能早就編有一種詩集，用作教本，而且也頒行於各諸侯國。後來孔子周遊列國，搜集了各國樂官所保存的一些詩集傳本，這些傳本所有的詩篇加起來，或許即司馬遷所說「古者詩三千餘篇」。孔子自衛返魯以後，致力於文獻整理，刪除其中絕大部分重複的篇章，並確定篇次，從而形成一個三百餘篇的《詩經》定本。故司馬遷在《史記》中並未明言孔子「刪詩」，只説孔子「去其重」，所謂「三千餘篇」實際上就是三百餘篇詩，並非另有兩千七百餘篇詩。

0481　曾志雄，《詩經·商頌》的年代問題，信陽師範學院學報，2013（1）

【解題】根據商代甲骨文和西周金文等語言現象，證明今本《商頌》五篇當爲西周以後的作品。

0482　章宏偉，正考父校詩說評議，鄭州輕工業學院學報，2013（4）

【解題】正考父應該是宋戴公時大夫，生活於周宣王、周幽王和周平王統治時期，而周代文書官守森嚴，平民是絕無修改權利的。采詩說其實始於漢代，是漢代文人根據漢朝樂府采詩的情形對《詩經》來源渠道所作的推測，並不可信。《詩經》全部是「聖賢」（即貴族們）的作品，他們創作詩主要是獻給統治者，以達到諷諫與歌頌的目的。孔子曾經刪詩，他從流傳的古詩中選編出 305 篇彙集成《詩經》，是《詩經》的整理者和編訂者。《國語·魯語（下）》之「昔正考父校商之名頌十二篇於周太師」中的「校」並非「校勘」之意，應理解爲「整理」之意較妥。

0483　張華林、曾毅，孔子「王」化與司馬遷「孔子刪《詩》」說的形成，文

藝評論，2013（6）

【解題】司馬遷的孔子「刪《詩》」說是在《性自命出》和陸賈的相關論述的基礎上提出來的；司馬遷的孔子「刪《詩》」說也源於董仲舒的《春秋》學，是董仲舒通經致用經學觀的產物；從先秦兩漢學術史看，司馬遷的孔子「刪《詩》」說則是自孟子以來孔子「王」化的結果。

0484　張華林，滕興才，從編《詩》方式與目的論司馬遷「孔子刪詩」說的提出，古籍整理研究學刊，2014（5）

【解題】《史記》言及的「孔子刪詩」一事實乃司馬遷在延續前人相關論述的基礎上，結合自己的文獻編撰學、《詩經》學思想而提出來的。

0485　徐正英、清華簡《周公之琴舞》與孔子刪《詩》相關問題，文學遺產，2014（5）

【解題】新公佈的清華簡《周公之琴舞》組詩，又一次性貢獻十七首《詩經》「逸詩」，並爲「十分去九」刪詩幅度提供了文本範例，還啓示體認「去其重」是旣去重複篇目，又去相近內容。隨「刪詩」說漸趨公認，孔子刪《詩》時間成新問題。據有關史料證明，「詩三百」的刪定必在孔子中年時期，而不會發生在賦詩活動沈寂二十幾年後的晚年，其「自衛反魯」後的主要工作是「樂正」。

0486　韓國良，《詩經‧商頌》作年補證，中州學刊，2015（2）

【解題】從春秋時期人們對於《商頌》的賦詩引詩情況來看，《商頌》應爲商人所作，否則《商頌》何以在春秋時期那麼受人重視就很難解釋。從《商頌》的性質和語言形式來看，《商頌》應創作於商代中晚期。在今文詩三家中，我們只能找到魯、韓二家主張《商頌》爲正考父所作的證據，而找不到齊詩學者也主此論的證據；今文詩家不僅在《商頌》是否爲正考父所作的看法上不統一，而且在《商頌》究竟是「商詩」還是「宋詩」的看法上也不統一，這些分歧也爲「商詩說」提供了反面證據。

0487　韓國良，對「孔子刪《詩》」之爭的再檢討，遼東學院學報，2015（2）

【解題】就《詩經》研究中的「古詩三千」、「《詩》三百」、「季札觀樂」、「思無邪」、「孔子刪詩權力」、「史書無載」等問題的爭論做了一番梳理，發現在每一方面「孔子刪《詩》」的否定論者所作的論述都是不占上風的，而現

在所有的報章雜誌、大中專教材及學術專著在談及「孔子刪《詩》」時，竟然大都說前人有關「孔子刪《詩》」的論斷已經被顚覆了，這樣的學術趨尚顯然很值得我們深思。

0488 韓國良，司馬遷「孔子刪《詩》」說補證，杭州師範大學學報，2015（3）
【解題】對「古詩三千」與「逸詩稀少」、「《詩》三百」與「季札觀樂」、「思無邪」、「孔子刪《詩》」的權力以及「孔子刪《詩》」史書無載等五個方面的問題作了論證，認爲「孔子刪《詩》」是完全可信的。

0489 謝炳軍，刪《詩》說及其意圖闡釋——兼論走出刪《詩》說的困惑，中國海洋大學學報，2015（5）
【解題】司馬遷「孔子刪《詩》」說本義是「孔子因《詩》三千餘篇數目多、簡策多，故刪要而排纂成書，定著三百五篇，以備王道」，即「去重」是「去多」之意。此說的發端與儒家文化傳承和西漢禮教制度等有頗深淵源。追溯詩、書、禮、樂等教本成書的歷史、制度、文化的淵藪，鄭玄《詩譜序》提出的「王官刪《詩》」說可信。自司馬遷提出「孔子刪《詩》」說，對之的解讀逐漸走向碎片化，有了「意圖闡釋」的意義。其實孔子刪《詩》針對的並非王官們手中的權威的、專業的《詩》文本，而是以王官更新修訂的善本爲底本，校正自己用以教學的《詩》本。

0490 謝炳軍，再議「孔子刪《詩》」說與清華簡《周公之琴舞》——與徐正英、劉麗文、馬銀琴商榷，學術界，2015（6）
【解題】司馬遷「孔子刪《詩》說」眞義係「孔子因《詩》三千餘篇數目多、簡策多，故刪要而排纂成書，定著三百五篇，以備王道」，即「去重」係「去多」之意，而詩之年代下限係幽屬之時。學者對史遷之意的闡發，或已離其眞義，「孔子刪《詩》」說已被泛化。文章還指出《周公之琴舞》非「孔子刪《詩》」說之顯證：組詩中僅《敬之》入《詩》，餘者並未入；今本《詩·周頌》未見組詩，形制短悍正是《周頌》之詩本色；教官、禮官等王官組成的《詩》的編定組係剟去周公、成王之詩者；成王組詩九去其八，難以類證孔子刪《詩》十去其九等等。

詩序

0491 吳時英，《毛詩序》考，晨報副刊，1924，4，2～18

0492　黃憂仕，《詩序》作者考證，國學月報匯刊一集，1928

　　【解題】《詩序》原爲毛派經師口授心傳之義，而衛宏集錄以冠及各篇之首。

0493　鄭振鐸，讀《毛詩序》，古史辨（第三冊），北京：樸社，1931

　　【解題】《毛詩序》是沒有根據的，是後漢人雜採經傳，以附會《詩》文的。漢人傳經，其說本靠不住：一方面抱殘守缺，死守師說，而不肯看看經文；一方面又希望立於學官，堅學者之信仰，不得不多方假託，多方引證，以明自己的淵源有自。惟漢儒才能作如此穿鑿附會之《詩序》。要把《詩經》從層層疊疊的注疏的瓦礫堆裏取出來，作一番新的研究，第一必要的便是去推倒《毛詩序》。

0494　顧頡剛，《毛詩序》之背景與旨趣，古史辨（第三冊），北京：樸社，
　　　　1931；續僞書通考，臺北：學生書局，1984

　　【解題】《詩序》者，東漢初衛宏所作，明著於《後漢書》。《詩序》可收「以詩證史」之功效，然此例非衛宏所開，西漢時《魯詩》、《韓詩》亦時有短序，衛宏承其流而擴大之於《毛詩》耳。

0495　黃節，《詩序》非衛宏所作說，清話中國文學會週刊，1931（2）

　　【解題】詳列前人之考證，以證《詩序》非衛宏所作。

0496　呂思勉，詩序，光華大學半月刊，1934（10）

　　【解題】《詩序》出於子夏、毛公，乃古學家舊說，其實爲古學家採綴古書所爲；而其著於竹帛，則實始衛宏。

0497　李繁閹，《詩序》考原，勵學，1935（4）

　　【解題】《詩序》爲衛宏所作。蓋秦火而後，《詩》篇殘亂，舊說亦亡，漢之經師各爲意解，迭經附會史實，迨衛宏時，始集前說，滲己意，而爲之寫定，遂成《詩序》。

0498　蘇維岳，論《詩序》，國風，1935（4）

　　【解題】《詩序》爲子夏所作，漢世傳《毛詩》者或有潤色，衛宏亦其一也。

0499　李淼，《詩序》作者考，國專月刊，1937（5）

【解題】《詩序》乃當時采詩者之所記，後世經師皆有損益，其文蓋衛宏之所纂也。

0500　毛克群，《詩序》及其作者，上海江西校刊，1937（2）

【解題】《詩序》非出自一人之手。蓋自秦火後，《詩》以諷誦而存，序篇之旨，勢亦不能不有所佚亡或闕略；及至好事者見之，乃爲之網羅遺說，放拾舊聞，於其闕者補之，略者湊之。

0501　夏敬觀，《毛詩序》駁議，學海，1944（1）

【解題】《毛詩序》爲衛宏所撰，託名子夏、毛公。此外，作者還對該序作了駁議。

0502　王韶生，論《詩序》，華國三期，1960
0503　唐海濤，《詩序》蠡說，臺灣大學中文研究碩士學位論文，1963
0504　劉志清，論《詩序》及其作者，建設，1965（11）
0505　張嚴，《詩序》眞僞及大小序存廢平議，成功大學學報，1972（7）
0506　姚榮松，《詩序》管窺，孔孟學報，1973（25）
0507　張成秋，《詩序》闡微，文化大學中文研究所博士論文，1975

【解題】把有關《詩序》的問題，條分縷析，作有系統的研究。目錄如下：

0508　王錫榮，《毛詩序》問題辨説，中國古典文學研究論叢（第一輯），長春：吉林人民出版社，1980

【解題】《毛詩序》應爲毛萇所作，東漢初衛宏對《詩序》曾進行過增廣潤色，同時把編在一起的大、小序分別冠於每首詩之前，遂將原大序嵌入《關雎》序内，而混淆了大小序的區分。

0509　王錫榮，關於《毛詩序》作者問題的商討，文史，1980（10）

【解題】《毛序》與《毛傳》原是一個整體，《序》屬題解部分是綱，《傳》屬解詞部分是目，兩者密不可分，必同爲毛公之作。

0510　魏炯若，關於《毛詩序》（上），四川師院學報，1982（2）

0511　魏炯若，關於《毛詩序》（下），四川師院學報，1983（1）

【解題】《毛詩序》的作者應該就是作《毛詩傳》的人。理由是：注解古書須詞義並釋，《毛詩傳》的體例是把解釋内容放在序裏，詩裏只解釋字詞。《關雎》一詩的序，首句「《關雎》，后妃之德也」下連篇末「是以關雎樂得淑女以配君子……是《關雎》之義也」，爲《關雎》之序；自「詩者志之所之也」至「王化之基」，是附帶説明詩之大義；「風之始也……教以化之」八句，是毛詩的先師收集到的逸文，不忍抛棄，就像後代輯逸家的做法一樣，把它放在「關雎后妃之德也」後，加以保存，以免遺亡。

0512　朱冠華，關於《毛詩序》的作者問題，文史，1982（16）

【解題】《毛詩序》原是《毛詩詁訓傳》的一部分，最初的作者是毛亨，

其後經過了漫長的修改完善過程，它儘管總結了先秦儒家詩論的一些主張，但更多的是按照漢代的需要對它進行了改造，很大程度上體現了漢代人的經學詩學觀念。

0513 朱冠華，《詩序》餘論，文史，1983（20）

【解題】「《詩》亡於陳靈」，爲無采詩之官故耳。《風》、《雅》之別，即《雅》在地望與音式上，都富有居中得正，堪作天下楷模之意，故曰：「雅者，正也」。《風》、《雅》之正變，當以政教之得失爲分：政教誠失，雖作於盛時，非正也；政教誠得，雖作於衰時，非變也；論《詩》者但即《詩》之美刺觀之，而不必計其時焉可也。「頌」是形貌之正字，而今以頌爲雅頌、歌頌字，而容兼容貌、容受字，則是古今字義字音之變也。「四始」謂《風》、《小雅》、《大雅》、《頌》四者，是先王施教之始，即謂先王之教，以聲教《詩》、《樂》始也。

0514 幼英，《詩序》當出誰手，華中師院學報，1984（1）

【解題】《詩序》爲子夏所作，似較可信。

0515 袁伯誠，《毛詩序》產生的時代及其作者考辨，固原師專學報，1984（1）

【解題】《詩大序》爲衛宏作，《小序》也經衛宏潤益過。而「子夏作」的說法無明文記載可徵，此說實起於東漢，是一種「迂誕依託」，與三個因素有關：一是子夏在孔子及門弟子中名氣大；一是與經今、古文的學派鬥爭有關；一是與魯、齊、韓、毛四個《詩經》學派的興衰有關。

0516 顧頡剛，《毛詩序》之作者，續僞書通考，臺北：學生書局，1984

【解題】《毛詩序》爲東漢衛宏所作。

0517 王禮卿，《詩序》辨，續僞書通考，臺北：學生書局，1984

【解題】《詩序》出於國史之說最爲近情理。

0518 陳允言，《詩序》作者考辨，續僞書通考，臺北：學生書局，1984

【解題】《詩序》實非一人所作，乃秦漢間《毛詩》經師傳授連綴而成；衛宏所作《毛詩序》當另爲一篇，已在南北朝後期亡佚，與今存鄭玄所箋之《毛詩序》無關。

0519 王錫榮，關於《毛詩序》的作者和評價問題答朱冠華，社會科學戰線，

1986（2）

【解題】該文否定了朱冠華「《詩序》作於子夏」以及「《詩序》必不可廢」的觀點。《詩經》學的進展，主要是在破除對《毛序》的迷信中走過來的；《毛序》雖然不應全盤否定，但它說《詩》的思想體系並不可取；今天不受《詩序》拘囿來研究《詩經》的人，在《詩經》研究領域已占壓倒優勢；朱氏的觀點主張，既不合拍於《詩經》研究前進的步伐，又不符合當前《詩經》研究的實際，是很不可取的。

0520　李嘉言，《詩序》作者，李嘉言古典文學論文集，上海：上海古籍出版社，1987

0521　蒙傳銘，從李善《文選注》看《毛詩序》之作者，高仲華先生八秩榮慶論文集，高雄：高雄師範學院國文研究所，1988

0522　趙沛霖，關於《詩序》的作者，詩經研究反思，天津：天津教育出版社，1989

【解題】《毛詩序》非一人一時之作，是由毛公及其以前和以後的《詩經》學者陸續增補修訂，至衛宏而定稿和最後完成。

0523　陳新雄，《詩序》存廢議，詩經國際學術研討會論文集，1993

【解題】漢儒說詩其目的皆在針對人君陳說人倫道德與王道政治者，將政治與道德上一切美好理想，皆寄託於三百篇上加以表現出來。《詩序》云：「小雅盡廢，則四夷交侵，中國微矣！」今世之人，以文學眼光研究《詩經》，見此種見解，固然會笑破肚皮，但漢儒看來，「義理廢，則國危矣」。保存《詩序》以說詩，並無任何壞影響，廢除《詩序》以說詩，人各自為說，反而貽害無窮。

0524　景明，唐康，《詩序》作者辨，遼寧商專學報，1993（4）

0525　曹道衡，試論《毛詩序》，文學遺產，1994（2）

【解題】《毛詩》在釋詩時，特別是在釋《國風》中不少詩時，有時不免有附會史事之弊，這是它和「三家詩」一樣過於強調「美刺」的結果。但五四以來的一些學者，為了推倒對古人的盲目崇拜，就把一切懷疑古書的言論都給予很高的評價。這種不加分析的「疑古」之風，對《詩經》研究也起到了消極作用。方玉潤用當時八股先生們評點時文的辦法論《詩經》，對其中某些藝術技巧的說明，也偶有可取之處；但要是廢序、斥朱而去推崇方玉潤

的著作，那就可能陷入更嚴重的迷魂陣中去了。

0526　滕福海，《毛詩》《傳》、《序》作者考，南開學報，1994（2）

【解題】今傳《毛詩》是由《詩》、《序》、《傳》三部分組合而成的，其《傳》、《序》均非純出自一人之手，而所謂「毛公」，當係託名，而實無其人。以西漢末葉徐敖所傳和撰定的《毛詩》和《毛詩故訓傳》爲底本，其後可能又經謝曼卿加《訓》、馬融加《傳》，《序》則由東漢初衛宏續作並撰定，最後因東漢末鄭玄《毛詩箋》和唐初孔穎達《毛詩正義》而得保存至今。

0527　姜蘇民，《毛詩序》補議，職大學刊，1994（4）

【解題】《毛詩序》爲東漢初年衛宏所著，序文層次清楚，脈絡分明，首尾呼應，結構嚴謹，是一人所爲，不存在「大小」之異和作者之別。《毛詩序》的主要內容應予否定，但其錯誤卻是一個難得的反面教材，而且《關雎序》在文學理論上有一定價值。

0528　袁長江，論《毛詩序》，大同高等專科學校學報，1995（2）

0529　夏傳才，再談《毛詩序》和關於《毛詩序》的爭論，河北師院學報，1995（3）

【解題】《毛詩序》不出於一時一人之手，其中保留了一些先秦的古說、秦漢之際的舊說以及多代漢代學者的續作，整理執筆的有毛亨、衛宏，可能還有別的人。《大序》是先秦至漢代儒家詩論的總結，概括了孔子以來儒家對詩歌的重要認識，其中的大段文字，與《荀子·樂論》和《禮記·樂記》相同或基本相同，當寫定於西漢以後。在《詩序》的尊廢問題上，作者贊同獨立思考派的意見：對古人的各種序說，無所尊，無所廢，尋繹文意，考察背景，加以辨析，從其是而黜其非，具體問題具體分析，不一概而論。

0530　陳戍國，說《毛詩序》，詩經芻議，長沙：嶽麓書社，1997

0531　馮浩菲，論《毛詩序》的形成及其作者，第三屆詩經國際學術研討會論文集，1996

【解題】羅列《詩序》作者問題的 14 種觀點，又將其歸納爲作於毛亨之前、古序之後爲漢儒申說增補和漢儒作三大類，認爲第一類基本正確，第二類屬於似是而非的折衷，第三類是錯誤的。因爲《書》、《易》、《禮》、《春秋》的序文相傳大都是孔子及其弟子輩所作，《詩》的序文相傳也是子夏所傳

或子夏所作，這就不是偶然的巧合，説明歷史文獻的記載必然有根據。子夏作《詩序》，不是憑空臆造，而是根據孔子的講論，並參考其他有關古籍中的記載而寫定的；《詩序》成文之後，經過累代師師相傳，無數次地口授翻抄，雖然大體不變，但某些字句也有譯易增損。因此確切地説，《詩序》源於采詩者，國史標注，典籍稱引，孔子刪正，子夏寫定傳授，後人小有譯易增損。

0532　蹤凡，《毛詩序》作者考辨，中國韻文學刊，1999（2）

【解題】從經學背景與《序》、《傳》內在關係兩方面入手進行研究，發現《毛詩序》原本當是《毛詩故訓傳》的一部分（《序》是對每一首詩的總體把握和旨意説明，《傳》是對詩中具體詞句的詮釋疏通，二者互爲表裏，相輔相成），因而認爲《毛詩序》的作者也應是秦漢之際的毛亨。

0533　蹤凡，《毛詩序》作於毛亨考，寧夏大學學報，2000（3）

【解題】《毛詩序》的主要撰著人應是秦漢之際的毛亨，他在撰寫《毛詩序》時，繼承了先秦舊説，參以己意，鎔鑄成空前系統的《詩經》題解，創立了毛詩一派；毛詩後學對《毛詩序》有過零零散散的修改，但到了衛宏手裏已經定型。

0534　王承略，從《序》《傳》的關係論《詩序》的寫作年代，第四屆詩經國際學術研討會論文集，北京：學苑出版社，2000

【解題】要考察論斷《詩序》的寫作年代，僅憑古書之間齟齬不合的記載已無濟於事，唯一可行的方法，就是要把三百五篇《序》《傳》一一比較，探索之間的關係。文章抽繹總結了《序》《傳》之間語近義近、補充説明、對立不符、信守界定四種關係，從而論證《詩序》的主體部分一定出於《毛傳》之前。進而通過考察荀子引詩論詩，進一步證明《詩序》一定寫於荀子之前。最後綜合分析《左傳》《國語》《論語》《禮記》《孟子》等書的材料，以爲《詩序》當出現於詩樂分開以後，主體部分基本寫定於《荀子》之前《論語》之後的戰國中期，是孟子學派知人論世、以意逆志同時又繼承前人詩説的產物。

0535　王承略，《詩序》的主體部分寫定於《毛傳》之前的文獻依據，詩經研究叢刊（第二輯），北京：學苑出版社，2000

【解題】就《傳》《序》的關係，論定《詩小序》的主體部分寫定於《毛傳》之前。毛公傳承了《詩經》古序，這點《鄭箋》已經認定，「笙詩」存序

可證明，且《六月》序尚保有古序原貌。衛宏所作，乃《毛詩序義》而不是《毛詩序》。

0536　王承略，論《詩序》主體部分的完成不能早於戰國中期，第五屆詩經國際學術研討會論文集，北京：學苑出版社，2002

　　【解題】從《荀子》引《詩》論《詩》判斷《詩序》主體部分完成於荀子之前，又論《詩序》成書於《左傳》、《國語》、《論語》、《緇衣》後，因此判定《詩序》不早於戰國中期。

0537　王承略，論《詩序》的主體部分可能始撰於孟子學派，詩經研究叢刊（第三輯），北京：學苑出版社，2002

　　【解題】《孟子》所用《詩》的文本與《毛詩》的文本幾乎等同，《毛傳》把《孟子》視爲最重要的立說根據和材料來源，《毛傳》稱引先師之說特標出孟子師徒，《毛傳》亦爲「性善論」者，這眾多跡象表明，《毛詩》與孟子學派有著深厚的淵源。從《孟子》論詩、說詩看，與《序》義完全吻合；孟子學派的中堅人物高子與《詩序》的關係非同一般；而孟子學派尊《詩》的態度、解《詩》體系的核心內容，以及對於前代《詩序》資料的傳承、利用，則是該學派能夠撰著《詩序》比較充分的主客觀條件。

0538　江林昌，由古文經學的淵源再論《詩論》與《毛詩序》的關係，齊魯學刊，2002（2）

　　【解題】以戰國至秦漢的古文經學流傳情況爲背景，以子夏、李克、吳起以至《毛詩序》的流傳情況爲線索，以上博簡《詩論》、中山王墓銅器銘文與《毛詩序》的對比研究爲依據，可以進一步證明《詩論》與《毛詩序》之間的源流關係。

0539　江林昌，上博竹簡《詩論》的作者及其與今傳本《毛詩序》的關係，文學遺產，2002（2）

　　【解題】竹簡《詩論》可能是《毛詩序》的原始祖本，可能就是失傳了兩千年的子夏《詩序》；竹簡《詩論》的基本觀點大多爲《毛詩序》所繼承，因此《毛詩序》確實傳自子夏。

0540　曹建國、胡久國，論上博簡《孔子詩論》與《毛詩序》闡釋差異——兼論《毛詩序》的作者，安徽警官職業學院學報，2003（3）

【解題】《毛詩序》是儒學典籍經典化的產物，《孔子詩論》所體現的以「情志」說詩的闡釋精神基本上被漢儒擱置了，取而代之的是對政治倫理意義的發掘。毛萇既爲《詁訓傳》的作者，也是《詩序》的作者。毛亨乃一杜撰性人物，鄭玄這麼做，可以在時間上把《毛詩》提前，以與三家《詩》相當，並通過荀卿的加入，找到《毛詩》與今文三家詩的近緣關係，爲其混合今、古找口實。

0541　張啓成，論《毛詩序》非一人一時之作，貴州文史叢刊，2003（3）

【解題】《毛詩》的創始者是毛亨與毛萇，其師承淵源與子夏、荀卿有一定的聯繫，但鑒於終子夏之世，《左傳》尚未成書，故《毛序》中與《左傳》相關的詩序，不可能爲子夏所作，即使是《毛序》的首句也不例外。又鑒於西漢時期《左傳》的發現與流傳時間較晚，《史記》的流傳時間也偏晚，因而《毛詩序》中涉及《左傳》與《史記》的詩序，不可能是毛亨、毛萇所作，西漢偏晚的徐敖、陳俠，東漢時期的謝曼卿、衛宏等，當是《毛詩序》不斷充實完善的重要人物，故《毛詩序》非一人一時之作。

0542　王順貴，20 世紀《毛詩序》研究的回顧與展望，東疆學刊，2003（3）

【解題】20 世紀的《毛詩序》研究主要是圍繞作者問題、尊《序》與廢《序》之爭、《大序》的內容及對其的評價而展開研究的，研究視野的拓展與研究方法的轉換成爲 20 世紀以來《毛詩序》研究的一個新亮點。今後的《毛詩序》研究不僅應當注重作者問題的考辨、思想內容的探討，從宏觀與微觀兩方面加強對《毛詩序》的研究，詩學體系的建構，更需要進一步克服自身視角的單一性，立足於更爲廣闊的文化背景，加強方法的更新，拓展研究的深度，把《毛詩序》的研究推向一個新的高度。

0543　王洲明，《毛傳》與《毛序》的同異比較並論及《毛序》的作者，西華師範大學學報，2003（5）

【解題】遍檢《毛傳》與《毛序》，發現《傳》釋詩義與《序》釋詩義基本相同者達 83 篇之多，明顯相異者只有 3 篇，且在解釋體例上、在內容的相互照顧、相互發明上，都表明《傳》與《序》存在內在的聯繫。又從研究唐前所載《毛詩》資料系統入手，認爲鄭玄所謂「大毛公（亨）爲《故訓傳》」，既包括今《毛序》，也包括今《毛傳》，《毛序》的形成經歷了很長的歷史時期，是經累積而成的，最終由大毛公（亨）「編纂而成」，並體現出他自己的觀點；

小毛公（萇）則對《毛傳》作了最後的加工、釐定工作，並在《毛詩》的傳授中起到重要作用。

0544　黃懷信，詩本義與《詩論》、《詩序》——以《關雎》篇爲例看《詩論》、《詩序》作者，齊魯學刊，2003（6）

【解題】《詩論》與《詩序》及《毛傳》對詩本義的理解與把握儘管不同，但善言義理的風格則是一致的，這無疑與孔子之倡導有關。《詩大序》的作者可論定爲子夏，則《詩論》的作者當於其他弟子或再傳弟子求之。

0545　蔣方，從楚竹書《詩論》之說「好色」談《毛詩序》的舊爭議，湖北大學學報，2004（1）

【解題】考察《毛詩序》中哪些是源於先秦的儒家《詩》說，哪些是出於秦漢時期的傳授者說，楚竹書《詩論》是一個重要的參照。楚竹書《詩論》以「好色」說《關雎》，反映了孔、孟以人之情性本然爲禮樂教化的基礎這一重要命題，荀子也堅持了這一論點，《毛詩大序》中也有這一思想的表現；但是《毛詩小序》則完全否定情性而以史說詩，強調政治諷諫之用，顯爲後人摻入。漢代的傳《詩》者雖說出於荀子，但其中一定有繼傳者的增補與擴充。

0546　盧盛江，上博楚簡《詩論》與《毛詩序》淺思錄，創作評譚，2004（4）

【解題】上博楚簡《詩論》當是孔子與其弟子論《詩》的語錄；楚簡《詩論》不可能是《毛詩序》的原始祖本。

0547　王洲明，上博《詩論》的論詩特點與《毛序》的作期，山東大學學報，2004（5）

【解題】對比上博《詩論》與《毛序》，發現《詩論》或從詩義出發歸納出一般性的政治內容，或就詩本身體味出所蘊含的某種共通的道理，而《毛序》將這些作了具體化、歷史化的解釋，大大地強化了《詩》的政治性，「續序」正是具體化、歷史化、政治化論《詩》的具體體現。又從《詩》學接受史考察，認爲《毛序》是經累積而成的，是一部以《詩》爲載體體現自春秋以來的儒家思想的一部經典，秦漢間人毛亨當是最終編纂者，他通過探究、聯繫詩的本事，強調政治教化，而以「美刺」爲批評標準。

0548　徐玲英，論馬其昶「國史作《序》」之觀點——兼論《毛詩序》的作者，成都教育學院學報，2005（2）

【解題】通過對《大序》文意的分析，推翻了馬其昶「國史作《序》」的立論依據，進而從漢人注疏體例、四家詩《詩序》不同和《毛傳》不爲《詩序》作傳三方面反駁「國史作《序》」的觀點，最後得出《詩序》與《毛傳》同爲毛公之作的結論。

0549　檀作文，20 世紀以來關於《毛詩序》的作者和時代問題之論爭，社會科學輯刊，2005（5）

【解題】20 世紀前半葉，受今文經學和「《古史辨》派」「疑古」思潮影響，主流意見是《毛詩序》出於衛宏之手。80 年代初期的研究者，多從宏觀上把握《序》、《傳》之間的邏輯關係，主張《序》、《傳》成於毛亨一人之手。20 世紀末，「疑古」作風遭到唾棄，傳統的「子夏作《詩序》」說又重新佔據主流地位。

0550　王洲明，從《左傳》與《史記》稱《詩》引《詩》的對比研究看《毛序》的作期，河北師範大學學報，2005（5）

【解題】考察《左傳》和《史記》的稱《詩》、引《詩》資料，並與《毛序》進行比較研究，發現與《毛序》所論《詩》義相同者，僅見於《左傳》而不見於《史記》；《毛序》說《詩》所用史實，一部分僅見於《左傳》而不見於《史記》，一部分併見於《左傳》、《史記》，但《左傳》所述史實遠比《史記》翔實，甚至《毛序》說《詩》所用史實的一些關鍵情節於《史記》中無見。由此認爲《毛序》不可能依據《史記》而寫成，《毛序》的基本完成不會晚至西漢偏晚和東漢時期。

0551　梅顯懋，《詩序》編撰時代考論，遼寧師範大學學報，2006（1）

【解題】《詩序》雖不能確指爲何人所作，但先秦時《詩》本無序，編撰《詩序》當是漢儒所爲。漢儒參考了當時所能看到的先秦人有關評說《詩》的資料，努力揣度這些資料的含義，並從漢代政治需要出發，極力將其引到政治教化方面去，並自稱是先秦經師所傳，以一種權威的姿態教授於人。

0552　張啓成，再論《毛序》之作期晚於《史記》——兼與王洲明同志商榷，河北師範大學學報，2006（2）

【解題】范曄確認《毛詩序》爲東漢衛宏所作之後，許多《詩經》學者又力主此說，可見《毛詩序》的作者不能排斥衛宏已成爲很多著名《詩經》

學者的共識，因而不能簡單地加以否定；《毛序》受《史記》影響之證據，自宋之鄭樵至清之三家詩學者魏源與王先謙也多有論述，雖尚欠完整，但大都言之成理、證據確鑿，故也不能等閒視之；《毛序》的早期作者正處於西漢初期，當時很多典籍尚未發現，可以閱讀的典籍，遠不如司馬遷寫作《史記》時那麼具備，還不能像司馬遷一樣有機會見到皇家藏書。

0553　王志，《毛詩序》溯源，古籍整理研究學刊，2006（5）

【解題】現存《毛詩序》並非漢代儒生憑空臆造，它的內容傳自孔子，文章成於子夏，之後毛公和衛宏都可能對序文內容做過較大的調整與發揮。就孔子而言，他對《詩經》詩歌內容的理解可能來自周代史官。這些史官在周代采詩活動中，最早保存了當時詩人作詩的創作意圖。

0554　王洲明，關於《毛詩序》作期和作者的若干思考，文學遺產，2007（2）

【解題】重點考察了春秋時代「賦詩斷章」、《孔子詩論》、孟子一派論詩、《毛詩故訓傳》四個時段的稱《詩》與用《詩》，將典籍中前三個時段的用《詩》和對《詩》義的理解，與《毛詩序》所體現出的思想進行比較；同時，通過重新解讀《漢書·藝文志》所載《毛詩故訓傳》，考索其他典籍對《毛詩》的記錄，認為《毛詩序》是從先秦至秦末漢初，經過不斷累積形成的通過論《詩》來體現儒家思想的一部經典，而秦漢之際的毛亨是形成這部著作的關鍵人物。

0555　王洲明，從《漢書》稱《詩》論定《毛詩序》基本完成於《史記》之前——兼答張啟成先生的商榷，河北師範大學學報，2007（3）

【解題】通過對《漢志》所載「《毛詩》二十九卷」和「《毛詩故訓傳》三十卷」的重新解讀，並結合清人的意見，認為所謂「故訓傳」包括兩方面的內容：「故訓」恰恰是今所謂「毛傳」的內容，而「傳」恰恰是今所謂「毛序」的內容。又梳理了西漢《毛詩》的傳本情況，發現在《史記》廣泛流傳之前，《毛詩序》已經存在並流傳。再結合經學史來考察，認為衛宏不可能作《毛詩序》，只是對流傳已久的《毛詩序》有可能做了「潤益」的工作，並第一次將「毛詩故訓傳」中「傳」的內容定名為《毛詩序》；後世所謂衛宏「作《毛詩序》」的說法，蓋由此而來。

0556　張秀英，《詩序》編撰時限考論，學術論壇，2007（3）

　　【解題】《詩序》是有其文化基礎的，非一時一人所作。其說詩有文獻可考的時間上限有兩種可能：或爲《文王》，或爲《武》樂，這取決於《呂氏春秋·古樂》所言是否爲周代史實。而《詩序》的編纂下限，至晚到東漢鄭玄之前。

0557　張秀英，從《緇衣》看《都人士·詩序》的編輯時代，古籍整理研究
　　　學刊，2007（4）
　　【解題】分析對比《小雅·都人士·詩序》與《禮記·緇衣》的五條傳本與簡本文獻資料，認爲今傳《禮記·緇衣》中該資料保存了先秦七十子或其後學所記原貌，其寫定的時間下限當在先秦。又在對《詩序》與《記》的關係以及簡本與傳本《緇衣》關係加以分析的基礎上，認爲《都人士·詩序》應在今傳《禮記·緇衣》定本後作了進一步的整理，其轉抄的時間並不一定是漢代，有可能在先秦就已完成。

0558　張秀英，《詩序》作者與時代研究綜述，重慶郵電大學學報，2007（5）
　　【解題】對《詩序》作者與時代問題研究狀況作了縱向梳理，儘量探求諸種說法所以得出結論的合理因素及論證中的不足，並在此基礎上，對歷代觀點作了初步統計，得29說。

0559　徐有富，《詩序》考，中國韻文學刊，2008（1）
　　【解題】《詩序》是層累地造成的，每首詩的篇題、章句數、原序，爲周朝列任太師所寫，各諸侯國的太師在採集整理詩的過程中也起了很大作用，魯國太師（特別是師摯）也爲《詩》三百篇的整理編輯做出了突出貢獻，孔子也爲《詩》三百篇的整理工作做過貢獻。西漢的毛亨、毛萇將原序修改、加工成了《毛詩序》，並將原先獨立存在的《詩序》分別置於各篇詩之首，《漢書·藝文志》所著錄的《毛詩詁訓傳》當是毛亨所爲，序中對古序的申續之詞以及《詩大序》應當是毛萇寫的，當在河間獻王在位期間完成的。東漢的衛宏出於當時的政治與學術需要，在前人的基礎上寫出了一個《毛詩序》的定本。

0560　薛立芳，關於《毛詩序》作者的新思考——論毛奇齡對《詩序》作者
　　　的研究，蘭州學刊，2008（3）
　　【解題】該文總結了毛奇齡的基本觀點：《毛詩序》作者爲毛亨，《詩序》

僅是《毛詩故訓傳》中的一部分，即「故訓」；《詩序》的「故」爲《序》的首句，爲先秦故舊之説，由毛亨所記錄，而「訓」則爲首句後續申的內容，是毛亨對「故」所作的訓釋，二者合在一起，即今見《詩序》的內容；《序》、《傳》不合，是因爲《序》的內容爲毛亨整理先秦故有之説並加以訓釋，主要是對前人説法的繼承，而《傳》則爲毛亨所傳詩文之義，更多的是毛亨個人對詩的理解。

0561　黃覺弘，《毛詩序》成於貫長卿考，中華文化論壇，2009（3）

　　　【解題】《毛詩序》表述方式與引事明詩多與《左傳》相合。考察西漢學術源流，《毛詩序》當成於貫長卿之手。貫長卿之學術特徵、生活時代及文獻記載三者都切合《毛詩序》作者的特定條件。

0562　趙茂林，由「笙詩」看《毛詩序》完成時間，南京師範大學文學院學報，2011（1）

　　　【解題】從漢代四家《詩》來源看，四家《詩》皆得自「諷誦」，而三家《詩》卻無「笙詩」，可知「笙詩」本非《詩經》所有。「笙詩」加入《詩經》應在劉歆《七略》成書之後，即哀帝建平元年之後。元始五年，王莽徵通知《毛詩》等典籍的異能之士，以民間學術校正學官學術，加入「笙詩」的《毛詩》進入官學系統，爲人們接受。《毛詩》學者入「笙詩」於《詩經》，除受劉歆《移讓太常博士書》的啓發外，也與人們把經書看作「應時而作」、可以損益的觀念有關。從《漢書·儒林傳》「由是言《毛詩》者，本之徐敖」一語來看，入「笙詩」於《詩經》的學者很可能就是徐敖。故《毛詩序》最後完成應該在建平元年至元始五年期間。

0563　郝桂敏，論《毛詩序》主體部分產生於西周春秋，瀋陽師範大學學報，2012（2）

　　　【解題】從《毛詩序》本身入手，以《毛詩序》所反映的主要內容作爲出發點，通過文獻對比法和經學的歷史還原法，找出《毛詩序》最有可能產生的社會歷史條件，從而探討《毛詩序》所產生的時代和作者。《詩序》的主體部分產生於西周、春秋一段時期，基本資料由周代歷任史官完成，最後的整理者是子夏。理由如下：一、《毛詩序》側重道德教化意義，注重闡發引申義，重在恢復西周禮制；而《孔子詩論》高揚性情，講求詩本義，注重道德層面的禮儀。性情説在戰國時期盛行，講求《詩經》本義也當在講求引申義

之後，維護周禮的努力也比單純講求道德禮儀要早。故《毛詩序》主體部分當產生於《孔子詩論》之前，是戰國中期以前的產物。二、《詩序》具有維護和恢復周代統治的色彩，當產生於西周春秋時期。三、「二南」《序》對詩歌本義的曲解，有爲西周以血緣關係爲基礎的宗法制服務的色彩，當是西周社會的產物。四、《詩序》主體部分的基本材料應該由西周春秋時期的史官整理。五、古人的話並非全無道理，說《詩序》是子夏所傳，應該有一定來由，不能因爲文獻不足就輕易否定。

0564　郝桂敏，再論《詩序》主體部分產生於西周春秋時期，中國古典文獻學叢刊（第八卷），2012

【解題】與作者之前發表的《論〈毛詩序〉主體部分產生於西周春秋》相同。

0565　王洲明，從《漢書・藝文志》稱《詩》看《詩》在西漢的傳本，衡水學院學報，2012（5）

【解題】通過《漢書・藝文志》對《三家詩》著錄的考察，認爲「故」和「傳」分別爲漢人不同的解《詩》經文的方式，「故（故訓）」是對《詩》經文屬於文辭方面的解釋，而「傳」則是對《詩》經文屬於內容方面的解釋，今所謂《毛傳》是漢人講的《毛詩》的「故（故訓）」，今所謂《毛序》是漢人講的《毛詩》的「傳」。將《毛詩》的「故訓」的內容以「毛傳」的形式出現，起自南朝，行於唐初；而自南朝劉宋時代提出東漢衛宏作《毛序》的說法後，《序》就成了「故訓傳」中「傳」的內容的名稱了。

0566　薛立芳，從「合語」禮看《毛詩序》之來源，商丘師範學院，2012（10）

【解題】通過對「合語」禮的考察，認爲西周時期就已存在以文王之道德教化說詩的傳統，《毛詩序》以后妃之志或文王之化解詩正是對西周詩說傳統的繼承，並非完全是漢人的造作與附會之辭。

0567　劉鳳泉，也論《毛詩序》之作者問題（上）——衛宏作《毛詩序》辯護，廣西社會科學，2012（10）

【解題】陸璣最早提出衛宏「作《毛詩序》，得風雅之旨」，范曄認同此說並提出新的證據：漢魏六朝時期，鄭玄、王肅、徐整、沈重等人的言論，其實都沒有否定陸璣的觀點。《毛詩序》形成是先秦以來詩義不斷積累的結

果，衛宏通過對已有詩義、詩論的整理和總結，最終完成了《毛詩序》。

0568　劉鳳泉，也論《毛詩序》之作者問題（下）——否定衛宏作《毛詩序》駁議，廣西社會科學，2012（11）

【解題】通過對「衛宏作《毛詩序》非今之《毛詩序》」、「《毛詩序》爲子夏所作」、「《毛詩序》爲毛亨所作」、「鄭玄爲《毛詩序》最終完成者」等觀點的分析辯難，認爲它們或缺乏文獻依據，或存在邏輯錯誤，都不足以否定衛宏作《毛詩序》的觀點。衛宏對前人詩義的整理和總結，才使《詩序》「得風雅之旨」，從而將儒家詩論系統化，形成完備的詩學理論。

0569　劉娟，《毛詩序》作者及成書考辨，唐山學院學報，2013（2）

【解題】「毛詩序」概念雖晚出，但其基本內容及核心觀念在先秦已形成，一定程度上體現了周代禮樂文化，《毛詩序》是周太師及後世儒家學者基於儒家話語系統不斷損益的結果。

0570　王紅霞，楚簡《詩論》作者再審視——附論《毛詩序》的作者問題，濟南大學學報，2014（1）

【解題】《詩論》作者的幾種推測，以子夏的可能性較大。《詩論》精準總論詩旨、以禮說詩及以政說詩的風格皆與子夏思想相符。《毛詩序》的作者應該是毛公，而不是子夏。毛公受子夏詩學影響，當屬子夏一系。

0571　趙茂林，從漢代四家《詩》的異同看《毛詩序》的成型時間，孔子研究，2014（2）

【解題】先秦時期雖也有以政治教化、倫理道德解《詩》的趨向，但尚未成爲普遍原則。《毛詩序》與三家《詩》皆以政治教化、倫理道德解《詩》，說明它們是同一時代的選擇。而《毛詩序》比三家《詩》有更濃厚的政治教化的意味，可知其晚於三家《詩》的創立。三家《詩》的創立在高后至文帝時，結合《序》《傳》關係和《序》的資料來源，可以斷定《毛詩序》的成型在景帝前元二年至中元五年間。

0572　王洲明，上博《詩論》與《毛詩序》的研究，衡水學院學報，2015（2）

【解題】梳理了學界對《孔子詩論》與《毛詩序》關係以及《詩序》作者問題的看法，又通過考察了開成石經、孟蜀石經、南宋刊單疏本《毛詩正義》、南宋刊十行本（附釋音）《毛詩注疏》四個《毛詩》的關鍵性版本，結

合相關文獻記載，從《毛詩》的流傳版本角度，論證了《毛詩故訓傳》爲一體之作，本就包含《序》和《傳》兩部分。

0573　成祖明，衛宏作《毛詩序注》考，歷史研究，2016（6）

【解題】《毛詩序》作者與成書問題一直聚訟紛紜，被四庫館臣稱爲自古「說經之家第一爭詬之端」。強調的是文獻考證的一個基本方法問題：我們立足的起點應當是一確定可信的文獻，而不是一個懸置性假設或某種先行的觀念。立足一確定可信的文獻，就能夠從一安全穩當的起點出發，追溯文獻生成過程中不斷疊加的歷史投射，從而更接近文獻演變和成書的眞相。

0574　崔雲勝，《詩小序》作於子夏──張澍《詩小序翼題辭》述評，河西學院學報，2016（4）

【解題】從清初的陳啓源，中經錢大昕、翁方綱、張澍，到晚清的陳奐等，一改宋代學者輕率攻擊《詩序》的做法，實事求是地對《詩小序》的作者進行了辨析，肯定《詩小序》出於子夏。其中張澍在其《詩小序翼》的序言《詩小序翼題辭》中，以出自班固《漢書·藝文志》、鄭玄《毛詩箋》等的直接證據與自左丘明《左傳》以來歷代學者引用《詩小序》的間接證據相結合，論述了《詩小序》爲子夏所作，顯得全面而系統，令人信服。當代學者在「走出疑古時代」的背景下對《詩小序》作者問題的研究，肯定了「子夏序《詩》」的正確性。

0575　李瑩瑩，《毛詩序》寫作年代及尊、廢問題簡論，山東大學碩士學位論文，2016

【解題】《毛詩序》的寫作年代及作者的問題歷來爲各個時代的學者所關注，研究成果與相關文獻卷帙浩繁，然而歷經兩千多年的探究、考辯與爭論，依舊沒有得出定論。本文對這一問題的研究現狀做了大致概括，對《毛詩序》研究在文學、經學及詩教方面的意義進行闡述。同時，在梳理總結前人研究成果的基礎上，選取四種最具代表性的觀點進行述評，分別是戰國初期子夏作、西漢毛公作、東漢衛宏作、非一時一人作。以上四種說法均有文獻依據，如王肅注《孔子家語》、陸璣《毛詩草木鳥獸蟲魚疏》、孔穎達《毛詩正義》等認爲《毛詩序》乃子夏所作；范曄《後漢書》、鄭樵《通志》等認爲《毛詩序》爲衛宏所作；而馬端臨《文獻通考》等則認爲「非一人之言」。這些觀點各自有其依據，某些推斷也符合邏輯，但或因文獻典籍散佚不全、

或因分析論證並不系統，因而難免有失偏頗。此外，由於《毛詩序》的尊、廢問題，也引發了一場曠日持久的爭論。這場尊《序》與廢《序》的爭論，自漢至清，從「五四」到「古史辨」派，直至當代學者仍在研究討論這一問題，它深刻影響了儒學乃至整個中國學術思想史的進展。因此本文選取在《毛詩序》研究史上比較有代表性的四個時代：漢代、初唐、南宋、清，並以這四個時代中最著名的四位經學家鄭玄、孔穎達、朱熹、馬瑞辰及其論著為例，闡述關於《毛詩序》尊廢問題各個時代的不同認識及「尊《序》派」與「廢《序》派」的學術鬥爭，對《毛詩序》研究史進行整體的論述與評議，並由此展示《毛詩序》自漢代起是如何由被推崇至被懷疑、被否定，再到被復興的過程。

0576　傅剛，《毛詩序》作者略說，北京大學學報，2016（2）

　　【解題】《詩序》的作者，有孔子、子夏、毛公合作、國史、衛宏、詩人自製諸說，以衛宏一說影響最大。經過有關經、史材料的搜輯排比，發現衛宏和國史之說皆不可信。對於前人所說的續序，也應該具體看待，有些被認為是續序的，其實在《毛傳》中已有相應的文字，所以不一定都是出於後人所增。

子夏詩傳・申培詩說

0577　周全，《子夏詩傳》辨偽，中華國學，1977（9）

0578　林慶彰，《子夏詩傳》考辨，豐坊與姚士粦，臺北：東吳大學中文研究所碩士學位論文，1978

0579　林慶彰，《申培詩說》辨，豐坊與姚士粦，臺北：東吳大學中文研究所碩士學位論文，1978

0580　杜松柏，《申培詩說》辨偽，孔孟月刊，1983（45）

0581　王學泰，明代詩學偽作與《魯詩世學》，文學遺產，1999（4）

　　【解題】《魯詩世學》是豐坊所造作的一部偽書，其中的子貢《詩傳》與申培《詩說》與單獨行世的《詩傳》、《詩說》有很大的不同，作偽者似乎沒有必使偽書達到取信於人的目的，其意似在表達自己的對《詩經》的獨特闡釋。說它是偽書，只是從經學角度說它沒有價值；但如果我們從明代文化發展演變的角度來看，它與當時社會主流意識唱反調、並在闡釋《詩經》的某些篇章時表現出的獨立見解，以及其中對詩學的許多意見，都是可供研究

者們參考的。

0582　馬昕，重評《子貢詩傳》《申培詩說》的造僞——以明代中晚期的經學
　　　復古運動爲背景，儒家典籍與思想研究（集刊），2012

　　　【解題】將豐坊僞造《子貢詩傳》、《申培詩銳》這一事件放置在明代中晚期經學復古運動的背景下加以重新審視，從《詩傳》、《詩說》中可以看出豐坊具有雜採漢宋的《詩》學取向，其造僞行爲也體現了明中葉漢宋合流這一經學新變。而明末清初季學者封《詩傳》、《詩說》的辨僞也不僅限於去僞存眞的意義，實爲晚出的較爲成熟的漢學派對早出的不甚成熟甚至誤入歧途的漢學派的一種超越。文章還對《詩傳》、《詩說》於明清《詩經》學之影響做出估量，認爲豐坊造僞固然是一種表達自我《詩》學主張的特殊方式，卻並不足取，實有百害而無一利。但幸賴辨僞者之功，其危害也得到了有效的控制。

0583　金秀炅，僞《詩》說如何影響朝鮮解《詩》空間——朝鮮朝學者對《子
　　　貢詩傳》《申培詩說》的關注，詩經研究叢刊，2018（1）

其他

0584　胡長青，《毛詩草蟲經》爲僞書考，詩經研究叢刊，2001

　　　【解題】徐堅所引實與陸璣疏同源，故名有訛而文庶幾一致；陸佃所引實據徐堅所用書名以假託，故名與徐堅所引書名合而文理皆不相符；《毛詩草蟲經》其名不符，其書當僞。

禮類

儀禮

0585　錢玄同，重論經今古文學問題，新學僞經考，北京：古籍出版社，1956

0586　洪業，儀禮引得序，上海：上海古籍出版社，1986

0587　何敬群，《儀禮》、《周易》、《中庸》的作者問題之探討，香港浸會學院
　　　學報，1980（7）

0588　劉起釪，《儀禮》與二戴《禮記》，古史續辨，北京：中國社科出版社，
　　　1991

【解題】二戴《記》大抵同時，皆是戰國至秦漢儒家論說或解釋禮制和禮意文章的彙編。

0589　段熙仲，禮經十論，文史，1962（1）

　　【解題】題目當從漢師；篇第當從大戴；文字當從今文；成書當在東周，出於孔子；說經當守家法，無取古學；敘錄宜從異撰；治經貴明章句；治《禮》宜如《易》之有圖；治《禮》宜如《春秋》之以例；《禮經》《春秋》學術同源。

0590　沈文倬，略論禮典的實行和《儀禮》書本的撰作，文史，1982（15～16）

　　【解題】通過考察文獻與彝銘，認為禮典的實踐要先於文字記錄而存在，自殷至西周各種禮典次第實行，而禮書至春秋以後才開始撰作。

0591　丁鼎，試論子夏與《喪服傳》的關係，文獻學研究的回顧與展望，臺北：學生書局，2002

0592　丁鼎，試論《儀禮》的作者與撰作時代，孔子研究，2002（6）；古典文獻研究，2003

　　【解題】《儀禮》十七篇與周公和孔子均有一定的關係，部分篇章反映了宗周的典章制度、風俗人情，也就是說《儀禮》所載的內容肯定有一部分屬於周公當年「制禮作樂」所制定和實施的遺制。說《儀禮》與孔子有關，也並非如今文學派那樣認為《儀禮》十七篇完全是由孔子聖心獨創，而是認為《儀禮》當主要是由孔子根據宗周時代流傳下來的一些禮儀規制加以編訂整理而纂輯成書，可能還包括七十子後學所編訂和增補的內容。

0593　趙昭，《儀禮》成書考，蘭臺世界，2008（22）

　　【解題】西周統治者為維護統治秩序而「制禮作樂」，當時的「禮」用文字記載下來，這便是《儀禮》的來源。鄭玄作注時，同時參照了今、古文兩種版本，擇善而從，其改訂本即今本《儀禮》。

0594　馮峰，從出土器物看《儀禮》的成書時代，海岱學刊，2014

　　【解題】通過《儀禮》記載的「敦」，說明《儀禮》是產生於山東地區的文獻。「敦」的流行時間為春秋中期至戰國中期，則《儀禮》所載「敦」的使用制度不早於春秋晚期。《儀禮》所載的「瓶」，很可能是考古發現的「罍」

類器，其流行時間爲春秋中晚期；《儀禮》反映的壺多用於大夫以上禮儀、甒多用於士禮的情況，不應晚至戰國時期。綜上可知今本《儀禮》的成書年代很可能在春秋晚期或稍晚，它的寫成與編定與孔子及其學生有密切關係。

周禮

0595　錢穆，《周官》著作時代考，燕京學報，1932（11）

　　【解題】通過分析《周官》一書中的祀典、田制、刑法等制度所反映出的時代特徵（尤其是書中濃重的「陰陽對偶」觀念及雖已有了「五帝祀」但尚未實行「四時分祀」），確定該書成書於戰國晚期。錢穆因此開創了從「所載制度的時代特徵」來分析《周禮》成書時代的新方法，後來爲楊向奎等人借鑒。但據這一方法可定《周禮》的成書上限，而難以確定其成書下限，故而後來顧頡剛和徐復觀在此基礎上另闢從「官制體系的設計構想」來考證《周禮》成書年代的新嘗試。

0596　陳衍，《考工記》辯證，國學論衡，1934（3～4）

0597　胡適，致錢穆《論秦時及周官書》，古史辨（第五冊），北京：樸社，1935

　　【解題】大概司馬遷的時候有一部《周官》，是當時僞古書的一種，其性質與文帝今博士所作《王制》差不多，同時一種託古的建國大綱；依《封禪書》所引來看，那部《周官》的文字似很淺近，不像一本古書。後來便有兩種《周官》改本出現，一部是節本《周官》，即《古文尚書》裏的《周官篇》；一部是後來王莽用司馬遷所見的《周官》來放大改作的、立於學官的《周官經》六篇，即今《周禮》。

0598　劉師培，西漢周官師說考，制言，1936（23）

0599　蒙文通，從社會制度及政治制度論《周官》成書年代，圖書集刊，1942（1）

　　【解題】《周官》未必是周公之書，但記載的必定是西周的主要制度，而非東遷以後的制度。

0600　熊十力，論周官成書年代，圖書集刊，1942（2）

　　【解題】《周官》成書時間以西周的可能性較大，至少不晚於春秋。至少作者是搜集周朝禮制（範圍包括各諸侯國），附加儒家政治理想彙編而成。

此書堪稱中國最早和最完整的官制記錄，也是世界古代最完整的官制記錄，是一部通過具體制度來表達儒家政治理論、治國方案的經典。

0601　郭沫若，《周官》質疑，金文叢考，北京：人民出版社，1954
　　【解題】從彝銘中所見之周代官制揭櫫於次而加以考核，認爲《周官》一書，蓋趙人荀卿子之弟子所爲，襲其師「爵名從周」之意，纂集遺聞佚志，參以己見而成一家之言。

0602　楊向奎，《周禮》的內容分析及其成書時代，山東大學學報，1954（4）
　　【解題】當我們還沒有判定《周禮》是一部實錄或者是一部託古書以前，即使和某一時代的制度相當，也不能説明它就是某時代的著述。就學術思想而論，最突出的是《周禮》涉及的曆法，在一個國家內同時通行兩種曆法，是春秋戰國時的特色；《周禮》雖然近於雜家的作品，然而也有它的中心思想，是一部重視刑法而有儒家氣息的書，它出於齊國有儒家氣息的法家是可以肯定的。其結論爲：《周禮》可能是一部戰國中葉左右齊國的書，《大戴禮》曾經引用過它，司馬遷、匡衡也引用過它，無論如何不是王莽的僞造，其中記載也不完全是理想。

0603　朱謙之，《周禮》的主要思想，光明日報，1961，11，12
　　【解題】《周禮》非周初之作，然亦非戰國之書，當爲西周宣王中興時代之書。

0604　洪業，讀《周禮正義》，孫詒讓研究，杭州大學內部印行，1963
　　【解題】在《周禮》成書方面，認同朱謙之「非周初之作，然亦非戰國之書」的觀點，又補明三事：一、《周禮》全書不見鐵，作者如在鐵器盛行時代之戰國，作一理想之政典，故意拒絕鐵而不用，此爲不可能。二、如作者生於戰國，無論其居地爲齊、魯或爲晉、宋，作理想之政典，必無拒用牛耕之理。三、從語法看，文獻中凡春秋以前之文，十數與零數之間皆用「有」字連之，戰國中期之文即不用；《周禮》之經記全部用，此種語法與《尚書》《春秋經》同，故非戰國時人之作。此書實起於周初，歷二三百年之損益積累而成，成書最晚不在東周惠王後。

0605　陳直，古籍述聞之《考工記》爲戰國時齊人之作品，文史，1963（3）
　　【解題】《考工記》疑戰國時齊人所撰，而楚人所附益。

0606 史景成，《周禮》成書年代考，大陸雜誌，1966；續僞書通考，臺北：
學生書局，1984
【解題】從天文曆法的角度來考察，認爲《周禮》爲戰國末年之書，當
在呂氏春秋出世之後，秦始皇統一之前。

0607 史景成，《考工記》之成書年代考，書目季刊，1971（3）
0608 賀凌虛，《周禮》的來歷及其成書年代，革命思想，1973（4）
0609 林尹，《周禮》與其作者，中央月報，1973（5）
0610 黃沛榮，論《周禮·職方氏》之著成時代，孔孟月刊，1977（3）
0611 顧頡剛，「周公制禮」的傳說和《周官》一書的出現，文史，1979（6）
【解題】「周公制禮」這件事是應該肯定的，因爲在開國的時候哪能不
定出許多制度和儀節來，即使他採用殷禮，也必然經過一番選擇，既然有損
有益，就必定有創造的成分在內，所以未嘗不可說是周公所制。又認爲《周
禮》跟周公和儒家根本不發生關係，《周官》和《管子》的文辭雖有參差，而
其中心思想則同是組織人民，充實府庫，以求達到統一寰宇的目的，由此可
以猜測它出於齊國以及別國的法家。它上面可以聯繫到齊宣王立稷下之學、
燕昭王爲郭隗築黃金臺、秦孝公尊顯商鞅等等戰國時代的史事，下面則可以
聯繫到王莽的託古改制。因爲這書不成於一人，也不作於一時，所以其中的
制度常有牴牾和不可信的成分。然而其中也必然保存了一部分的古代的眞制
度（例如不用牛耕、沒有鐵器等事項），值得我們重視，所以需要細細地分析
出來而部分地歸到正確的古代史裏去；就說是出於戰國和西漢時代的人們的
計劃，那也應當分析出來而歸到戰國和西漢的政治經濟思想史和宗教史裏去。

0612 徐復觀，《周官》成立之時代及其思想性格，臺北：學生書局，1980；
徐復觀論經學史二種，上海：上海書店出版社，2002
【解題】立足於文本，挖掘西漢時期的時代背景和文化背景，認爲「《周
官》乃王莽、劉歆們用官制以表達他們政治理想之書」。

0613 王錦光、聞人軍，《考工記》的成書年代及其若干內容的科學解釋，第
十六屆國際科學史會議，捷克：布加勒斯特，1981
0614 周世輔、周文湘，《周禮》的政治思想，臺北：東大圖書有限公司，1981
0615 詹劍峰，《周官》略考，文獻，1982（3）
【解題】《周官》這部書，其原始材料是西周的典籍，其編纂成書的時

代約在春秋之世，其編纂者是一世守典籍的政治家，而非孔子之徒。

0616　聞人軍，《考工記》成書年代新考，文史，1984（23）

【解題】從度量衡制、歷史地理稱謂、金石樂器形制、青銅兵器形制、車制設計、陰陽五行等方面考察，認爲《考工記》成書於戰國初期。

0617　楊向奎，關於周公「制禮作樂」，文史知識，1986（6）

【解題】《周禮》記載著各種典章制度和政治制度，許多官制有後來的想像成分，但土地制度及農民地位，不是後人想像得來的。《儀禮》、《周禮》中的某些制度，它們在西周的確實行過，這並不是說這兩部書是周公的著作，在當時還沒有個人著作，但禮的條文應當存在，這些條文反映了西周統治者的思想和觀點。在周初，主要的禮樂制度來自周公，所以它反映了周公的思想風貌。

0618　張亞初、劉雨，西周金文官制研究，北京：中華書局，1986

【解題】利用金文資料並結合文獻研究，以復原西周一代的職官制度。書中對西周職官的職掌、地位等方面作了研究，從而進行了西周官制系統的構擬，揭示了西周官制的基本面貌。作者認爲完全肯定和基本否定《周禮》，是兩個極端，都是不妥當的。《周禮》在主要內容上，與西周銘文所反映的西周官制，頗多一致或相近的地方。

0619　陳連慶，《周禮》成書年代的新探索，中國歷史文獻研究（二），武漢：華中師大出版社，1988

【解題】《周禮》是兼綜儒法的一家之言，全書中貫串著「以儒家爲體，法家爲用」的精神，當中囊括先秦的典章制度，可考者不但有齊制，而且有魏制和秦制，我們不知道的還所在多有。《周禮》製作年代的上限，不早於商鞅變法，它的下限也不會晚於河間獻王在位之時，最大可能是在秦始皇帝之世。

0620　曹毓英，《周禮》僞書說商兌，華中師大學報，1988（5）

【解題】以出土文物資料與《周禮》之文對照加以研究，發現有大量事實可以與《周禮》之文相互印證，特別是在出土的大量文字資料中，甚至有不少與《周禮》之文相同或相近，而且同一內容的文字在青銅銘文中可以多見。《周禮》一書是記載我國西周時的官制和政治機構的唯一的一部文獻，它

是研究西周史的一部基本書籍。

0621　彭林，《周禮》成書於漢初說，史學史研究，1989（3）

【解題】《周禮》不僅與東方的齊國以及《管子》有關係，與西土的秦國以及《商君書》、《呂氏春秋》也有密切關係，五帝祀、陰陽祭、以法治官、限制王權、斂財於國的富國思想等等都取自秦，有些則站得更高，如九旗、六玉等所反映的五行思想要比《呂氏春秋》更爲精緻。《周禮》的主體思想是由儒家、法家和陰陽五行等三種思想構成的，從思想的時代特徵來看，其成書年代當在漢初。

0622　趙光賢、彭林，《周禮》的主體思想與成書年代，文獻，1990（2）

【解題】漢初統治者爲了避免重蹈秦之覆轍，長治久安，需要一種多功能的思想體系，不僅要有儒家的傳統倫理思想，還需要有法家強有力的管理手段，以及陰陽五行思想的神秘色彩，這是時代的要求，只有西漢以後的儒生才會具有《周禮》思想體系的格局。有人總結周秦以來爲政得失，參以己見，創造了這幅理想的藍圖，其成書年代當定在西漢初年高祖至文帝之間爲宜。

0623　莊福林，《周禮》的形成時間、特點及作用，松遼學刊，1990（4）

【解題】周初頒行周禮時，已有《周禮》一書，然而其名不爲《周禮》而爲《周官》，其規模、體系也未必如今日所見之鴻大和完整。

0624　余英時，《周禮》考證和《周禮》的現代啓示——金春峰《周官之成書及其反映的文化與時代新考》序，新史學，1990（3）

【解題】中國自清末以至「五四」，辨僞考證之風盛極一時，但輕率斷案的情況往往而有，而考證辨僞又帶來一種好發驚人之論的風氣。文章以徐復觀《〈周官〉成立之時代及其思想性格》爲鵠的，對其考證方法進行了批評。胡適所説的「大膽的假設，小心的求證」，上半句如果不加分析是很容易引人誤入歧途的。「假設」縱然有趣，但如果材料不足，則仍然只有放棄。「假設」往往是學術發展的内在理路逼出來的，在通常情形下，「假設」的可能性是有限的。什麽樣的「假設」獲得證實的可能性較高，這是研究者必須事先慎重考慮的。因此所謂「大膽的假設」必須理解爲在有限可能的範圍内儘量「大膽」，而不是漫無邊際的即興聯想。金氏在寫作時不但翻遍了一切相關的古代

文獻資料，而且大量地運用現代的考古材料，其結論雖又回到了《周禮》成於戰國晚期的假設，但推進了一步，指出這是秦統一前秦地學者的作品，這是一個非常合理的假設，作為「一家之言」是相常卓越的。

0625　劉起釪，《周禮》真偽之爭及其書寫成的真實依據，古史續辨，北京：中國社會科學出版社，1991

【解題】《周官》至遲必成於春秋時期（或稍前），它錄集自西周中後期以來逐漸完整的姬周系統的六官制資料，再加以條理系統以成書，不涉及姬周系統以外諸國之官制，尤與戰國官制毫不相干。戰國時期五行說由微而至盛，司徒、司馬等原在《曲禮》中稱「五官」，它就正好與五行相配合以成《周官》一書，而不應採用不適合五行的六官了。

0626　彭林，《周禮》主體思想與成書年代研究，北京：中國社會科學出版社，1991

【解題】從剖析《周禮》所蘊涵的思想體系入手，判定其由儒、法、陰陽五行三家鎔鑄而成。儒與法結合，始於荀子；陰陽與五行結合，始於鄒衍；故此書不會早於戰國。儒、法、陰陽、五行四家思想融為一體，在《呂覽》之後。文景之時，黃老盛行，而此書無黃老痕跡，故推定《周禮》成於西漢之初。

0627　金春峰，《周官》的成書時代及研究方法——《周官之成書及其反映的文化與時代新考》一書自序，求索，1992（1）

【解題】《周官之成書及其反映的文化與時代新考》一書的基本方法是將《周官》的全部資料（文物、制度、授田制、軍制、分封、鄉遂制、社會行政組織、商業、教育、神靈祭祀系統、法律、風習、度量衡、幣制等等）放在特定的時代與文化背景中統一考察。發現唯有放在秦之環境與文化背景下，才能無一不通，是以斷定《周官》是戰國末期秦統一前後入秦的學者所作。

0628　斯維至，讀《〈周禮〉主體思想與成書年代研究》，光明日報，1992，3，11

0629　殷偉仁，讀《〈周禮〉主體思想與成書年代研究》，中國史研究動態，1992（4）

【解題】近代以來的《周禮》研究，或承乾嘉漢學之餘緒，專事箋記疏證；或考訂溝洫阡陌史料，以證鄉遂井田之制；或參金文而互證之，以求周代之禮俗官制。雖各有見地和發明，但終究缺乏總體的深入研究，難以把握全書的脈絡。彭林在總結前人得失的基礎上，另闢蹊徑，全面開掘、深入探討《周禮》的主體思想及其時代印記，不僅填補了學術空隙，而且為《周禮》的研究摸索出一條新路。

0630 郭沫若，《考工記》的年代與國別，文史知識，1992（7）

0631 汪啓明，《周禮·考工記》齊語拾補——《考工記》為齊人所作再證，古漢語研究，1992（4）

【解題】通過方言的考察，補證《考工記》為齊人所作。此前林希逸、江永、段玉裁、孫詒讓、郭沫若皆持此說。

0632 金春峰，《周官》之成書及其反映的文化與時代新考，臺北：東大圖書公司，1993

0633 趙世超，《周禮》成書年代的成功探索——評彭林著《〈周禮〉主體思想與成書年代研究》，歷史研究，1993（1）

【解題】彭書在承繼前輩學者研究成果的基礎上，通過考察《周禮》的主體思想與時代特徵，論定《周禮》成書於漢初，於研究方法有所突破，並對《周禮》作了深層的發掘，做到考據與義理相結合。

0634 宣兆琦，《考工記》的國別和成書年代，自然科學史研究，1993（4）

【解題】根據先秦齊國具有高度發達的工商業，《考工記》國有六職及排列法與《管子》四民及其排列法相類，《考工記》中三條諺語產生於齊，以及「輪輻三十」、「綱」、「九夫為井」皆與齊制相符等幾方面，認為《考工記》是一部齊國官書。並根據寫作角度、行文用語、「六齊」配比，以及鐵和弩機出現時代、桓管稱霸的時代背景進行分析，斷定《考工記》主體部分成書於齊國桓管時期，推論該書是在陳完主持下完成的。

0635 李學勤，從金文看《周禮》，尋根，1996（2）

【解題】《周禮》與金文的對照研究確實是一個值得繼續深入開拓的領域。通過與金文比較，重新認識《周禮》的價值，一定會在中國古代歷史文化的研究上起到重要作用。

0636 孫景壇，《周禮》的作者、寫作年代及歷史意義新探，南京社會科學，1997（10）

【解題】《周禮》是一部改革文獻，由官方編寫，總體設計出於一人，多人分頭起草而成。但由於改革者在政治上的失敗，《周禮》胎死腹中，未能完成，也未討諸實施。因此，先秦人都諱莫如深。而且如果把《周禮》定爲西周後期「屬始革典」所天折了的新政典，無疑具有十分重要的歷史意義。

0637 楊向奎，周公對於禮的加工與改造，宗周社會與禮樂文明（修訂本），北京：人民出版社，1997

【解題】《周禮》中的記載主要是當時的實錄，雖然有後人的理想，有誇大而無歪曲，基本可以信賴。據《周禮》以研究周公的思想及其設施，不會離題太遠。

0638 劉雨，西周金文中的《周禮》，燕京學報，1997（3）

0639 宋烜，《考工記·匠人》成書年代析，南方文物，1998（2）

【解題】《考工記·匠人》的最後成書時間不會早於秦漢，或者說最大的可能是西漢，但其吸收了早期有關建築營造方面的內容。

0640 李鋒，《考工記》成書西漢時期管窺，鄭州大學學報，1999（2）

【解題】廣泛考察有關兩周都城的考古資料，發現本時期都城布局與《匠人·營國》的內容相去甚遠，說明《匠人·營國》之制形成年代不早於兩周時期。西漢都城長安「旁三門、左祖右社、面朝後市」等布局特徵與《考工記·匠人·營國》記載的都城布局規劃思想完全相同，其形成年代應當在西漢時期。

0641 楊天宇，略述《周禮》的成書時代與眞僞，鄭州大學學報，2000（4）

【解題】對《周禮》周公所作說、劉歆僞造說、作於西周、作於春秋、作於戰國、作於周秦之際、作於西漢略作綜述，認爲作於戰國說較爲允當，並認爲《周禮》原本是未完成的著作。漢人補入《周禮》的《考工記》，亦成書於戰國時代。

0642 陳正俊，《考工記》成文時代探議，裝飾，2002（11）

【解題】《考工記》的「勢」系統比較複雜，其中包括了「陰陽剛（堅）柔」。這裡的陰陽與堅柔是具體的，抽象內涵較少，主要是針對材料而言的。

即便在論及「天時」與「地氣」，也是具體而實在，代表早期的陰陽觀。這種觀點的時代，應早於《老子》、《孫子》、《左傳》。從政治制度及製造工藝看，《考工記》應成於春秋中期甚至前期，其上限可能在春秋早期的齊桓工任用管仲改革之後。

0643　張國安，《周禮》成書年代研究方法論及其推論，浙江社會科學，2003
　　　（2）

【解題】《周禮》編纂始於始皇焚書前，未及完成即遭焚書變故，其作者非諸子流裔而是西周中晚期某個宰官或膳夫的後裔，其書編纂具有創構、追憶、體認的性質；周初舊制新制交叉重疊，尚未形成與「卿事寮」平行的「太史寮」，其寮職司應屬天官系統，「周公爲冢宰攝政」；《周禮》的創構性質意味著《周禮》的編纂，在對「周官」追憶體認的肯定中暗含了對其精神的部分否定，因爲它突出了制度本身的意義，這正是今天的《周禮》研究者應該特別留意的地方。

0644　沈長雲、李晶，春秋官制與《周禮》比較研究——《周禮》成書年代
　　　再探討，歷史研究，2004（6）

【解題】通過對春秋時期列國官制的清理，並以之與西周官制及《周禮》所記載的職官系統仔細比較，可以發現春秋時期的官制較西周時期更接近於《周禮》。《周禮》作者應是一位更熟悉春秋官制的政治設計家，成書年代不會早於春秋末葉，或當在戰國前期。

0645　顧飛，千古懸疑耐人尋味——《周禮》的名稱、作者及成書時代解析，
　　　新世紀圖書館，2005（5）

【解題】試從名稱、作者及成書年代三個角度對《周禮》進行解析，認爲從《周禮》一書的編排體系來看，這一套完整的官制，理想的成分較大，現實的成分較小。它體現了彙編者的大一統思想，這說明該書最有可能是由戰國晚期的人士編寫。統而言之，《周禮》並非一人一時之作，它是三代和春秋戰國時期官制的彙編，具體成書於戰國晚期，寄託了彙編者對華夏統一的渴望。

0646　張玖霞、張社霞，《周禮》作者與成書年代研究綜述，文教資料，2007
　　　（27）

【解題】對百年來的「《周禮》作者與成書年代」研究的成果作一系統的回顧和整理。

0647 賀雙非,《考工記》的年代、作者與價值,湖南城市學院學報,2009（4）
【解題】《考工記》成書於春秋戰國之際,作者絕非一人。

0648 金春峰,《周官》成書的時代再論,傳統中國研究集刊（第八輯）,2009
【解題】近有學者重新提出,《周官》大體本亦周公所作,是「不容置疑的周代行政法典」,至遲成於西周厲宣時代,亦有學者用之為西周史料。作者認為此事關係甚大,很有加以探討澄清的必要;撰文重申《周官》為戰國晚期著作之說,從版圖、分封特點、社會制度與禮法文教四方面予以論證。

0649 王利明,《周禮》成書年代蠡測,山花（下）,2014（7）
【解題】通過對《周禮》成書年代的五種觀點進行剖析,並指出其不合理之處,然後依據《尚書》《左傳》等原典對照分析,得出結論:《周禮》的輪廓出自周公,最終成書則在西周後。

0650 連雯,從方位系統的使用看《周禮》與《爾雅》的成書,南通大學學報,2015（1）
【解題】從方位系統的使用對《周禮》、《爾雅》進行了具體考察,首先梳理方位系統的形成過程,然後考察一般著作對方位系統的應用情況,將《周禮》、《爾雅》對方位系統的使用情況與一般著作相比照。結論:《周禮》大約成書於戰國,作者應是周王室的人;《爾雅》成書於戰國末期,出自齊魯學者之手。

0651 石超,再論《周官》之成書,商丘師範學院學報,2015（5）
【解題】《周官》一書的成書上限晚於《呂氏春秋》之面世,其下限則為「焚書坑儒」與「挾書令」之頒佈。其作者當為荀子後學中秉持「以禮統法」之理念的「正統派」。其所以能被保存與流傳,當歸功於荀子後學中以浮丘伯為代表的「傳經之儒」。

0652 唐啓翠,出土玉器再證《周禮》為漢初之書,上海交通大學學報,2016（5）
【解題】《周禮》自漢初現身以來,其成書年代就爭論不斷,從西周初

年周公之作、戰國中晚期、漢初一直到漢代劉歆、王莽僞作，歷時近千年。其中，戰國中晚期說得到近現代學者的認可。然而面對現代考古學提供的大量新物證，仍須重新審視此懸而未決的瓶頸問題。鑒於玉器在禮制文明傳統和《周禮》文本中無與匹敵的核心地位，以多重證據法系統地對照、分析兩周秦漢出土玉器器類、紋飾、形制、組合等與《周禮》所載之異同，再證《周禮》成書於漢初，最可能即河間獻王時。

0653 曹雪菲，周公與《周禮》關係考辨，蘭臺世界，2016（17）

【解題】首先從《周禮》產生的淵源上來看，周公執政期間所傳世的「周公之典」與「周公之德」，分別在文獻層面與思想層面爲《周禮》的形成奠定了基礎；其次從《周禮》形成的過程上來講，穆、共以降逐漸發展完善的周代禮制，分別在制度層面與實物層面爲《周禮》的產生提供了素材；最後從《周禮》成書的時代上來講，戰國兼併戰爭與諸子學術爭鳴，分別在需求層面與理論層面爲《周禮》的出現提供了契機。

0654 楊朝明，周公之制：《周禮》那些理，學習時報，2018

【解題】「周公作《周禮》」不成問題，孔子言其爲「古」制，尤其不可輕忽。《周禮》的價值體現在文獻、制度等方面，更體現在它具有的思想意義上。《周禮》是研究西周文明的重要橋樑，是理解中國的重要典籍。

0655 唐啓翠、公維軍，「圭璧以祀」三證《周禮》成書於漢初，上海交通大學學報，2018（1）

【解題】《周禮》以其系統而詳備的職官職能、禮儀禮器等記載而成爲一個悖論的存在：後人既援引爲禮制重建的法典和考釋禮儀遺存遺物的主要參考文獻，同時，其眞實性及成書年代又備受質疑，成爲自其漢初現身以來的學術難題。文章系統梳理傳世文獻、出土文獻和祭祀性遺址出土玉器的器類、紋飾、組合、尺寸，聚焦《周禮》記載最爲詳備的「圭璧以祀」的源流承傳及其時代特徵，以多重證據法再證《周禮》成書於漢初。

0656 邱林，孫詒讓「周公作《周禮》」說評析，煙台大學學報，2018（2）

【解題】《周禮》一書於諸經最爲晚出，且記載多有不合之處，因而歷來存在很大爭議。劉歆最早提出《周禮》爲周公致太平之道，經過禮學專家

鄭玄的認可，這種説法後來得到更多的認同，孫詒讓作《周禮正義》也延續此説。爲了彌合「周公作《周禮》」這一默認前提，孫詒讓有時不得不勉爲其説，把歧異之處解釋爲時代差異是最常用的方法。孫詒讓的學術背景、經學立場、個人局限，以及當時激烈的今古文之爭，都是他延續舊説的重要影響因素。

禮記

0657　王仁俊，禮記篇目考，國故，1919（1）

0658　蔡介民，《禮記》成書之時代，新東方，1940（1）

【解題】《禮記》一書，文義糅駁，涇渭合流，既非成於一時，亦非出於一手。考其時代，實非西漢以前之書。班固前已有類似今之《禮記》之禮學叢書，不過內容繁駁不純，《漢志》、《隋志》等所謂《古禮記》、《古文記》者，即爲此書。至於東漢末馬融、盧植等重加刪定，益簡蹠繁，以成今之四十九篇之《禮記》。

0659　蔡介民，《禮記》成書時代再考，新東方，1940（5）

【解題】班固前已有類似今之《禮記》之禮學叢書，不過內容繁簡不純，章節不定。《隋志》、《通禮》等書謂《禮記》爲刪取古禮而成，其實即刪取此無定之禮學叢書也。《禮記》之編纂，由雜匯古今之説，博取累世之文而成。然則其編爲今篇，與今《禮記》無以異者，乃東漢之馬融、盧植也。

0660　高葆光，《禮運·大同章》眞僞問題，大陸雜誌，1957（3）

【解題】《禮運·大同章》所講已與孔子的遺教符合，非孔子不能做此語。《禮運》後半部分文字冗繁，且多談禮，恐怕有荀派後學所增益的；若像篇首可以斷定是孔子所講過的，在新證據未發現以前難以判斷是個贗品。

0661　徐復觀，孔門樂教傳承的典籍——《樂論》與《樂記》的若干考證，中國藝術精神，臺灣中央書局，1966；上海：華東師範大學出版社，2001

【解題】《隋志》中的《公孫尼子》一卷，必是西漢之末（《漢志》上的），或是東漢之末（假定《漢志》上的已亡），由不相干的人所託名雜湊的，而以出自西漢之末的可能性爲最大。《樂記》中關於音樂的理論，正是總結了孔門有關音樂的理論，可能是世界上出現得最早的音樂理論。

0662　楊天宇，《禮記譯注》前言，禮記譯注，上海：上海古籍出版社，1997

0663　許冠三，多元史絡分析法在史料考證上的運用——有關大同書、孔運注撰述年代的幾層分析，香港中文大學學報，1975（1）

0664　蔡振修，《禮運・大同章》篇的作者和時代背景，中國語文，1977（2）

0665　金鐘，關於公孫尼子的《樂記》的斷代和評價問題——兼與《樂記》批註者商榷，人民音樂，1979（7）

【解題】該文認同郭沫若和楊公驥的考證，即現傳《樂記》是戰國初公孫尼所作，而不是西漢劉德及其手下儒生所編纂，先秦時就存在這部完整的系統的宣揚儒家音樂思想的代表作。

0666　孫堯年，《樂記》作者問題考辨，文史，1980（10）；《樂記》論辨，北京：人民音樂出版社，1983

【解題】《樂記》是孔子以後到西漢中期以前儒家論樂的綜合著作，只有在漢武大一統時代才能出現這種著述。《樂記》除末三篇各自獨立，其來源難於具體考定外，其主體部分八篇，具有一定的整體性，其議論非見於《荀子・樂論》，即據《荀子・樂論》引申，或與《荀子・樂論》同一源流。它主要是荀子門下所搜集的材料，所作的記錄與闡說，經毛生等編纂成篇（亦應包括毛生的闡說在內，後來戴聖等或有更動）。他們有些吸收稷下道家一派學說，並以此修改了荀子人性論；有些又接受思孟學說及後來《易傳》思想影響，改變了荀子的天道觀，滲進了性善論。這些都與西漢時代統治思想不可分割。《樂記》除末三篇及《樂施》議論較早出外，其餘議論大部分當出於戰國中期以後，小部分出於西漢。

0667　馮潔軒，《樂記》作者辨——駁《樂記批註》，《樂記》論辨，北京：人民音樂出版社，1983

【解題】《樂記》的基本內容是取自《公孫尼子》，但直至兩漢都不乏「好事者」摻雜進「新」內容去（《樂記》本身的部分內容也可能散失在其他書中）。

0668　蔡仲德，《樂記》作者問題辯證，《樂記》論辨，北京：人民音樂出版社，1983

【解題】《樂記》的成書年代是在西漢武帝時代；《樂記》的作者是西漢河間獻王劉德及其手下以毛生為代表的一批儒生；劉德作《樂記》時，曾廣泛採用《周官》及諸子論樂文字，其中有些文字採自《公孫尼子》，但更多採

自荀子《樂論》等；《樂記》成書後，其中十一篇由戴聖於漢宣帝時編入《禮記》，又有人將該十一篇收進《史記‧樂書》。漢成帝時，王禹曾向朝廷獻二十四卷（篇）本《樂記》，後亡佚；劉向校書，得二十三篇，後亦亡佚，唯有《別錄》所著錄二十三篇篇名及《說苑》所抄錄一千四百餘字流傳至今。

0669　吳毓清，《樂記》的成書年代及其作者──樂記探索之一，《樂記》論
　　　辨，北京：人民音樂出版社，1983

　　　【解題】《樂記》不可能早於《呂氏春秋》，它的成書年代應在漢初或秦漢之際；就其結構之宏大，內容之龐雜來說，《樂記》大概也不是一人所能獨自完成；就其材料來源來看，也是複雜的，不能完全排除其中可能有若干公孫尼子的東西。《樂記》雖然成書於漢，但卻不能說其中的思想都屬於漢人，《樂記》實由漢儒編纂而成，是一部帶總結性意義的著作。

0670　佚名，關於《樂記》的作者與成書年代問題，《樂記》論辨，北京：人
　　　民音樂出版社，1983

　　　【解題】《樂記》成書於漢武帝時代，作者是劉德及其手下的一批儒生。漢武帝以前有不少儒生為了重整雅樂，企圖從理論上說明雅樂的意義，卻都因為沒有「樂經」為依據而未能得逞，直到劉德等所作《樂記》出現後，才解決了這一難題。劉德等作《樂記》之前，不存在系統闡述儒家音樂思想的《樂記》；且《漢書》以前各書都沒有提及公孫尼和《樂記》，因此可推論《樂記》的成書年代不在先秦，而在西漢。《禮記‧樂記》抄《荀子‧樂論》，說明其成書不在《荀子》前的春秋末、戰國初，而在它之後的西漢。《樂記》內容重複的地方很多，表明它不是一個人的專著，而是採《周官》及諸子言樂事者，以作《樂記》。《樂記》中的「動靜」說、「天理人欲」說，是孟軻「性善」論、《中庸》「情之未發已發」說的繼承與發展，《樂記》還有濃厚的「天人感應「色彩，更反映了漢儒的思想。

0671　林政華，《禮記‧檀弓》篇之性質與著成時代，續僞書通考，臺北：學
　　　生書局，1984

　　　【解題】由篇中所記人物證明《檀弓》作於戰國中葉之後，又由篇中所引用古書古語證明《檀弓》作於戰國晚期之後，又由所用語法證明《檀弓》作於秦末，再由《淮南子》之引用證明《檀弓》作於漢武帝之前，得出《禮記‧檀弓》為秦末漢初間儒者所編纂的結論。

0672 徐喜辰，《禮記》的成書年代及其史料價值，史學史研究，1984（4）

【解題】《禮記》成書於漢末，既非成於一時，也不是出於一人之手，乃雜取當時的禮學類書而成。《禮記》雖然不是先秦時代的一部實錄，但其中卻保存著許多那個時期的材料，它在中國古代史研究中的史料價值，至少不在《周禮》、《儀禮》之下。

0673 陳野，從文獻比較中看《樂記》的撰作年代，杭州大學學報，1987（3）

【解題】《樂記》並非全如持西漢說者所認為的那樣思想駁雜、結構混亂，它自有其大致統一的思想主題和內在結構規律。而凡《樂記》與《樂論》、《適音》、《音初》諸篇相同相似的文字段落，均為後者對《樂記》的襲取引用。荀子引用《樂記》的目的，正在於借前人之言以駁墨子，增加自己論述的力量。《樂記》既為《荀子》、《呂氏春秋》所襲，則其撰作於戰國之說自可成立。

0674 陳野，《樂記》撰作年代再辨析，浙江學刊，1987（3）

【解題】劉向《樂記》即為《禮記‧樂記》，它是自戰國流傳的古本，其撰作年代當在戰國。現存《樂記》中確有某些秦漢間思想意識的反映，因為後人的整理傳抄，摻人一些不同時代的觀點見解，本屬難免，在古籍中不乏其例。僅憑某個觀點不可能早在戰國出現為由，否定整本《樂記》撰作於戰國，這種方法是不可取的。

0675 呂驥，關於《公孫尼子》和《樂記》作者考，中國音樂學，1988（3）

【解題】公孫尼子的理論有自己的體系，和荀子不同，《荀子》雖有專門論禮和樂的文論，但並未將禮和樂聯繫起來進行系統地論述，特別是《禮論》多從一些禮儀具體細節方面敘論，和《樂論》對比起來讀時，深深感不是一個作者，不是同一觀點，用相類的方法對禮和樂聯繫起來又各有側重進行理論探索。《樂論》不可能是荀子的著作，很可能是荀況學派的弟子根據荀子反對墨子非樂的學說而編撰的。劉向所校的是另一編《樂論》，現在這篇《樂論》大約是唐以後，原來的《樂論》亡佚以後，被收進來的，所以沒有楊倞的注。

0676 蔡仲德，《樂記》作者再再辯證——與呂驥先生商榷，中國音樂學，1989（4）

【解題】迄今爲止持「公孫尼子作《樂記》說」和持「《樂記》成書於荀子之前說」的論者所提出的全部依據都是不能成立的,《樂記》作者只能是西漢武帝時的河間獻王劉德及其手下以毛生爲代表的一批儒生,而不可能是荀子之前的公孫尼子或旁的什麼人;劉向校本與王禹傳本的不同是篇數、文字上有所不同,而不是作者的不同;劉向校本與《禮記·樂記》在篇次、文字上也有不同,而劉校本早已亡佚,今存《樂記》既不是王禹所傳本,也不是劉向所校太,而是《禮記》所收本。

0677 姜亦剛,禮記成書於西漢考,齊魯學刊,1990(2)

【解題】《禮記》是在西漢刪定成書的,並駁斥了「《禮記》成書於東漢」的觀點。

0678 郭東明,《禮記·檀弓》的作者及其年代,齊魯學刊,1990(4)

【解題】《檀弓》是戰國中期儒家學子薈萃有關聖人師徒行喪禮的傳聞、記事,以期申釋爲禮之要之作。

0679 梁厚意,《樂記》作者辨,星海音樂學院學報,1990(3)

【解題】《樂記》是由河間獻王劉德和毛生等撰輯,成書於漢武帝時代。約在《樂記》成書80年之後,戴聖將其編入《禮記》;又20年後,劉向開始校書,得《樂記》二十三篇入《別錄》。

0680 朱正義、林開甲,關於《禮記》的成書時代及編撰人,渭南師專學報,1991(Z2);人大複印報刊資料(歷史學),1991(12)

【解題】依據《禮記》的授受系統及漢代經學內部今古兩家鬥爭的具體情況肯定漢唐諸儒的説法——《禮記》成書於西漢後期,它的編撰者就是宣帝時的戴聖。簡單地以經學內部的鬥爭爲根據來確定《禮記》的成書時間和編撰人,這一做法既缺乏對今古文經學紛爭的興起和發展過程的具體分析,也沒有顧及到一系列的歷史事實,面臨著許多矛盾。《禮記》非戴聖所傳、成書於東漢的觀點是不能成立的。

0681 蔡仲德,與李學勤先生辯《樂記》作者問題——兼論學術信息交流,星海音樂學院學報,1995(1~2)

【解題】對李學勤《公孫尼子與〈易傳〉的年代》一文「《樂記》爲孔子再傳弟子公孫尼子所作,故《易傳》產生年代還要更早一些,與孔子直接

有關」的觀點提出商榷，對李文提出的十條依據逐一進行辯駁。贊同《樂記》沿襲《易傳》之說，但認爲《樂記》的作者並非戰國初的公孫尼子，西漢武帝時的河間獻王劉德及其手下以毛生爲代表的一批儒生。

0682　楊天宇，論《禮記》四十九篇的初本確爲戴聖所編纂——兼駁洪業所謂「《小戴記》非戴聖之書」說，孔子研究，1996（4）

【解題】《禮記》四十九篇的初本確爲戴聖所編纂，洪業因《禮記》中混有古文從而否認作爲今文禮學博士的戴聖輯有《禮記》，是不能成立的。

0683　南錫憲，《樂記》的思想源流、作者及成書年代考辨，東方叢刊（第 3 輯），1998

【解題】《樂記》中出現《易傳》、《呂氏春秋》、陰陽的思想，可見其成書年代最早也是戰國末年以後；《樂記》中禮樂刑政結合的思想體現著漢代王霸交雜的時代氣息；《樂記》總是摘錄《荀子·樂論》的某些語句或段落，有時只是稍微修改一下使上下銜接；河間獻王爲了恢復雅頌傳統，募集儒生，「採」以《周官》爲首的諸子書中的有關音樂理論的論述，而「作」《樂記》；《樂記》的內容是從先秦諸子書和漢代的思想中汲取的，所以《樂記》中流露出先素諸子的思想和漢代的思想。

0684　葉明春，《樂記》作者及成書年代論爭述評（上），星海音樂學院學報，1999（4）

0685　葉明春，《樂記》作者及成書年代論爭述評（下），星海音樂學院學報，2000（1）

【解題】對自郭沫若 1943 年發表《公孫尼子及其音樂理論》至 1997 年 5 月蔡仲德《〈樂記〉〈聲無哀樂論〉注譯與研究》出版爲止所能見到的文獻作一梳理，以《樂記》作者及成書年代問題的論爭爲線條，就這一問題的歷史和現狀，以及「公孫尼子說」與「劉德說」的考據思路作一評說。認爲「公孫尼子說」（以郭沫若爲代表）與「劉德說」最大的分歧在於對文獻的運用及考據問題，而「公孫尼子說」者持所依據都不能成立，持「劉德說」者所持依據及所作考辨是合理的、正確的。

0686　彭林，郭店簡與《禮記》的年代，中國哲學（第二十一輯），瀋陽：遼寧教育出版社，2000

【解題】《禮記》傳經諸篇年代不離《儀禮》左右；《禮記》通論諸篇當作於戰國；郭店楚簡多屬「古文《記》二百四篇」之列。此外，《禮記》記述《禮經》之外禮制的《月令》、《名堂位》、《文王世子》、《內則》、《曲禮》、《王制》、《少儀》等七篇，《月令》為集《呂氏春秋》十二紀之首章而成，其年代已無爭議；其餘六篇，尚無明證，但也應該是先秦的作品。

0687　孫星群，《樂記》研究百年回顧，中國音樂，2000（4）

【解題】就有關《樂記》的價值、研究現狀、論爭問題、認識論的定性、學科的定位、音樂美學的哲學基礎、雅樂的理論反映等方面羅列眾說，以見《樂記》的百年研究成果。

0688　楊寶山，從郭店竹簡《性自命出》看《樂記》的成書年代，國際儒學研究（第十一輯），2001

【解題】《樂記》中的主要文字成書於戰國時期，而且其作者很可能是公孫尼子；《性自命出》很可能與公孫尼子有關。

0689　家瀋，郭店楚簡《性自命出》與《樂記》，貴州大學學報，2001（2）

【解題】郭店楚簡《性自命出》與今傳《樂記》有許多聯繫，但它不是《樂記》賴以發展的基礎，更不是其原始版本。《樂記》吸取了簡書（或當時的《樂》經）中的一些重要觀點，並對之作了一定的闡發，遠較簡書全面、系統，其問世年代亦當遠後於簡書。簡書不僅提供了一份先秦《樂》經的重要線索與實證，且為解決爭論之中的《樂記》作者和產生年代，提供了一份非常有力的依據。

0690　李昌銘，對於《樂記》的成書年代與作者的質疑，南昌高專學報，2001（4）

【解題】《漢書‧藝文志》提供的史料是基本可信的，《樂記》應是漢武帝時劉德與毛生等人收集《周官》及諸子言樂事者所作，經漢成帝時劉向校書而得。

0691　劉心明，《禮記‧樂記》作於公孫尼之說辨誤，山東大學學報，2002（1）

【解題】該文否定了《樂記》是由公孫尼所撰的觀點，認為《樂記》中的各篇文字究竟來自何處，它們的作者究竟是誰，在現有的資料基礎上，已經難以一一指明，能夠確知的是，《樂記》是由西漢武帝時期河間獻王劉德等

人自儒家經典與孔門後學有關禮樂的論述中擇錄資料彙編而成的。

0692　王鍔，《禮記》成書考，西北師範大學博士學位論文，2004；北京：中華書局，2007

【解題】《禮記》四十九篇都是春秋末期和戰國時期孔子及其學生、後學之作。先秦時它們或單篇流傳，或收錄在某一弟子的著作中，或被編選在儒家弟子傳授的不同「記」文中，作者並非一人，寫作年代前後不一，不能因《禮記》是西漢人戴聖編纂，就把《禮記》四十九篇認爲是漢代的著作。文章從文獻學角度考察《禮記》各篇成篇年代和全書編纂者、編纂時間。大抵如下：《禮記》中春秋末期至戰國前期的文獻有《哀公問》、《仲尼燕居》、《孔子閒居》、《儒行》、《曾子問》、《大學》、《學記》、《坊記》、《中庸》、《表記》、《緇衣》、《樂記》、《曲禮》、《少儀》等十四篇，其中《哀公問》、《仲尼燕居》、《孔子閒居》、《儒行》四篇是孔子的著作，《曾子問》、《大學》是曾子的著作，《坊記》、《中庸》、《表記》、《緇衣》四篇是子思的著作，《樂記》是公孫尼子的著作；戰國中期的文獻有《奔喪》、《投壺》、《喪服小記》、《大傳》、《雜記》、《喪大記》、《問喪》、《服問》、《間傳》、《三年問》、《喪服四制》、《祭法》、《祭義》、《祭統》、《王制》、《禮器》、《內則》、《玉藻》、《經解》等十九篇，其中《奔喪》、《投壺》是《禮古經》之逸篇，《喪服小記》、《大傳》、《雜記》、《喪大記》、《問喪》、《服問》、《間傳》、《三年問》、《喪服四制》九篇是專門論述喪葬禮之作，《祭法》、《祭義》、《祭統》三篇是論述祭祀禮之作，《王制》、《禮器》、《內則》、《玉藻》、《經解》五篇泛論先秦禮制；戰國中晚期和晚期的文獻有《深衣》、《冠義》、《昏義》、《鄉飲酒義》、《射義》、《燕義》、《聘義》、《文王世子》、《禮運》、《郊特牲》、《檀弓》、《月令》、《明堂位》等十三篇，其中《深衣》、《冠義》、《昏義》、《鄉飲酒義》、《射義》、《燕義》、《聘義》七篇是戰國中晚期的文獻，《文王世子》、《禮運》、《郊特牲》三篇是戰國晚期整理成的文獻，《檀弓》、《月令》、《明堂位》是戰國晚期的文獻。《王制》、《郊特牲》、《鄉飲酒義》、《燕義》等個別文獻，有秦漢人增加的文字，但其主體部分仍是先秦之作。

0693　郝明朝，《禮記・樂記》非《王禹記》考，中國文化研究，2004（3）

【解題】通過對《漢書・藝文志》、《漢書・禮樂志》等有關資料的考辯，認爲《禮記・樂記》爲獻王等所作《樂記》的一部分，但《王禹記》決非獻

王等所作《樂記》。

0694　龔敏，《禮記·禮運》篇的作者問題，古籍整理研究學刊，2005（1）

【解題】《禮運》爲周秦之際子游氏之儒所作，其出約稍晚於《繫辭》、《中庸》，而略早於《孟》、《荀》，將儒家從道家、陰陽家中吸取的新天道觀與傳統「禮」論作了一個結合，爲儒家之「禮」尋求形而上的宇宙論根據，且以「禮」作爲達到「大同」社會之構想的途徑，是爲戰國時期儒家中較爲理想和激進的一派，然這一派對個體之人性則較少注意，其內容反映了戰國時期孔門後學中向外發展探求、關注社會人生的弘道派的觀點，與荀子有所接近。

0695　孫星群，《樂記》成書於戰國中期的力證——以湖北郭店楚墓竹簡爲據，天津音樂學院學報，2005（3）

【解題】以郭店楚簡爲據，從多個方面論證《樂記》成書於戰國中期，並對《樂記》與楚簡《性自命出》篇中的性、情、德、道、禮樂等五個問題進行比照。

0696　吳亞文，《禮記》有關篇章作者及成文年代，吉林師範大學學報，2005（4）

【解題】《禮記》及其一些反映思想方面的重要篇章，絕大部分爲戰國中前期儒家的作品，撰成於七十子及後學之手，有些篇章稍晚出，絕不會超過戰國晚期。這些東西經過多渠道流傳，後經二戴刪削編定成書，是對先秦儒學發展的總結與發揮。

0697　薛永武，從先秦古籍通例談《樂記》的作者，文學遺產，2005（6）

【解題】從先秦古籍通例的角度來談，認爲《樂記》成書肇始於公孫尼子，後經先秦歷代諸子的闡釋流變（包括荀子的《樂論》和呂不韋及其門客編寫的《呂氏春秋》），最後由劉德、毛生等人「共採《周官》及諸子言樂事者」編撰或編著了《樂記》文本。

0698　富世平，《樂記》的撰作年代與作者問題研究述評，圖書館雜誌，2005（7）

【解題】《樂記》「非一人一時之作」。

0699　王鍔，清代《王制》研究及其成篇年代考，古籍整理研究學刊，2006（1）

【解題】《禮記・王制》「古者以周尺八尺爲步」以前的經文部分，大概寫成於戰國中期，與郭店楚簡寫作的年代相近。「古者以周尺八尺爲步」以後，顯然是秦漢人解釋前面「經文」部分的文字，在劉向父子整理圖書以前，《王制》原文和解釋文字已經抄寫在一起，成爲目前我們看到的樣子。

0700　龍珲，二十世紀《樂記》研究綜述，黃鍾（武漢音樂學院學報），2006（2）

【解題】就「關於作者與成書年代問題」、「《樂記》整個思想體系的哲學基礎」、「《樂記》中的音樂美學思想」三個方面，對 20 世紀的《樂記》研究做了個綜述。

0701　王鍔，《禮記・曲禮》成篇年代考，南京師範大學文學院學報，2006（3）

【解題】將《曲禮》與《儀禮》、《大戴禮記》、《孝經》、《孟子》、《荀子》、《韓詩外傳》、《新書》以及郭店楚簡《尊德義》等文獻中的相關文字進行對比研究，認爲《曲禮》成篇於春秋末戰國初，整理編集者可能是曾子或其弟子。

0702　劉躍進、孫少華，漢初《禮記・樂記》的版本材料與成書問題，古籍整理研究學刊，2006（4）

【解題】《樂記》一名及其各篇的得名與最後成書，當在漢武帝之時，當時關於此書的材料早有流傳。版本最早且以《樂記》爲名的編訂者，亦爲漢武帝時代的人，河間獻王等人的可能性最大，但他們只能算《樂記》材料的轉述者或編定者，而非撰作者。今本《樂記》的成書時代也在漢武帝時期，其最後編定者爲戴聖。之後，劉向對《禮記》中的《樂記》又有增益，惜其本不傳。今本《樂記》成書之後，後人基本上未對原始材料進行較大改變，《史記・樂書》中保存的材料完全可以證明這一點。

0703　王鍔，春秋末期儒者德行和《儒行》的成篇年代，中國典籍與文化，2006（4）

【解題】《儒行》是孔子之作，很可能是由當時在場的魯國史官記錄後，經孔門弟子整理而成，成篇於春秋末期至戰國前期。

0704　趙德波，再論《樂記》的作者與成書年代，北京化工大學學報，2007
　　　（2）

　　【解題】現存的史料記載無法確定《樂記》的作者和成書年代，進而通過對文本文獻的比較並輔之以出土文獻研究的新成果進行了新的推斷。結論是：《樂記》並非成於一人一時，其大部分的原始篇章應出於孔門「七十子後學」之手，且其大部分篇章應成於《荀子‧樂論》之前，後雖經秦漢儒生的潤色加工和部分的附益，但其材料的性質沒變，主要反映了春秋末年到戰國中後期的儒家文藝美學思想。

0705　王鍔，《禮記‧禮器》的成篇年代，古籍整理研究學刊，2007（5）

　　【解題】根據《禮器》的內容，並與《周禮》、《儀禮》、郭店楚簡等記載進行對比，認為該篇作者可能是齊國人，子路弟子或後學，撰寫時間在戰國中期，《孟子》成書以前。

0706　王雲飛，《禮記》史料價值及其寫作年代探析，重慶社會科學，2007（9）

　　【解題】《禮記》是漢儒集體編寫的漢代太學的教材，主要內容是先秦典籍，某些內容為漢儒假託前人如孔丘的言論；其成書年代應在漢朝，書中有援墨入儒的內容，某些篇幅是武帝至宣帝時的論文；從《曲禮》、《王制》、《月令》和《燕義》等篇描寫的大一統局面看，文章多為漢武之後言論。

0707　黃娜、潘斌、鄭雨欣，《禮記》成書再考，四川教育學院學報，2007（11）

　　【解題】《隋書‧經籍志》的相關記載並不能成為《禮記》並非戴聖所纂集的證據；漢代今古文之爭多為利祿之爭，而非學術之爭，所以戴聖纂集《禮記》時收入古文經作品是完全可能的；《漢書‧藝文志》所記載的「記百三十一篇」便包括《禮記》四十九篇。

0708　譚德興，論《樂記》的成書及其材料的時代特徵，貴州大學學報，2008
　　　（6）

　　【解題】《樂記》成書於漢初，由河間獻王劉德與毛生等編纂，漢代其他幾種《樂記》皆源於劉德《樂記》。劉向《樂記》就是劉德《樂記》，這是皇家秘府所藏本，與士大夫王禹的《樂記》傳本存在一定差異。現存《樂記》十一篇體現出強烈的雜採特徵，編纂者不僅大段抄引「諸子言樂事者」，對其他典籍不言樂事的內容也通過改造融入《樂記》之中，上限可溯至戰國初期，

下限則截至戰國末期。

0709　鍾仕倫，《樂記》作者考論——讀《金樓子·說蕃》，文獻，2009（2）
　　　【解題】《金樓子·說蕃》關於《樂記》爲河間獻王的説法不無道理。
沈約所説的「《樂記》取《公孫尼子》」，應理解爲河間獻王編《樂記》時，「裙
拾」、「編次」、「引用」了《公孫尼子》，如同《樂本》篇取《荀子·正名》、《榮
辱》、《樂論》等篇，《樂禮》篇取《易·繫辭傳》等，其目的在於「綜理古文，
宣明舊義」。沈約的話反倒可以證明《樂記》的作者即是河間獻王劉德。

0710　田君，公孫尼子與《樂記》新考，交響（西安音樂學院學報），2009（3）
　　　【解題】從學術史角度梳理有關公孫尼子的歷史文獻，爲《樂記》成書
時代提供新的視角。公孫尼即公孫龍，在子夏以後，孟、荀之前，是春秋戰
國之際儒家學派傳人，公孫尼與古本《樂記》篇之形成關係甚密。

0711　李廣贊、閆沖，《樂記》成書題外辨，樂府新聲（瀋陽音樂學院學報），
　　　2009（3）
　　　【解題】「《樂記》的作者是河間獻王劉德及手下眾儒生」的假設是可以
成立的。

0712　張磊，《曾子》源流與《大戴禮記》「曾子十篇」，古籍整理研究學刊，
　　　2009（3）
　　　【解題】西漢戴德將《曾子》書整理成至少十篇後編入《大戴禮記》；
劉向將《曾子》書整理爲「十八篇」，並記入《別錄》，亦即《漢書·藝文志》
著錄的「《曾子》十八篇」，該書至遲在南朝、隋之際就亡佚了。

0713　劉光勝，《大戴禮記》「曾子十篇」研究綜述，中國史研究動態，2010
　　　（3）
　　　【解題】長期以來人們拘泥於《曾子》十篇晚出的説法，對曾子的研究
只是依靠《論語》、《孟子》、《禮記》等文獻記載，造成了對曾子思想的嚴重
誤讀。上博簡《內禮》的出土，證明《曾子》十篇晚出的説法不能成立，因
此將《曾子》十篇和出土文獻結合起來，重新審視曾子的學術思想，糾正學
界研究的偏頗，是當前一項非常緊迫的任務。

0714　張小蘋，《禮記·樂記》非作於西漢考，四川師範大學學報，2010（4）

【解題】目前持《樂記》成於西漢者，所依據的材料主要是《漢書·藝文志》所記河間獻王曾作《樂記》、桓譚引《樂記》有竇公見文帝事及應劭《風俗通》引《樂記》有武帝時丘仲製笛事。根據《漢紀》所錄劉向語，認為《禮記·樂記》當是古文書，撰作年代應在秦始皇三十四年焚書之前。

0715 肖磊，《樂記》作者問題新論，中南大學學報，2010（5）

【解題】關於《樂記》的作者，自古以來爭論紛紛而無定論。從六經的含義及其流傳入手，從學術背景上對《樂記》的作者問題進行深化，可知該問題的爭論可能是一個難以有結果的結果；而以「治道」為中心要義對《樂記》思想進行挖掘和整合，才是最重要的。

0716 王偉、楊和平，《樂記》作者及成書年代研究綜述，文教資料，2010（6）

【解題】就《樂記》的成書年代和作者問題中的「戰國時期的公孫尼子當為《樂記》作者」和「《樂記》是由西漢的河間獻王劉德及其手下以毛生為代表的一批儒生共同編纂而成」兩種說法，對學界半個世紀有餘的討論，擇其要點進行綜述。

0717 葉國良，二戴《禮記》編纂的幾個問題，齊魯文化研究，2011

【解題】由於《儀禮》一書偏重士禮，內容不完整，不足以滿足當時階級社會的需求，因此后倉用「推士禮而致於天子」的辦法以求彌補，而其弟子戴德、戴聖則編纂二書，作為講授《儀禮》的補充教材；至於篇章的來源，則擷取自當時能見到的與禮有關的篇章，包括《禮》古經、各種「記」及若干子書。並辯駁了「小戴《禮記》的篇章取自大戴」、「二戴《禮記》的編者不是戴德、戴聖」、「二戴《禮記》的編纂是為了建構治國道術的禮學論述檔案櫃」等說法。

0718 張磊，《大戴禮記》「曾子十篇」為曾子遺說——以《論語》中曾子言論為參照，齊魯文化研究，2011

【解題】以《論語》中的曾子言論作為支點，將「曾子十篇」與之作比較研究，發現「曾子十篇」同《論語》中的曾子言論在思想上一致，只是「曾子十篇」中曾子言論更為豐富。據此推斷，曾子遺說經由曾子門人弟子輯錄成書，到西漢時期由學者戴德整理，收入《大戴禮記》一書之中。

0719 劉光勝，《大戴禮記·曾子》分篇問題新探，深圳大學學報，2011（1）

【解題】從思想核心、對待生死的態度、人生境界、道德修養內容及目標等方面分析了《曾子》十篇的內在思想矛盾，主張《曾子》十篇應劃分爲內、外、雜篇，《曾子立事》、《曾子制言》（包括上中下三篇）、《曾子疾病》五篇爲內篇，《曾子大孝》、《曾子立孝》、《曾子本孝》、《曾子事父母》四篇爲外篇，《曾子天圓》爲雜篇；而不同篇章之間內在的思想矛盾，可能是成書於不同弟子造成的。

0720　楊合林，從書寫方式推測《史記・樂書》的來源——兼說《樂記》成書的時代，湖南大學學報，2011（4）

【解題】通過比較發現《樂記》現存的兩個文本（《禮記・樂記》和《史記・樂書》），發現文字書寫多有不同，但書寫方式卻有高度的一致性。並推測今本《樂書》雖是由後人補入《史記》的，但其中的《樂記》文本卻有可能曾爲司馬遷所親見並經手，或爲司馬遷爲撰寫《樂書》收集、準備的原始資料。《樂記》應是傳自先秦的一種關於禮樂文化的古文獻，它在西漢多本並存、分途傳播的事實也可證明此點。

0721　姚春鵬、姚丹，從郭店楚簡再論《樂記》成書年代，孔子研究，2011（4）

【解題】依據儒家文獻，結合新出土的郭店楚簡《性自命出》等資料，通過對氣論、禮樂論哲學思想的發展，以及對荀子《樂論》與《樂記》所反映的時代精神風貌的差異三方面的研究，認爲尚不能根據新出土的郭店楚簡得出《樂記》爲孔子弟子或再傳弟子公孫尼子所作的結論，《樂記》成書於漢代與作者爲河間獻王劉德的看法是可取的。

0722　張小蘋，從《呂氏春秋》看《樂記》部分篇章的成書年代及其佚篇，西南交通大學學報，2011（5）

【解題】通過考察《呂氏春秋》仲夏、季夏二紀中的八篇文章與《禮記・樂記》相同的內容，認爲《樂記》中的《樂本》、《樂言》、《樂象》等篇在《呂氏春秋》撰寫前已經基本成書。而結合其他傳世典籍中的相關記載，可以推測《呂氏春秋》仲夏、季夏二紀可能還保存了《樂記》十二佚篇中的《樂作》、《說律》與《意（音）始》篇。

0723　孫德華，試論《樂記》的作者及與子思學派的關係，聊城大學學報，

2012（5）

【解題】從傳統文獻與出土文獻兩個角度進行考察，認爲應該是《荀子·樂論》參考了《樂記》或《性自命出》，而不是相反；《樂記》的成書年代早於《荀子·樂論》，最有可能的作者是公孫尼子，屬於子思學派的作品，可以納入子思學派研究的考察對象。

0724　甘良勇，《大戴禮記》研究，浙江大學博士學位論文，2012

【解題】第一章爲「戴德與《大戴禮記》」，第二章爲「《大戴禮記》佚篇考實」，第三章爲「《大戴禮記》中的禮類文獻」，第四章爲「《大戴禮記》中的學類文獻」，第五章爲「《大戴禮記》中的政類文獻」，第六章爲「觀像識人的變遷——從《大戴禮記》到九品官人法」。

0725　叢月明，《禮記》的來源篇章及其撰寫時代考證，文藝評論，2013（10）

【解題】《禮記》各篇章似應在戰國時期陸續撰寫而成，但其篇章竄入前後時代的史實或思想觀念的情況是普遍的，甚至有一些篇章就是一些非本時代的資料的彙集，與其撰寫成文的時代關係比較疏離。這些因素使得《禮記》撰寫時代的確定，至少在當前成爲了一項不可能的工作。

0726　張厚知，《禮記·儒行》成篇考論，古籍整理研究學刊，2014（6）

【解題】考察《儒行》成篇的生成背景，認爲《儒行》並非孔子自衛反魯答哀公之問而作。理由是孔子之時「儒服」的觀念尚未形成，不能成爲二人對話的引子；相關文獻中魯哀公對孔子向來是禮敬有加，不會以戲謔的態度問孔子：假借他人之口發自己的議論在當時已較常見，《儒行》正是孔門後學在受到輕視指責時，假託孔子之口所作的自我辯護的宣言。

0727　呂友仁、呂梁，「天地君親師」溯源考——兼論《禮記》的成書時代，河南師範大學學報，2015（3）

【解題】「天地君親師」源出《禮記·禮運》，因爲《荀子》中的五字缺少「親」字，而《禮記》則不缺；而《禮記》成書早於《荀子》，這在郭店簡、上博簡出土問世以後已經成爲學界共識。

0728　寧鎮疆，從古書形成過程看諸書「互見」的類型學問題——以《禮記·喪服四制》篇形成爲例，學術月刊，2015（1）

【解題】《禮記·喪服四制》篇相較《大戴禮記·本命》《孔子家語·本

命解》多出的內容，都當係後人妄增或注文混入。三書中的「喪服四制」節，《禮記》系統大失本貌，糅合進不少晚出的東西。但「喪服四制」節從大戴、《家語》中的尚未獨立，到《禮記》系統中自爲一篇，亦顯示在小戴傳習者那裡其影響日隆。三書之中的「互見」，從「頂層」到「細部」，表現爲諸多不同的類型，這表明諸書之間的「互見」關係是非常複雜的，因此相應的「類型學」區分尤爲必要。

0729　丁鼎，《禮記・月令》與「齊學」的關係——《禮記・月令》的作者與成篇時代再探討，海岱學刊，2016（2）

【解題】關於《禮記・月令》的作者與成書時代的八種觀點中，容肇祖與胡適等人所主張的鄒衍所作說較爲可信。有鑒於《禮記・月令》中所蘊含的陰陽五行思想與鄒衍的思想體系非常接近，因此認爲容肇祖與胡適等人將《禮記・月令》與《呂氏春秋》十二紀等看作是脫胎於鄒衍作品的論斷是很有見地的。即使還不能斷言《禮記・月令》必定出於鄒衍之手，最起碼可以肯定《禮記・月令》是戰國陰陽家的一篇重要著作，可以認定《禮記・月令》出於「齊學」，是一部屬於齊文化的文獻典籍。

朱子家禮

0730　陳來，朱子《家禮》真僞考議，北京大學學報，1989（3）

【解題】梳理宋明至當下的關於《家禮》的討論，考定今《家禮》一書中之祭禮部分確爲朱子所作，而《語類》中「某今所定冠昏之禮」、「某向定昏禮」是指曾有《家禮》一書，而不只是行於私家之禮數。又從黃榦、朱在及朱門其他高弟對《家禮》直信不疑的態度和呂氏《家範》保留的朱子祭儀的材料推定——《家禮》確爲朱子所著。因爲《家禮》的完成當在張南軒、呂東萊二人死後，此時朱子已無可以討論的親密朋友，故此後未曾與人論起。

0731　〔韓〕盧仁數，朱子家禮與韓國中禮學，北京：人民出版社，2000

0732　湯勤福，朱熹《家禮》的真僞及對社會的影響，宋史研究論叢，2010

【解題】《家禮》爲朱子所作；《家禮》在南宋以後產生了巨大影響。

0733　周鑫，《朱子家禮》研究回顧與展望，中國社會歷史評論（第十二卷），2011

【解題】從《朱子家禮》成書之真僞、《朱子家禮》與《書儀》之比較、

《朱子家禮》文本之傳佈、《朱子家禮》祠堂制度之推行與祭祖禮儀之展開四個問題出發，回顧檢討既有研究成果，並就諸問題的未來前景及《朱子家禮》研究的整體方向提出具體意見。

0734 〔日〕吾妻重二，朱熹《家禮》實證研究——附宋版《家禮》校勘本，武漢：華東師範大學出版社，2012

0735 呂振羽，《家禮》源流編年輯考，華東師範大學博士論文，2013

0736 毛國民，《朱子家禮》真偽考的歷史回顧與探索，現代哲學，2018（1）

【解題】縱觀《家禮》真偽學術爭論史，偽本論最關鍵人物是王懋竑、最焦點的文獻是《家禮考》；真本論者惟有翻越王氏及其《家禮考》，才可能確立「《家禮》乃朱子書」之言。本文在邱濬、夏炘等前人的研究基礎上，進一步補充和反駁王氏觀點，並提出一些新證，如手書《家禮序》筆跡對照、《家禮》核心內容並不悖逆《儀禮》主旨、無「深衣之續衽鉤邊」「喪服闕領」「婦人不杖」等常識錯誤等。這些新證將指向「《家禮》乃朱熹早年草創之作」。

0737 陳峰、肖永明，王懋竑《家禮》辨偽的邏輯進路與思想意義，現代哲學，2018（5）

【解題】《家禮》是否為朱熹所作，是元明以來儒者聚訟紛紜的學術公案。清儒王懋竑以精於朱學著稱，撰作《家禮考》《家禮後考》《家禮考誤》諸篇以證《家禮》非朱熹之書，在清代學術史、朱子學研究領域影響深遠。近百年來，學者雖多反駁王懋竑之說，卻對王懋竑辨偽《家禮》的邏輯進路缺乏完整清晰的瞭解。王懋竑辨偽《家禮》的邏輯進路包括徵於古今禮書、驗諸人情風俗、考之朱熹行年等三方面。王懋竑將相關史料置於具體時空背景下進行考辨，對還原朱熹禮學思想的發展過程具有重要意義。

其他

0738 劉千惠，吳澄《三禮考注》之真偽考辨，中國學術年刊，2012

【解題】從著錄與版本、體例與內容兩方面加以考察，並與《禮記纂言》相對照，從文字表達來看，《三禮考注》文字較為粗略，而《禮記纂言》文辭精當；就注釋內容而言，《三禮考注》注解較為簡省，且與《禮記纂言》態度明顯有所不同；就內容分類來看，《三禮考注》與《禮記纂言》、《儀禮逸經傳》多有不同，由此推論《三禮考注》一書實非吳澄所作。

0739　徐道彬,《昏禮從宜》辨僞,中國典籍與文化,2013（4）

【解題】從版本著錄、文獻内證和思想違異三方面論證《昏禮從宜》一書雖不能確認作者,但絕非江永所作。

0740　陳士銀,方苞對劉歆竄經的質疑——以《禮記析疑》爲主要討論範圍,中國典籍與文化,2016（4）

【解題】方苞《禮記析疑》一書質疑《禮記》部分内容屬劉歆增竄,尤其是「周公踐祚」部分,旨在爲王莽篡漢張本。對於方苞的質疑與論證,《四庫全書總目》、《新學僞經考》、《劉向歆父子年譜》等諸家的處理,或流於表面,或處之漠然,或過於嚴苛,皆失公允。通過對《文王世子》、《明堂位》、《大傳》、《雜記》、《祭統》等《禮記》篇目經文的重新整理,方苞力辨周公踐祚之誣、武王夢帝與九齡之妄、成王幼弱之失實,並指出劉歆是以緯書解經的始作俑者,降服等增竄,也意在阿附王莽。

春秋類

春秋左傳

0741　章太炎,春秋左傳讀,章太炎全集（第 2 冊）,上海：上海人民出版社,1982

【解題】於首篇通過考察丘姓與左丘明身份,認爲丘明其氏與名也,左氏其官也,左氏即左史氏,猶言太史氏。又因《韓非・外儲說右上》曰：「吳起,衛左氏中人也。」認爲：左氏者,衛邑名。《左氏春秋》者,固以左公名,或亦因吳起傳其學,故名曰《左氏春秋》；或曰本因左公得名,及吳起傳之,又傳其子期,而起所居之地爲《左氏》學者群居焉,因名其地曰左氏。

0742　章太炎,春秋左傳讀敘錄,章太炎全集（第 2 冊）,上海：上海人民出版社,1982

【解題】該書爲反駁劉逢祿《左氏春秋考證・後證》而作,論證《左氏》「稱傳之有據,授受之不妄」。

0743　章太炎,春秋左傳疑義答問,章太炎全集（第 2 冊）,上海：上海人民出版社,1982

【解題】太炎先生於《春秋》左氏學用力至多,該書爲其晚歲之作,「爲

三十年精力所聚之書」。

0744 劉師培，周季諸子述左傳考，劉申叔遺書・左庵集卷二，南京：江蘇
　　　古籍出版社，1997

【解題】考諸子文獻關於《左傳》的內容，與《左傳》互證，對《左傳》
進行研究。

0745 劉師培，左氏學行於西漢考，劉申叔遺書・左庵集卷二，南京：江蘇
　　　古籍出版社，1997

【解題】考察《左傳》在西漢的流傳情況，意在證實《左傳》於西漢廣
爲流傳。

0746 劉師培，司馬遷《左傳》義序例，劉申叔遺書・左庵集卷二，南京：
　　　江蘇古籍出版社，1997

【解題】司馬遷所據之《春秋》爲《左傳》而非《公羊》。

0747 〔瑞典〕高本漢著，陸侃如譯，左傳眞僞考，上海：新月書店，1927；
　　　左傳眞僞考及其他，上海：商務印書館，1936；左傳論文集，臺北：
　　　木鐸出版社，1976

【解題】該書分上、下兩篇。上篇駁斥今文經學及康有爲《新學僞經考》，
證明《左傳》不是劉歆僞造，而是秦焚書以前之著作；下篇由文法之分析，
以《論語》、《孟子》代表屬於魯地語言之書，求其虛字用法，以與《左傳》
相比，謂魯語與《左傳》不同，則著《左傳》者非用魯語之人。推廣其法，
更以《左傳》與《論語》、《孟子》、《詩》、《書》、《莊子》、《國語》各書相比，
斷謂《左傳》與《國語》文法相近，而不盡同，《左傳》非抄襲《國語》以成
書。《左傳》與其他各書文法之離異甚多，非後人模仿古書文法以僞著《左傳》。
又以《史記》與《左傳》相比，而知《左傳》已出於《史記》之前。以《左
傳》與漢初書相比，見其文法不同，因知《左傳》當成於漢前。以《莊子》、
《呂氏春秋》、《戰國策》、《荀子》、《韓非子》各書相比，與公元前 3 世紀文
法一致，而此復與《左傳》文法不同，故疑《左傳》成書於公元前 3 世紀之
前。又以《左傳》迄於魯哀公二十七年，故斷其書當成於公元前 468 至 300
年之間。

0748 林語堂，《左傳》眞僞與上古方音，語絲，1928（27）；語言學論叢，

上海：上海書店，1989

【解題】高本漢最大的貢獻在於證明《左傳》的語言有前後一律的特殊文法，又從中國古音考察，列舉十五條證據，證明《國語》與《左傳》是同一方音，認爲《國語》就是《左傳》割餘物。

0749　衛聚賢，古史研究，上海：新月書店，1928

【解題】《春秋》的作者是孔子，《左傳》的作者是子夏，《國語》的作者是左丘明。

0750　陳景聖，《左傳》之眞僞問題，國學叢刊，1929（1）

0751　顧頡剛，五德終始說下的政治和歷史，清華大學學報，1930（1）；古史辨（第五冊），北京：樸社，1935

【解題】漢武帝去世後，國運日頹，社會上又冒出許多異說，其中值得關注的是「漢爲堯後」與「漢爲火德」兩個命題，它們背後的理論體系已經由五行相勝轉變爲五行相生，並且都帶有禪讓或再受命的現實政治目的。爲了彌縫這一學說與其他文獻的矛盾，劉歆不惜遍僞群經，《左傳》亦其一也。

0752　錢穆，評顧頡剛五德終始說下的政治和歷史，清華學報，1930（1）

【解題】無論是政治還是學術，從漢武帝到王莽，從董仲舒到劉歆，只是一線的演進和成長，絕非晚清今文學家和疑古派所說必有一番盛大的僞造和突異的解釋，疑古派不必將這種變異歸罪於劉歆。

0753　錢穆，劉向歆父子年譜，燕京學報，1930（7）；兩漢經學今古文平議，北京：商務印書館，2001

【解題】以《漢書》爲基本史料來源，「縷舉向歆父子事蹟，及新莽朝政，條別年代，證明劉歆並未竄改群經，《周官》、《左氏傳》二書皆先秦舊籍，而今古學之分在東漢以前猶未彰著，列舉康氏之說不可通者二十八端」，力闢晚清今文家說，尤其痛駁康有爲的《新學僞經考》。

0754　〔美〕卜德，《左傳》與《國語》，燕京學報，1934（16）；續僞書通考，臺北：學生書局，1984

【解題】首先考察出《左傳》、《國語》引《詩經》次數多寡，以及使用語彙「帝」、「上帝」次數多寡懸殊的情況，既而針對錢玄同認爲兩書爲一書分化的八條證據予以反駁，指出：「這兩部書的宗旨是不同的。《左傳》是一

部有系統的歷史記載,故能表示一年一年的政治上的大事;然而《國語》不是通史,它只是好些演說詞的合編,所以容易含有許多不正確的傳聞,而不必用歷史的觀念對於大事作系統的記載。」通過《國語》與《左傳》都有記載的六件事,指出:「有的部分是從同樣的史料裏取出的,或者是彼此相借用的,故同事而同文;有的部分是從不同史料裏取出的,故同事而異文;還有這一作者得到一部分很豐富的史料,能作暢盡的記載,而那一作者則全未得到,以至不能下筆。無論如何,一個人決不能從一部原有的書裏著成或改成兩部書。」

0755 黃子雍,珂羅倔倫《左傳眞僞考》駁議,國立四川大學季刊,1935(1);
斯文,1943(10~11)

【解題】高本漢《左傳眞僞考》惟考《左傳》言詞異於魯語,因謂作者本非魯產,無與孔門,徵之「于」、「於」,以爲確乎不拔,其實蔽於一曲,撰文商訂其失,以爲不通乎聲音之道、字例之條,不足以論詞言。

0756 楊向奎,論《左傳》之性質及其與《國語》的關係,(北平研究院)史學集刊,1936(2);中國古代社會與古代思想研究上冊,上海:上海人民出版社,1962

【解題】上篇從書法及解經語、凡例、「君子曰」、《左傳》古本說等幾個方面,討論《左傳》的性質;下篇專論《左傳》與《國語》的關係。首先總結已有研究成果,其次討論《左》、《國》體裁的不同,一方面指出《左傳》多記行,《國語》多記言,另一方面又指出:「言行本爲一致,求其記言而不記行,或記行而忘言,本不可得。故《左傳》之中不能毫無言論之記載,《國語》亦未能滿幅空言。」最後通過徵引西漢以前對《左傳》、《國語》的不同稱謂,證二書非一書分化。

0757 莫非斯,《春秋》和《左傳》的關係,考古社刊,1937

0758 孫次舟,《左傳》《國語》原非一書證,責善,1940(4);續僞書通考,臺北:學生書局,1984

【解題】據典籍所載劉向校書情形,指出《漢志》著錄之《新國語》蓋爲劉向重行編定之本,故冠以「新」字。而《國語》與《新國語》篇數相差許多,是由於《新國語》爲劉向重編時有所增益的結果。批評康有爲不明古書流傳情形,王莽亂後,《新國語》未傳於東漢,是無足怪異的。又指《國語》

經歷代儒者損益，存於今者，當係殘篇斷簡，非復完璧。批駁錢玄同的錯誤主要在於，不知兩書一重記事、一重記言的重大區別；不知兩書本不同科，《左傳》猶後世之正史，而《國語》則雜史之流等等。文章後面的部分則對兩書細加比較，指出《國語》、《左傳》不僅文筆、體裁不類，言事亦多歧異，即或所記之事相同，而字句亦頗不同。而《史記》所載春秋時事，往往兩書兼取；遇歧異處，則多從《左傳》。這些都足可證明《國語》、《左傳》非一書之分化。

0759　蕭宗訓，評「左傳眞僞考」及其他，文史季刊，1941（2）
　　　【解題】對高本漢《左傳眞僞考》以及胡適、衛聚賢的觀點進行商榷，認爲：《左傳》爲依據魯國史而作，並非繫傳體；著者是親見孔子的左丘明作，而非其後之魯君子，亦非晉國人；其書有後人補葺，而完成於威烈王元年以後。

0760　劉節，《左傳》《國語》《史記》之比較研究，說文月刊，1944
0761　葉華，《左傳》之編者時代問題，龍門雜誌，1947（2）
0762　牟潤孫，左丘明傳《春秋》考，民主評論，1953（11～12）
0763　徐道鄰，《左傳》著者問題的商榷，民主評論，1953（15）
0764　錢穆，孔子與《春秋》，（香港大學東方文化研究院）東方學報，1954
　　　（1）；兩漢經學今古文平議，北京：商務印書館，2001
0765　郭沫若，述吳起，青銅時代，北京：人民出版社，1954
　　　【解題】最後一節談到，左丘明者即左丘盲，亦即楚國左史倚相。所謂《國語》不必爲左史一人所作，其所作者或僅限於《楚語》，所謂《檮杌》之一部分。吳起去魏奔楚而任要職，必早通其國史；既爲儒者而曾仕於魯，當亦曾讀魯之《春秋》；本爲衛人而久仕於魏，則晉之《乘》亦當爲所嫻習。然則所謂《左氏春秋》或《左氏國語》者，殆本吳起就各國史乘之所纂集而成邪？吳起乃衛左氏人，以其鄉邑爲名，故其書冠以「左氏」。後人以左丘明當之，而傳授系統中又不能忘情吳起，或即此故。

0766　徐中舒，《左傳》的作者及其成書年代，歷史教學，1962（11）；中國史
　　　學史論集，上海：上海師大出版社，1980；宋代文化研究，2005
　　　【解題】《左傳》出自左丘明的傳誦，《左傳》文章就是以這樣的傳誦作爲藍本，後來筆錄成《語》，最後又在子夏門下長期講習中，由子夏一再傳弟

子搜集更多的文獻，排比整理，剪裁潤色，編寫成書，成書年代當在公元前375 年～公元前 351 年。

0767　張以仁，從文法、詞彙的差異證《國語》、《左傳》二書非一人所作，中研院歷史語言研究所集刊（第 34 本），1962；續偽書通考，臺北：學生書局，1984

0768　蔣立甫，《左傳》的作者及成書時代考辨，文學遺產增刊（第十四輯），1964

【解題】《左傳》從《國語》中分出說不能成立；韓非採用《左傳》的史料不容否認；雖然其中有後人附益的成分，但總體是左丘明所作，成書略後於《春秋》，大約總不出哀、悼之間。今本《左傳》已不是漢代舊本，而是經過了杜預改編，如果從中刪除經文及解經語句、附會時事的話，再按照記事本末連綴因編年而拆散的傳文，接近司馬遷所見的舊本《左氏春秋》。《左傳》本名《左氏春秋》，原來不專主《春秋》而發，但因它與《春秋》所記述的爲同一時期的歷史大事，成書時間又相近，左丘明其人與孔子又有一定接觸，因此其書大部內容可視作《春秋》的本事；另一方面因其不是專傳《春秋》的，又存在「無經的傳文」或「有經無傳」的現象。

0769　徐復觀，《春秋左氏傳》若干糾葛的澄清，兩漢思想史，臺北：學生書局，1976；上海：華東師範大學出版社，2001

【解題】稱《左氏傳》爲《春秋》，今日可以考見的，當始於韓非；《韓非子》全書引自《左氏傳》或出自《左氏傳》者，有二十三條之多，甚至有兩條有「故《春秋》記之曰」，是韓非稱《左氏傳》爲《春秋》的鐵證。《韓非子》中亦引有不少《國語》的材料，但決找不出稱《國語》爲《春秋》的痕跡。此外，《難四》所引「君子曰：昭公知所惡矣」，即《左氏傳》的「君子謂昭公知所惡矣」，由此可以證明《左氏傳》中的「君子曰」爲原書所固有，進而否定「《左傳》爲劉歆所僞造」的說法。

0770　徐仁甫，馬王堆漢墓帛書《春秋事語》和《左傳》的事、語對比研究——談《左傳》的成書時代和作者，社會科學戰線，1978（4）

【解題】通過避諱、史事、詞語的比對，認爲《春秋事語》在《左傳》之前，其事實多見於《左傳》，其詞語多不見於《左傳》，《左傳》作者只是採其事實，而略其詞語。劉歆行文用字與《左傳》相合，當爲劉歆僞託。今按：

此說難以成立。

0771　徐仁甫，《左傳》的成書時代及其作者，四川師院學報，1978（3）

　　【解題】一、《左傳》和《國語》並非一人之作；二、《左傳》成書在《呂氏春秋》和《韓非子》之後；三、《左傳》成書在《公羊》和《穀梁》之後；四、《左傳》成書在《史記》之後；五、《左傳》成書在《新序》、《說苑》、《列女傳》之後；六、《左傳》的思想內容具有西漢時代的特徵；七、《左傳》成於劉歆之手。今按：此說難以成立。

0772　徐仁甫，左丘明是《左傳》還是《國語》的作者，社會科學研究，1979（3）

　　【解題】左丘明是《國語》的作者，《左氏春秋》原名《春秋國語》，「左氏不傳《春秋》」，這個「左氏」不是指的《春秋左氏傳》，而是指的《春秋國語》。司馬遷只見《國語》未見《左傳》，通過解經、記事和文辭的對比，可證明《史記》在《左傳》前。今按：此說難以成立。

0773　宋敏，《左傳》的作者和成書年代的商榷，吉林師大學報，1979（3）

　　【解題】這是與徐仁甫《馬王堆漢墓帛書〈春秋事語〉和〈左傳〉的事、語時比研究——談〈左傳〉的成書時代和作者》的商榷文章，結論：只根據避諱與否論定成書年代，不一定可靠；《左傳》篇幅很大，不是學者所能盡得的，所以書籍多由師承，《春秋事語》的作者在當時條件下，也完全有可能見不到《左傳》，更何況《春秋事語》是一種兒童讀本，輾轉傳抄，訛誤也愈多，本來是好書，被抄壞了，也有可能；劉歆行文用字與《左傳》相似，也可以是劉歆模仿《左傳》，而不必是劉歆是《左傳》的作者。總之，《左傳》成書決不在《春秋事語》之後，即使經過劉歆竄改，《左傳》的成書也不在西漢。

0774　洪成玉，《左傳》作者決不可能是劉歆——與徐仁甫先生商榷，北京師院學報，1979（4）

　　【解題】《左傳》決不可能是劉歆偽作而託之左丘明的。並對徐仁甫《馬王堆漢墓帛書〈春秋事語〉和〈左傳〉的事、語時比研究——談〈左傳〉的成書時代和作者》一文進行的批駁：僅僅依據某書個別字的避諱與否，不足以斷定某書的成書年代；依據兩書記載同一事件時詳略的不同，推斷出詳者在後，略者在前，這種方法不是很可靠的；「劉歆行文用字與《左傳》相合」所

用的論據，失之於牽強附會，《左傳》從「行文用字」到文章風格，同《漢書》
的《藝文志》、《律曆志》相比較，不僅不像出自一人的手筆，而且還不像同
一時代的著作；《律曆志》共引《左傳》二十八處，直書「傳曰」，引文與《左
傳》也稍有出人，如果劉歆有意作偽，照抄原文，或像班固《漢書・五行志》
那樣在引文前標明「左氏」字樣，豈不更好；《漢書》除《律曆志》外，《刑
法志》、《五行志》等也大量引用《左傳》的文字，班固和劉歆是同一時代的
人，對劉歆偽造這麼大一部作品，竟然毫無所知，並大加引用，這是不可理
解的；《五行志》中所引的《左傳》記載的怪異現象，有不少後面還有劉向的
評論，父親對兒子的偽作進行評論，除非是他們父子共同作偽，否則也是不
能理解的。

0775　方炫琛，《春秋左傳》劉歆偽作竄亂辨疑，政治大學中研所碩士學位論
　　　　文，1979

0776　楊伯峻，《左傳》成書年代論述，文史，1979（6）；楊伯峻學術論文集，
　　　　長沙：嶽麓書社，1984
　　　【解題】論證《左傳》成書於公元前 403 至公元前 386 年。

0777　洪順隆，論《左傳》的成立時代，簡牘學報，1979（8）

0778　洪順隆，論《左傳》的作者，木鐸，1980（9）

0779　趙光賢，《左傳》編撰考（上），中國歷史文獻研究集刊（第一集），1980；
　　　　古史考辨，北京：北京師大出版社，1987

0780　趙光賢，《左傳》編撰考（下），中國歷史文獻研究集刊（第二集），1981；
　　　　古史考辨，北京：北京師大出版社，1987
　　　【解題】《左傳》與《春秋》原是各自獨立的書，今本《春秋左氏傳》，
被當作解釋《春秋》的書，是經後人把記事之文與解經之文合併而成的；記
事部分是《左傳》的原本，解經部分包括評論在內，是在較後時期加進去的，
經過改編之後，這兩部分常常緊密地結合在一起，不易分開；《左傳》中還有
不少只解傳而不解經的話，被解釋之事都不見於經而見於傳，顯然這些傳文
是屬於原本的記事，這些解傳的話都是改編者後加上去的。作者還發現《左
傳》記事不僅有和《春秋》不同的，而且有違反經意的，與孔子思想不合的；
《左傳》解經部分中錯誤就更多，越發不像是左丘明所寫的東西；故《左傳》
一書，不論較早的記事部分，或晚出的解經部分，都與左丘明無關。《左傳》

絕非劉歆僞造，非割裂《國語》而成，亦《左傳》非子夏或吳起所作，其作者是魯人左氏。《左傳》一書，作爲一部紀事體的史書，成書最遲在前四三〇年後不久；改編爲編年體的記事兼解經的書，當在前三五二年之前。《左傳》的編成，包括解經部分在內，至晚當在戰國末葉以前，否則便不能爲荀卿、韓非及呂不韋的門客們所引用。至於在傳寫過程中有後人附益，那年代就不可考了。

0781　何敬群，左丘明作《左傳》問題之檢討，珠海學報，1980（11）

0782　黃葵，《左傳》之作者及其他，廣西大學學報，1981（2）

【解題】《左傳》作者是託名「左丘明」的，《左傳》中評論人物、事件時，都用「君子曰」發表意見，記錄了前人特別是子夏在傳授《春秋》時代表當時輿論發表的評論意見，而這個「君子」，就是指的左丘明、子夏等人。作者託名左丘明，還著意隱喻了子夏（司馬遷說左丘明是「魯君子」，孔子則鼓勵子夏「爲君子儒」；司馬遷說「左丘失明」、「左丘無目」，本傳說子夏也是「失明」；司馬遷說左丘明學生很多，「懼弟子天人異端」，本傳說子夏居「西河教授」，弟子也很多。二人太相像了，其中必有奧妙。）。今按：此說難以成立。

0783　楊伯峻，《春秋左傳注》前言，春秋左傳注，北京：中華書局，1981

【解題】《春秋》本是魯史舊文，和孔丘有關，僅僅因爲孔丘用過《魯春秋》教授過弟子。《左傳》作者不是左丘明，不但不是《論語》的左丘明，也沒有另一位左丘明，因爲《漢書·古今人表》以及其他任何史料都沒有提到第二位左丘明；吳起雖然傳授過《左傳》，《左氏傳》之稱絕不是因爲吳起是左氏人；後人所謂劉歆等增益者都不可信；其人可能受孔丘影響，但是儒家別派。此外，作者又通過《左傳》預言是否靈驗，推測《左傳》成書於公元前403年至公元前386年。

0784　徐仁甫，《左傳》疏證，成都：四川人民出版社，1981

【解題】《左傳》非春秋人左丘明所撰，乃西漢末年劉歆博採群書編撰而成，而假託左丘明之名。此觀點其來有漸，先是唐陸淳、宋王安石、鄭樵謂左氏非丘明；中有宋林黃中謂《左傳》中「君子曰」爲劉歆竄入之辭，清劉逢祿謂《左氏》凡例、書法出於劉歆；後有康有爲謂《左傳》乃劉歆割取《國語》而成。今按：此書基本觀點難以成立。

0785 徐仁甫，跋美國學者卜德《〈左傳〉與〈國語〉》三事，《左傳》疏證（附二），成都：四川人民出版社，1981

【解題】增引《詩》、《書》之習始於劉向，劉歆撰《左傳》繼之；《國語》成書在前，《左傳》採之而大加修整耳；《左傳》採《國語》或兼採《史記》，又虛構事實或議論補充之。今按：此文難以成立。

0786 徐仁甫，論劉歆作《左傳》——與持不同意見的同志商討，文史，1981（11）

0787 胡念貽，《左傳》的眞僞和寫作時代考辨，文史，1981（11）；中國古代文學論稿，上海：上海古籍出版社，1987

【解題】《左傳》成於春秋末年，爲左丘明所作，後人雖有竄入，但基本上還是保存了原貌。

0788 侯廷章，《左傳》的作者究竟是誰，南都學壇，1982（1）

【解題】《左傳》的作者除了左丘明以外，不可能是任何另外一個人。後人對於去古不遠的兩漢學者的說法不加考慮，卻對唐代以後的猜揣之辭深信不疑，不知何故？

0789 張高評，《左傳》之作者及其與《國語》之關係，左傳導讀，臺北：文史哲出版社，1982

0790 張高評，《左傳》成書之時代及其背景擬議，左傳導讀，臺北：文史哲出版社，1982

0791 鄭良樹，《左傳》「君子曰」非後人所附益，竹簡帛書論文集，北京：中華書局，1982

【解題】《左傳》「君子曰」非後人所附益，理由如下：先秦古籍引及《左傳》「君子曰」；《左傳》「君子曰」引逸詩、逸書；《左傳》「君子曰」語有重複；《左傳》「君子曰」異於《國語》「君子曰」；《左傳》有「君子曰」猶《國語》之有「君子曰」。

0792 鄭良樹，再論《左傳》「君子曰」非後人所附益，竹簡帛書論文集，北京：中華書局，1982

【解題】爲《〈左傳〉「君子曰」非後人所附益》續篇，增入作者在《史記》中發現的三條論據，並轉錄楊向奎《論君子曰》一文中列舉的兩類證據，

認爲「《左傳》『君子曰』非後人所附益」可成定案。

0793　陳茂同，《左傳》的作者及其成書的年代問題——兼與楊伯峻商榷，廈
　　　門大學學報，1984（1）

　　　【解題】《左傳》絕非與孔子同時的左丘明所作，全書引用孔子評論歷
史時事的話共三十條，可見其作者應是孔門信徒。楊伯峻説是「儒家別派」，
似不可從。又認爲楊伯峻從預言靈驗與否來推斷《左傳》成書的年代是不科
學的，間有取之所需而自相矛盾的毛病，很難取信於讀者。今按：此説不可
取。

0794　顧頡剛，《春秋》三傳與《國語》之綜合研究，成都：巴蜀書社，1988

0795　唐嘉弘，《左傳》的編次、傳授系統及其與《國語》的關係，河北師院
　　　學報，1988（3）

0796　李平，論《春秋左氏傳》的形成——從左丘明到劉歆，政治大學歷史
　　　研究所碩士學位論文，1988

0797　邱德修，《左傳》是劉歆僞造的嗎，國文天地，1988（4）

0798　張漢東，孔子作《春秋》考，齊魯學刊，1988（4）

　　　【解題】先對「孔子未作《春秋》，現存《春秋》乃魯史舊文」的八類
證據予以批駁，又從《史記》和先秦諸子的相關文獻，以及《春秋》中的相
關內證，證明今存《春秋》就是孔子所作。

0799　單清江，《左傳》成書年代質疑，文史知識，1989（7）

　　　【解題】司馬遷《史記》中所説的《左氏春秋》，是一部獨立的歷史著
作，並不就一定等於《左氏春秋傳》；此後又經過了各個時期人們的不斷補充、
加工和修改。至漢時，解經之學大興，《左氏春秋》很可能是在這時經過經大
師們的較大修訂、補充、調整，成爲《左氏春秋傳》，由一部獨立的歷史著作
成了與《公羊傳》、《穀梁傳》性質相仿的解經之作。於是，人們才省稱之「左
氏傳」或「左傳」。

0800　張以仁，孔子與《春秋》的關係，春秋史論集，臺北：聯經出版事業
　　　公司，1990

　　　【解題】主要針對楊伯峻《春秋左傳注·前言》中的相關説法而發，先
介紹孔子修作《春秋》的早期資料，並對之進行檢討，發現早期資料皆肯定

《春秋》乃孔子修作；而後又對楊說進行檢討，發現無一項可以成立。結論爲：孔子修作《春秋》之說，既有早期資料爲證，後人所持反對意見又皆不能成立，則當依從舊說，確認今傳《春秋》實係孔子修作。

0801　張平轍，《春秋》《左傳》的作者究竟是誰，西北師大學報，1990（6）；人大複印報刊資料（歷史學），1991（2）

【解題】該文否定了孔子修《春秋》、左丘明作《左傳》的說法，認爲今存《春秋》是戰國初期從魯國分裂出去建都於費的季孫氏費國史記，依附於費君也就是季昭子的曾申取費國史記迄止魯哀公十六年孔丘卒即今存《春秋》爲經爲教材，以所作講義爲《傳》，是爲後人所稱的《左傳》。所謂孔子修《春秋》，左丘明作《傳》則完全是不可能的。今按：此說難以成立。

0802　浦衛忠，春秋三傳綜合研究，中國社會科學院博士論文，1990；臺北：文津出版社，1995

【解題】該書第一編「《春秋左氏傳》研究」分四章，第一章「《左傳》的成書及其與《春秋》的關係」認爲《左傳》編撰者不是孔子入門弟子，未經孔子口授《春秋》；第二章「劉歆與《左傳》書法、凡例、君子曰」認爲《左傳》在西漢以前已經相當流行，絕非劉歆偽造。　第三章「《左傳》書法考辨」認爲《春秋》一書是在史官修史的基礎上，經過統一的修改和文字上的潤色而成，所以《春秋》一書是有條例的；而《左傳》的書法並非完全合於《春秋》的原義，因爲《春秋》、《左傳》來自不同的歷史流傳系統，它們的成書有早晚，它們所表現的思想、關注的問題也必然因時代不同而相異。第四章「《左傳》「君子曰」的思想」認爲「君子曰」是先秦史家所共有的一種道德、價值評判和社含觀的闡述，非《左傳》所獨有。我們不應僅限於是否劉歆竄入以及年代諸問題，應把「君子曰」看成一個思想體系，通過研究，重構出他的社會觀以及價值觀等，這可能有助於我們對先秦儒家有一個較全面、較深入的認識。

0803　王伯虎，《〈左傳〉成書年代質疑》的質疑，文史知識，1991（4）

【解題】批駁了單清江《〈左傳〉成書年代質疑》的三處論據，認爲其說法是不能成立的。

0804　亦鳴，《左傳》作者及所記載時間，鹽城師專學報，1991（2）

　　【解題】關於《左傳》作者，曾有幾次爭論，我們今天一般從左丘明之說；關於《左傳》所載的時間，上限已基本定論，即魯隱公十一年（公元前722年），下限仍有爭議。

0805　陳松青，《左傳》成書於西漢前期小考，中國文學研究，1991（3）
　　【解題】論證了《左傳》的成書上限不會早於漢興之時，下限不會晚於漢武之世，進而認爲《左傳》當成書於陸賈之後，司馬遷之前。

0806　沈玉成、劉寧，《春秋左傳》學史稿，南京：江蘇古籍出版社，1992
　　【解題】此書第十一章、第十二章對《左傳》真僞問題之爭進行了梳理，重點闡述了今文派與古文派的不同意見。

0807　姚曼波，孔子作《春秋》辯正，江西社會科學，1993（10）
　　【解題】孔子作《春秋》，歷時數十載，內容充實，「深切著明」，體大精深，是「借史明志」之書，而不可能是被譏爲「斷爛朝報」的「春秋經」；孔子在給弟子講「春秋經」即「魯春秋」的過程中，發凡起例，補充以具體史實進行說明，後來又在遊歷各國、徵集史料的過程中，擴大完善體制、規模，又在「借史見志」的思想指導下，進一步加工，編纂成書；孔子作的「春秋」，並非「經」，而是「傳」——即今以左氏命名的《左傳》（底本）。司馬遷時代，孔子的《春秋》還存在，太史公每每稱之爲「春秋」、「春秋古文」；但到劉向、劉歆時代，則惟餘「春秋左氏傳」，而孔子的「春秋古文」則佚失。孔子《春秋》與《左氏傳》體例不同，《漢書·藝文志》中分別記爲「《春秋古經》十二篇、《左氏春秋》三十卷。」今之《左傳》文每每有割裂之痕，乃左氏之所爲。

0808　姚曼波，孔子作《春秋》即「春秋傳」說初證，文獻，1994（3）
　　【解題】論證了孟子、司馬遷說所的「孔子作《春秋》」即指「春秋傳」，又進一步從《左傳》文本來證實孔子作「春秋傳」（《左傳》中貫穿全書的五十多則「仲尼曰」、「孔子曰」透露了孔子作史之跡；《左傳》體現的創作思想與孔子思想的高度一致；《左傳》的哲學宇宙觀與孔子的高度一致；《左傳》的寫作年代與孔子相符合；《左傳》國別、地域與孔子相符合；《左傳》最後部分對仲尼生平事蹟記載出於後人或門徒手筆），再結合孔子生平考察「孔子作《春秋》」，認爲孔子作的《春秋》，並非「春秋經」，而是「春秋傳」。

0809　牛鴻恩，論《左傳》的成書年代，首都師範大學學報，1994（4）

　　【解題】第一部分認爲《左傳》成書於前四世紀七十、六十年代，楊伯峻定《左傳》成書於前 403 至前 386 年間時代偏早。第二部分通過預言考證《左傳》成書的年代，辨析胡念貽思想方法之誤和對於史實的失考，其「《左傳》作於春秋末年」的論斷有失客觀，並對第一部分論點作了進一步申述和補充。

0810　趙光賢，論《左傳》和《春秋》是什麼關係：評沈玉成著《春秋左傳學史稿》第十二章，史學理論，1994（4）

0811　桑秋傑，《左傳》作者及作者姓氏考，長春師範學院學報，1995（3）

　　【解題】根據大量史籍論證《左傳》作者應爲左丘明，並兼論及其姓左名丘明而非其他的依據。

0812　姚曼波，從漢初學壇探考「孔春秋」——兼考「春秋三傳」，文獻，1995（3）

　　【解題】從漢初稱引孔子《春秋》來考察，認爲孔子所作《春秋》乃「傳」——即今《左傳》之藍本，本身即包含「經」與「傳」兩部分。孔壁「古文經傳」即孔子所作之《春秋傳》，司馬遷大量稱引其史料，儘管與《左傳》相同，但每每稱《春秋古文》、《春秋》，而從不稱引《左氏》，原因即在此；《淮南子》、《新語》、《春秋繁露》亦大量引用「春秋傳」史料（同於《左傳》），亦只提孔子《春秋》而從不提左氏，原因亦在此。

0813　曲德來，《正考父鼎銘》非僞託說，古籍研究，1998（1）

　　【解題】就郭沫若關於《正考父鼎銘》的說法提出反駁，認爲其由《左傳》表而述之，又經《莊子》徵引，《史記》亦採其文，不可能爲後世僞託。劉歆並沒有竄改《史記‧孔子世家》以僞造《左傳‧昭七年》關於「正考父鼎銘」的文字；劉歆也沒有僞造和改竄《國語‧魯語》關於正考父的文字，正考父輔佐宋國的戴、武、宣三公絕不可能是宋襄公時代的人；「正考父鼎銘」並不是劉歆改竄《莊子》、模仿《檀弓》而僞託的，《莊子》所述正考父的情況，正是從《左傳》而來，這爲《左傳》所述的「正考父鼎銘」的真實性增加了有力的證據；「正考父鼎銘」的鑄製和內容都是符合時代「禮」的規範要求的，孟僖子稱引了它，證實了它的可靠性。

0814　姚曼波，也從虛詞文法考《左氏春秋》的年代與作者——兼評高本漢「『左氏』非魯人」說，江蘇教育學院學報，1998（1）

　　【解題】高本漢的最大失誤在於，考察《左傳》的虛詞用法時完全忽視了對《春秋經》的考察，而恰恰是這部自古以來被公認是魯人所修的魯史中，「于」字用得最多，「于」、「於」的比例是 439：15。又對先秦典籍使用「于」與「於」的頻率作了比較，發現時代越晚，作品用「于」的比例越小，推斷《左傳》的成書時代早於《國語》和諸子散文。又從「若」與「如」、「與」與「及」、「斯」與「乎」等的使用作了考察，認同胡念貽先生的結論：「《左傳》是史書，它的文字要求典雅一點，所以它用的多是一些在經典中常用的助詞，如用『若』作『假使』；用『則』、此』，少用`斯』；不用『乎』作『放』；不用『於』字作疑問詞尾等，都是基於這種要求……《論語》和《孟子》多是對話記錄，語言可以通俗活潑一些，所以它用只見於《國風》的『乎』作『於』，用不見於古書的『與』字作疑問語尾等，都體現了這種特色。《左傳》產生的時代略早於《論語》，也是用字有所不同的一個原因。」《左傳》一方面承《書經》時代的古虛詞，用「若」、「及」、「於」，同時又開戰國之先，兼用了「如」、「與」、「於」。另一方面，又很少用或不用盛行於戰國的「斯」、「乎」和疑問詞尾「與」，這證明了《左傳》成書於春秋、戰國之交，故其文風也承春秋之餘韻而開戰國之先聲。

0815　姚曼波，從《論語》考孔子作《春秋》——三證孔子作「春秋傳」，文獻，1999（1）

　　【解題】《左傳》作者「好惡」同於《論語》而異於左丘明的《國語》，對同一史料的改寫中《左傳》更突出地表現出異於《國語》而同於《論語》的傾向，《左傳》用語、修辭也同於《論語》異於《國語》，認為《左傳》在思想傾向、細節描寫、語言風格、措辭用字等方面大多蓋有孔子的烙印，進而推斷《左傳》主體部分為孔子所作。

0816　寇養厚，關於「《春秋》三傳」的兩個問題，殷都學刊，1999（3）

　　【解題】對「《春秋》三傳」的作者、成書過程，以及在漢代的出現，和漢代君主對「三傳」的不同態度，做了些考查，對其中的一些問題，提出自己的看法。

0817　孫開泰，從《左傳》的史學思想看其作者，史學理論研究，1999（4）

0818　趙長征，20 世紀《左傳》研究概述，文史知識，2000（10）

0819　姚曼波，「《春秋》筆削義法」新說——突破「春秋學」千年誤區新探，
　　　江西社會科學，2000（10）

　　　【解題】考先秦至漢初典籍，凡稱名皆「孔子作《春秋》」，而所徵引《春秋》皆出自《左傳》。《左傳》乃左丘明「因孔子史記具論其語」而成，與左丘明所撰《國語》思想傾向、語言風格皆截然不同。顯然《左傳》主體即「孔子史記」，也即孔子所「筆削」的《春秋》，「筆削義法」即存於其中。

0820　姚曼波，孔子作《春秋傳》史實考，江蘇教育學院學報，2001（4）

　　　【解題】孔子作《春秋》非「春秋經」，乃「春秋傳」即《左傳》藍本。綜觀孔子生平，其周遊歷國，學《易》序《書》、刪《詩》正《樂》、徵《禮》考《時》，傳《五帝德》、《帝系姓》、《禮記》、《夏小正》，無一不是與作《春秋》密切相關。孔子自魯司寇辭官以後，「作《春秋》」就成了他的奮鬥目標，他藉此完成了「行道」立功立德立言，垂名後世的宏志大願。

0821　牛鴻恩，厭棄《春秋》尊《左傳》——姚曼波女士《左傳》「藍本」作
　　　於孔子說駁議，聊城大學學報，2002（1）

　　　【解題】自 1993 年以來，姚曼波在多種刊物連續發表六篇系列文章，認為孟子、司馬遷所說「《春秋》」是指《左傳》，孔子所作《春秋》非「經」而是「傳」——即《左傳》之藍本。姚文的思想方法、論證方式和論點論據都值得商榷，具體分析了《孟子》、《史記》對孔子作「春秋」的論述，並比較了《論語》和《左傳》在思想觀點、語言運用方面的不同，論定孔子從未有作《左傳》之事。姚文的觀點沒有任何站得住的論據，其論證方式不是對相關資料作具體、客觀的分析，往往不顧及原文條理脈絡，而東摘西尋，按既定方向，作主觀的發揮，並大膽改鑄事實，對不利於自己的證據，或忽略不計，或避而不談，其主觀隨意性實可與康有為《左傳》出於劉歆說相比併。今按：駁之甚當。

0822　姚曼波，再論孔子作《左傳》藍本——駁牛鴻恩先生之「駁議」，聊城
　　　大學學報，2002（6）

　　　【解題】文章首先論列牛鴻恩的論點、論據及論證方法之謬誤 20 條；其次以史實為據，指出漢代名家碩儒所共同稱道的孔子《春秋》之中「弒君三十六，亡國五十二」，是孔子作《左傳》藍本的不可否定的鐵證之一。

0823　姚曼波，孔子「修《春秋經》」之說乃「烏有之談」——二駁牛鴻恩先生之「駁議」，江蘇教育學院學報，2002（7）

　　【解題】著重以「一經三傳」的事實，指出「孔子修《春秋經》」說查無實據；《春秋經》「書法」不一，未經「筆削」；《春秋經》與孔子思想不合。最後認爲「修《春秋經》」說是「烏有之談」，是漢儒經生名符其實的「聖化」造僞。

0824　姚曼波，《春秋》考論，南京：江蘇古籍出版社，2012

　　【解題】該書提出了一系列的新觀點：一、孔子所作《春秋》，不是《春秋經》，而是獨立的著作，是今之《左傳》的藍本；《左傳》的眞正作者是孔子。二、孔子《春秋》的原貌——是記載著「弑君三十六、亡國五十二」史實的紀事本末體。三、左氏割裂孔子《春秋》，加入逐條解經語而形成編年體。四、《左傳》主體即「孔子史記」，也即孔子所「筆削」的《春秋》，其「筆削義法」亦存於其中。五、《左傳》全書史實翔實之國（除了小部分得自《國語》外），恰恰正是孔子遊歷之國，這說明其史料主要得自孔子的十四年遊歷各國搜集的「史記舊聞」；孔子後半生治學——傳《書》、刪《詩》特別是五十多歲開始學《易》，皆與其作《春秋》息息相關。今按：此書基本觀點難以成立。

0825　王和，《左傳》的成書年代與編纂過程，中國史研究，2003（4）

　　【解題】分《左傳》中的「君子曰」問題、《左傳》史料取材逐國析略、《左傳》成書年代考、關於《左傳》原書的體裁、《左傳》的改編過程五個專題來考察。《左傳》的成書年代應在公元前375至公元前360年之間。《左傳》在成書之初原爲紀事本末體，以後經過後人改編，才變爲分年附於《春秋》的編年體，成爲後人所謂的「《春秋》三傳」之一。《左傳》在編纂上經歷了三個主要階段：（一）戰國前期魯人左氏所作紀事本末體史事彙編，這是《左傳》的原貌。（二）由後代經師改編爲編年體，用它來解釋《春秋》。這一過程大約是在戰國中後期進行的，至遲在戰國末葉之前必已完成。改編後的《左傳》最初並不是立即依年附經，與《春秋》合爲一部；而是經自經，傳自傳。（三）晉杜預將《左傳》依年附於《春秋》，這就是今天我們所看到的經傳合集的形式。

0826　牛鴻恩，「弑君三十六，亡國五十二」考實——兼駁「孔子所作《春秋》非『經』而是『傳』說」，聊城大學學報，2003（5）

0827 牛鴻恩，「弑君三十六，亡國五十二」考實（續）──兼駁「孔子所作《春秋》非『經』而是『傳』說」，聊城大學學報，2003（6）

　　【解題】此二文是對姚曼波女士《再論孔子作〈左傳〉藍本》的回應，作者認爲春秋二百四十二年間「弑君三十六，亡國五十二」，是漢代《左傳》研究者通數《春秋》、《左傳》二書的結果，且「五十二」是指「絕祀」而言；並指出姚文對「弑君」、「亡國」的論證沒有界定，並且背離《左傳》的相關論述，一再隨意取捨，拼湊數據，論證草率。今按：牛先生對於姚女士的新說駁之甚當。

0828 黃覺弘，「孔子作《春秋傳》說」辨議，聊城大學學報，2004（3）

　　【解題】「孔子作《春秋傳》說」首見於清人張沐《春秋疏略》，再見於清人許伯政《春秋深》，三見於近人毛起《春秋總論初稿》，非始於姚曼波。姚曼波《春秋考論》的考證推論充斥著穿鑿附會、武斷臆測。

0829 劉麗文，左丘明與《左傳》《國語》關係考論，聊城大學學報，2004（3）

　　【解題】《左傳》作者是否爲左丘明至今仍有爭議，爭議的主要原因是左丘明生活年代與孔子同時而《左傳》卻成書在公元前 403 年之後。左丘明當是《左傳》的始撰寫者，其弟子據自己親眼所見對預言及某些內容按照左丘明的思維軌跡進行了調整增刪，最後的定稿人至少活到了公元前 403 年。編撰《國語》是撰寫《左傳》的必經步驟，但是左丘明編撰之《國語》今已不傳了。

0830 趙伯雄，春秋學史，濟南：山東教育出版社，2004

　　【解題】第一章爲「先秦《春秋》學的形成與分化」，分八節：第一節，《春秋》的性質；第二節，孔子與《春秋》的關係；第三節，《春秋》學的形成；第四節，《左傳》與《春秋》左氏學（一、《左傳》的作者與時代；二、《左傳》的編撰過程；三、左氏處理史料的方式；四、《左傳》的傳經方法；五、《春秋》學中的一個家派）；第五節，《公羊傳》的出現與《春秋》公羊學（一、從「口說」到「著於竹帛」；二、《春秋》的公羊之義）；第六節，《穀梁傳》與《春秋》穀梁學（一、《穀梁》與《公羊》的先後次序；二、《穀梁》所發揮經義的特點；三、《穀梁傳》的「日月時例」）；第七節，《春秋》三傳之同源異流；第八節，孟、荀《春秋》學之比較（一、孟子論《春秋》之作意；二、荀子的《春秋》觀及荀子與三傳的關係）。

0831　姚曼波，孔子作《左傳》「藍本」的史實否定不了──再駁牛鴻恩之「駁
　　　　議」，聊城大學學報，2004（3）
　　　　【解題】該文是對牛鴻恩《「弒君三十六，亡國五十二」考實》的回應。
「五十二」不當是滅國數，而是指孔子《春秋》所書的亡國事件，而且主要
是反映「諸侯不能保社稷」的情況而言。牛文認爲「亡國」當作「滅祀」解，
然考《春秋經》及三傳，滅祀者無一符合「五十二」之數。據顧棟高統計，
滅祀者多達九十餘。所以無論從那方面説，作亡國事件解較説得通。

0832　姚曼波，左丘明「因孔子史記具論其語」考，中國古代文學文獻學國
　　　　際學術研討會，2004；中國古代文學文獻學國際學術研討會論文集，
　　　　南京：鳳凰出版社，2006
　　　　【解題】孔子《春秋》原不按編年來寫，分割編年乃左氏所爲。作者歸
納左氏「具論其語」的「凡例」有五：一、按照《春秋經》的編年體例，分
割孔子《春秋》；二、在分年的基礎上，依《經》立文，插入解經語；三、「肢
解」孔子《春秋》，按照《經》之記事爲序，重新排列史料；四、插入解《傳》
語；五、插入「仲尼曰」、「孔子曰」之類的議論。此外，《左傳》中還有部分
敍事，特別是襄、昭公之後，有出自左氏或後人增補之筆。

0833　姚曼波，孔子《春秋》復始，中國歷史文獻研究會第 26 屆年會，2005；
　　　　典籍文化研究，瀋陽：萬卷出版公司，2007
　　　　【解題】孔子《春秋》原貌的主要特點：一、孔子《春秋》「重行事」，
以敍事爲脈絡，不編年，不以解經爲體，且與經文有著截然不同的創作宗旨
和思想傾向，也迥然有別於以解經爲目的以編年爲體的《左氏傳》。二、孔子
《春秋》以總結政之得失、國之興亡、禮之興衰爲宗旨，以弒君亡國之事爲
重點，以「貶天子退諸侯討大夫」，總結批判統治集團內部的腐敗而導致滅亡
的歷史教訓爲核心，內容涉及各國內部的政治矛盾、各統治勢力之間的鬥爭，
國與國之間的矛盾與戰爭，諸侯與周王室之間的矛盾與戰爭，還有各國的文
化思想、道德倫理、禮儀制度以及軍事戰略戰術等等。

0834　邢子民，左丘明與《左傳》關係考，山東師範大學碩士學位論文，2005
　　　　【解題】以左丘明身份考、《左傳》作者考、《左傳》成書考三部分來研
究左丘明與《左傳》的關係。從《左傳》記事的截止時間、《左傳》的內容與
文風特點以及春秋末期的史官設置等角度來推論《左傳》成書於春秋末期；

再從先秦引文、孟子評論及《墨子》引古《春秋》來考證《左傳》原爲魯史《春秋》；最後在辨析《左傳》作者諸多不同觀點的同時，結合左丘明的史官身份來確定左丘明著作《左傳》（即魯史《春秋》）。孔子出於對史學的鍾愛和教學的需要而修訂了《春秋》，他所依據的史料底本就是左丘明編著的魯史《春秋》。魯史《春秋》在「官學下移」的趨勢下流傳民間，戰國、漢初學者多對部分後代史事以及預言進行添加，後來在劉歆等經古文學家的努力下，魯史《春秋》竟然成爲孔子《春秋》的解經之作，從而造成了孔《春秋》在前，左《春秋》晚出的假象。魯史《春秋》的名稱也就經歷了春秋末期的《春秋》到戰國、漢初的《左氏春秋》而成爲今《春秋左氏傳》——《左傳》了。

0835　梁濤，20 世紀以來《左傳》、《國語》成書、作者及性質的討論，邯鄲
　　　　學院學報，2005（4）

　　　　【解題】20 世紀以來，學術界關於《左傳》成書的討論，一個最大的成果是否定了劉歆僞造説，而肯定其成書於戰國時期，部分學者甚至認爲成書於春秋末年。在研究方法上則體現出「走出疑古時代」的傾向，一些出土文獻如馬王堆帛書《春秋事語》等受到學者關注。關於《左傳》的作者，學術界提出左丘明、子夏、吳起、魯國左姓人等不同説法，但多數學者傾向認爲是左丘明，同時又指出《左傳》的編撰經歷了一個過程，左氏後人和孔門後學可能都參與了編撰，這種研究方法明顯體現出「釋古」的特色。關於《左傳》是否傳《春秋》，學術界也進行了深入討論，提出了「一次成書」説、「二次成書」説等不同觀點。學術界關於《左傳》的討論往往和《國語》聯繫在一起，學者圍繞《國語》與《左傳》是否同爲左丘明所作，《國語》成書時間在《左傳》之前還是之後等問題展開了深入討論。

0836　牛鴻恩，先入爲主的主觀體認——三駁所謂「孔子作《春秋》傳」，聊
　　　　城大學學報，2006（1）

　　　　【解題】姚曼波所作「考證」充滿主觀臆斷：董仲舒「引經文而稱孔子」，則認爲董「偷天換日」、「移花接木」，把《左傳》調包爲《春秋》，這是連當時的皇帝都無法做到的事；又曲解《史記》，聲稱《史記》「以孔子作《傳》」，實則望風捕影，把自己的成見強加於司馬遷。批評對方自以爲「廓清了千年迷霧」，實則製造了混亂；指出評價歷史、人物而沒有歷史觀點，必定陷於謬誤。今按：駁之甚當。

0837　黃覺弘，《左傳》成書上下限推考，南昌大學學報，2006（1）

　　【解題】《左傳》成書戰國說至少在史事敘述、天文記載、群籍稱引、辭令、預言等方面有比較堅實的理致和證據。《左傳》於衛嗣君五年（前 320 年）仍未寫定，這是《左傳》成書時代的上限。純集疏《左傳》卜筮事的《師春》既在魏襄王殉葬物之列，則資其抄集的《左傳》至遲亦當在襄王卒年（前 296 年）寫定亦甚明。《左傳》成書於前 320 年至前 296 年之間。《左傳》作者最大可能是魯人，還應與魏國有著深切的關係。

0838　黃覺弘，《左傳》成書秦漢說及代有增益說綜考，中華文化論壇，2006（3）

　　【解題】北宋鄭獬可能是《左傳》「秦漢說」的最早提出者，南宋魏了翁亦疑《左傳》乃秦漢初人所作，明嘉靖年間季本最早明確提出《左傳》成於漢初張蒼之手，近人洪業繼之，然此數說無甚影響。真正產生了巨大影響的是「劉歆偽作說」。從歷史淵源來看，此說遠在西漢末劉歆挑起今、古文經學之爭時就已伏下了線索。清劉逢祿《左氏春秋考證》的問世，標誌著劉歆偽作說的正式興起。近世以來，大凡今文經學派和受今文經學派影響較深的學者多持劉歆偽作說，但現今此說已難見持論者了。「代有增益說」調停春秋說、戰國說及秦漢說三派之間，以顧炎武的表述最為簡明扼要，徐中舒對此說亦有所申論。

0839　黃覺弘，《左傳》成書戰國說綜考，江漢大學學報，2006（6）

　　【解題】啖助疑《左傳》成於後代學者之手，趙匡則指出左氏非丘明，乃戰國左氏；兩宋承啖、趙緒餘，「戰國說」更趨流行，代表人物是葉夢得、鄭樵和萬見春，元明兩代也繼續做了一些探索；入清以後，雖然康熙御定左丘明作傳說，但「戰國說」仍然得到一些學者的申持；民國以後，「戰國說」以其理據逐漸佔據了學界的主導地位，其論證的方法手段都有不少新拓展，並通過各自的研究，得出了同屬「戰國說」而具體年代與作者互有歧異的種種結論。

0840　姚曼波，孔子傳《易》與作《春秋》的關係新論，周易研究，2006（5）

　　【解題】孔子傳《易》，直接出於作《春秋》的需要（孔子所作《春秋》，不是《春秋經》，而是《左傳》藍本），孔子傳《易》之「竊義」，與其作《春秋》的「竊義」，異曲同工。孔子傳《易》與作《春秋》，相互促成，共同形

成了儒學的「天道——性命——道德」三位一統的道德本體學說體系。

0841 劉佳男，楊麗麗，《左傳》作者管見，科學大眾，2007（2）

【解題】《左傳》的初創者是與孔子同時代人左丘明，最後完成者是戰國前期人吳起。

0842 龔文菊，從《左傳》中賓語前置句來看《左傳》作者，天府新論，2008（S2）

【解題】從《左傳》中賓語前置句的角度來探討《左傳》的作者，結論是《左傳》不應是一個人完成，而是經過很多人的修改才完成。

0843 黃覺弘，《左傳》成書春秋說綜考，重慶師範大學學報，2008（2）

【解題】《左傳》「春秋說」以左丘明作傳說爲主流，最早出於司馬遷《史記·十二諸侯年表序》，此後左丘明作傳說成爲正統觀念；但自中唐啖助、趙匡後，這一正統觀念開始動搖，清季以後漸趨退隱。清康熙年間張沐倡言《左傳》成於孔子之手，這大概是歷史上最早提出孔子作《左傳》說的，乾隆年間許伯政踵繼張沐之說，但其論證實已遠較張沐爲詳，近人毛起說又與張沐、許伯政略合。元郝經認爲《春秋》三傳皆出於曾參，左丘明乃學於曾參者。此外，值得注意的是，對「左丘明」三字到底姓名如何，長期以來也眾說紛紜。

0844 劉佳男，《左傳》成書年代問題的多視角考察，遼寧師範大學碩士學位論文，2008

【解題】從《左傳》的思想傾向考察，推論《左傳》的主體部分成書當在春秋末至戰國中期以前；從《左傳》的史料來源考察，推論《左傳》主體部分的成書年代當在春秋末年之後；從《左傳》中的預言來考察，判定《左傳》成書年代下限當在公元前四世紀的五十年代之前；進而得出「《左傳》主體部分的成書年代當在公元前四世紀的五、六十年代」的結論。

0845 姚曼波，爲「孔子作《春秋傳》說」再辨，南京師範大學文學院學報，2008（4）

【解題】就黃覺弘《「孔子作〈春秋傳〉說」辨議》一文稱作者「孔子所作《春秋》，非《春秋經》，而是《左傳》藍本，即左丘明編纂《左氏傳》時所依據的『孔子史記』」的觀點稱爲「前人的陳詞濫調」，並徹底否定孔子

作《春秋》的論點，提出申辯。

0846　孔祥軍，駁楊伯峻「孔子不作《春秋》」說，中國經學（第三輯），桂
　　　林：廣西師範大學出版社，2008

0847　劉麗文，《左傳》成書下限最晚在公元前 392 年考證，瀋陽師範大學，
　　　2009（3）

【解題】就《左傳》「秦之不復東征」的預言進行探討，認爲儘管秦獻公（前 384～前 362）時有相當一段時期沒有東征行動，但彼時乃是秦國勢較爲穩定的上升期，「秦不復東征」預言不應是指獻公時期；而是指自秦躁公時開始到秦惠公中期，即公元前 442 到公元前 392 年前後，秦國不僅國家內憂不斷，而且外事上亦屢屢失利，幾乎全打敗仗，自顧尚且不暇、更談不上東征的衰弱期；此後，自公元前 391 年起到田氏被正式承認爲諸侯的公元前 386 年爲止，這四五年間，秦曾有連續「東征」等對外行動，並且多獲勝。因此，《左傳》成書時間下限最晚只能在公元前 392 年了。

0848　姚曼波，孔子《春秋》及其「《春秋》大義」辯正——兼談儒學的正本
　　　清源，2009 年兩岸四地《春秋》三傳與經學文化學術研討會

【解題】司馬遷《史記・太史公自序》中明稱孔子作《春秋》「文成數萬」，而《春秋經》文僅一萬餘，字數顯然不合；《春秋經》中弒君僅二十六，亡國僅三十四，其所載史實顯然不合；《春秋經》之思想傾向與孔子《春秋》思想傾向不合；《春秋經》記事過於簡單，褒貶不明，與孔子自稱的「見之於行事深切著明」不合；《春秋經》與孔子《春秋》是性質不同並有著不同學術承傳的兩部書，因此論定孔子所作《春秋》非《春秋經》。又通過多方面的考證，論定：孔子《春秋》本是「文成數萬」、記載「弒君三十六，亡國五十二」史實的紀事本末體；左氏的「具論其語」是在眞實保存孔子《春秋》文本的前提下，依《經》立文，插入解經語，而成編年體的《左氏春秋》。進而指出孔子《春秋》大義（總結歷史教訓，揭示歷史規律闡發儒家的德政觀；承傳三代精神文明，「觀之人文，以化成天下」），構建了以理性宇宙觀及其道德本體論爲基石、體系完備的儒家理論。

0849　陳鈿鈿，《左傳》作者考證，考試週刊，2012（31）

【解題】質疑啖助、趙匡的觀點和鄭樵的「八明驗」，論證《左傳》的作者應爲左丘明。

0850 張春海，浙大楚簡或「終結」《左傳》眞偽之爭，中國社會科學報，2012，5，2

【解題】浙江大學藏戰國楚簡中公佈的竹簡《左傳》經碳——14 測試，年代約爲公元前 340 年。楚簡字數在 3100 字以上，與目前流傳的《左傳》內容基本一致。有學者據此推斷《左傳》的成書時間至少在戰國，這批楚簡將成爲結束《左傳》爲晚出偽書論爭的關鍵證據之一。

0851 劉佳男，從《左傳》中的預言看其成書年代，牡丹江師範學院學報，2013（5）

【解題】《左傳》的作者記載這些預言，本意是渲染預言者的高明和占卜的靈驗，因此作者實際上是看到了這些預言和占卜的實際結果。《左傳》應該成書於發生這些實際結果之後，而《左傳》中幾個沒有應驗的預言，則是因爲作者沒有看到這些預言的實際結果。作者據此推斷《左傳》的成書不會早於公元前 365 年，同時也不晚於公元前四世紀的五十年代。

0852 喬治忠，《左傳》《國語》被劉歆竄亂的一項鐵證——歷史年代學家劉坦之說申論，北京師範大學學報，2016（3）

【解題】運用歷史年代學家劉坦對星歲紀年的研究成果，分析《左傳》《國語》內出現的歲星紀事，可以找到劉歆竄亂二書的鐵證。劉歆《三統曆》制定了十二星次的新名稱體系，是此前各種書籍文獻所無，《史記・天官書》仍採用先秦石氏「星經」的名稱，即爲明證。而新的「星紀」、「大梁」等十二次名目，其思路和來源，只有劉歆才可能設定，他出於構建新學術體系之目的，加之政治投機需要，遂採取書籍文獻上作偽、摻假的行爲，結果身敗名裂，這是學術史上的一大教訓。

穀梁傳・公羊傳

0853 張西堂，《穀梁》眞偽考，北京：景山書社，1931；臺北：明文書局股份有限公司，1994

【解題】崔適《春秋復始》、《五經釋要》以爲《穀梁傳》是西漢末劉欲偽造的古文經，該書繼之，以爲《穀梁》本雜取傳記以造者。考厥取材，約有六類：一、其襲取《公羊》之文爲最多；二、其次則爲《禮經》、《禮記》；三、又其次者《左氏》、《國語》；四、又其次者爲《荀子》；五、又其次者爲

《毛詩傳》；六、再其次者，如齊人伐山戎，傳本《管子》。進而論斷《穀梁傳》其成出年代則在西漢之末，造偽者爲劉歆。

0854　金德建，瑕丘江公作《穀梁傳》的推測，人文雜誌，1957（3）；司馬遷所見書考，上海：上海人民出版社，1963

【解題】《穀梁傳》的著作年代是在西漢的中期，大約就是跟淮南王劉安同時的漢武帝時候的博士瑕丘江公所著作的書。

0855　李曰剛，《穀梁傳》之著於竹帛及傳授源流考，師大學報，1969（6）

0856　陳恩林，關於《穀梁傳》的源流及其眞偽問題，古籍整理研究學刊，1987（4）

【解題】《穀梁春秋》從戰國到西漢一直流傳不絕，時爲人們所稱引，與《公羊春秋》一樣可以直稱《春秋》，漢人亦以《穀梁》義爲《春秋》義。《漢書·藝文志》說《春秋》有公、穀二傳是不容懷疑的。崔適、張西堂說《穀梁傳》是劉歆偽造的古文經學，其成書在西漢之末云云，是不能成立的。

0857　謝金良，《穀梁傳》的眞偽和寫作時代問題考辨，福建論壇，1996（2）

【解題】《穀梁傳》不是劉歆偽作，而是源於子夏所傳的《春秋傳》，經穀梁子刪定成書後又遭秦火，至遲在漢初用今文著於簡帛。

0858　楊德春，《春秋穀梁傳》的作者爲穀梁子，重慶師範大學學報，2009（3）

【解題】眞正意義上的《春秋穀梁傳》當始於穀梁子，穀梁子從傳說的子夏所傳之籠統的《春秋》闡釋之學中分離出來，形成了《春秋穀梁傳》。穀梁子對於《春秋穀梁傳》的開創之功是不可抹殺的，可以說穀梁子是《春秋穀梁傳》的第一作者，《春秋穀梁傳》最初的古文文本的寫作年代當在戰國中期。

0859　楊德春，論《春秋穀梁傳》的產生與成書先於《春秋公羊傳》，遼東學院學報，2011（3）

【解題】穀梁子是《春秋穀梁傳》學派的創始人，也是《春秋穀梁傳》的最早的作者。《春秋穀梁傳》的產生先於《春秋公羊傳》，荀子對《春秋穀梁傳》學術特色之形成起了決定性作用，其間當對《春秋穀梁傳》多有損益。《春秋穀梁傳》在先秦時代即有古文文本流傳，成書明顯先於《春秋公羊傳》。

0860　潘重規，《春秋公羊疏》作者考，學術季刊，1955（1）

0861　金德建，《公羊傳》述作當在董仲舒辨——徐彥所引《戴宏序》說質疑，
　　　管子學刊，1993（2）

　　　【解題】歷來提起《公羊傳》的述作，大都信奉戴宏的說法，直到漢景
帝時公羊壽和胡母子都開始「著於竹帛」，才有書本的《公羊傳》。作者以《史
記‧儒林傳》爲依據，認爲漢初只有董仲舒一家能夠「明於《春秋》」，胡母
子都只是「言《春秋》」，《公羊》學傳授當出於董仲舒，而且述作完成於董仲
舒。董仲舒初爲博士在景帝時，其後專精述作，歷時不短，《公羊傳》始得最
終寫定，估計應當在武帝時期，比《穀梁傳》成書要再推遲一段時間，戴宏
的說法不可靠。

0862　黃開國，《公羊傳》的形成，齊魯學刊，2009（1）

　　　【解題】《公羊傳》是《春秋》齊學的經典，以《公羊》出於子夏或是
曾子等說，皆非定論，當出於子夏、曾子等人。《公羊傳》六次出現的魯子，
非曾子之誤，而是對魯地傳《春秋》齊學者的統稱。將《公羊傳》著於竹帛
的是公羊壽與胡母子都，但其書卻是傳《春秋》的齊學先師的共同成果。《公
羊傳》以公羊爲名，其實卻是《春秋》齊學，後人不知名實之異，而有關於
《公羊傳》傳承的各種誤說。

0863　黃開國，補論《公羊傳》的形成，齊魯文化研究，2011

　　　【解題】《公羊傳》不只與七十子及其後學、齊學有直接關係，也與孟
子、荀子的思想有緊密聯繫。孟子關於孔子作《春秋》的論述，成爲後來《春
秋公羊》學關於孔子著《春秋》的基本理論；而重視對《春秋》之「微」的
發明，是荀子對《公羊傳》形成的最大影響。此外，《公羊傳》爲口傳之說，
不僅有歷史的依據，而且在傳中也有內證。

春秋繁露

0864　徐復觀，《春秋繁露》的眞僞問題，兩漢思想史，臺北：學生書局，1976；
　　　上海：華東師範大學出版社，2001

　　　【解題】從陰陽五行演進的歷程，論證《春秋繁露》只有殘缺，無雜僞。

0865　〔日〕齋木哲郎，《春秋繁露》の僞書說について，汲古 16 號，1988

0866　黃樸民，春秋繁露的眞僞與體例辨析，齊魯學刊，1990（2）

　　【解題】《春秋繁露》與《漢書》本傳所反映的董仲舒思想相一致或基本近似，完全可以視作為董仲舒新儒學思想的集中體現，它不可能是後人所依託的東西。

0867　黃樸民，《春秋繁露》傳本的眞偽問題，天人合一，長沙：嶽麓書社，1999

0868　江新，《春秋繁露》五行諸篇眞偽考，河北師範大學學報，2011（4）

　　【解題】《春秋繁露》五行諸篇中，《五行對》第三十八、《五行之義》第四十二是董仲舒的作品；《五行五事》第六十是宣、元之季的《尚書》學者所作；《五行相生》第五十八、《五行相勝》第五十九、《五行順逆》第六十、《治水五行》第六十一、《治亂五行》第六十二、《五行變救》第六十三等六篇和《漢書·五行志》、《說苑》相似，並且只用《尚書》而非《春秋》說災異，應劉向的作品。

0869　江新，《春秋繁露·三代改制質文》眞偽考，信陽師範學院學報，2012（1）

　　【解題】《春秋繁露·三代改制質文》篇首以劉歆《世經》的五德相生順序排列五帝，篇中的「四法說」與董仲舒對策及其他有關董仲舒的文獻相矛盾，篇末的「聖人預言說」出自緯書，這些都說明此文不可能出自董仲舒之手，而是兩漢之季的公羊後學發揮公羊先師董仲舒的「春秋改制說」，綜合在此之前流行的「三統論」、「五德終始論」、「文質論」等歷史哲學理論混合而成的。

0870　江新，《春秋繁露〈求雨〉、〈止雨〉》作者考，中國哲學史，2012（1）

　　【解題】《春秋繁露》中《求雨》篇的内容和《神農求雨書》相似，是魏晉南北朝時的作者根據董仲舒求雨指令、《神農求雨書》以及其他相關求雨材料按照五行學說整編而成；《止雨》篇由三個相互獨立的段落組成，最後兩個段落是董仲舒為江都王時下達的止雨指令，我們沒有理由懷疑其眞實性，然而第一段記載的止雨日期、止雨時所穿衣服的顏色和最後兩個段落不一致，說明其不是董仲舒的作品。

0871　黃樸民，董仲舒《春秋繁露》考辨，衡水學院學報，2014（6）

　　【解題】從文獻學的角度對《春秋繁露》的眞偽進行了較為全面的分析，

指出其書非後人所依託，而當爲董仲舒本人所著，是我們今天討論董仲舒學說的最基本資料。《春秋繁露》一書的體例雖然雜蕪，內容也不純醇，但是依然有其內在邏輯可以尋繹。

0872　（日）慶松光雄，楊憲霞，張亮，鄧紅，《春秋繁露》五行諸篇僞作考
　　　　——和董仲舒的陰陽、五行說的關聯，衡水學院院報，2015（5）

　　　【解題】作者一直對《春秋繁露》中有關五行的幾篇文章出自董仲舒之手這一說法抱有疑問。眾所周知並得到廣泛承認的說法是，現行《四庫全書》收入的十七卷八十二篇（其中第三九、四〇、五四等三篇欠缺）的《春秋繁露》，並非原來的體裁，也不是董仲舒親自著作。

0873　（日）齋木哲郎，關於《春秋繁露》的僞書說，衡水學院院報，2015
　　　　（5）

　　　【解題】考察《春秋繁露》僞書說的來源，質疑在其學說上的可能性。

0874　鄧紅，《春秋繁露》五行說辨，管子學刊，2018（1）

　　　【解題】對董仲舒只講陰陽不講五行、而《春秋繁露》大講五行，所以《春秋繁露》並非董仲舒所作，至少《春秋繁露》中的「五行諸篇」有問題的說法在哲學上和邏輯上進行了辯論，認爲在討論《春秋繁露》的文獻問題上，一直存在著一種以思想理路論眞僞，以邏輯推斷代替文本考證的傾向。單純的文獻考證也存在自己的問題。

孝經類

0875　張孟劬、姚步康，孝經作者問題的討論，光華期刊，1929（5）

　　　【解題】由張爾田的致書和姚步康的答書構成，張爾田以爲「《孝經》稱經，其由來已久；與《論語》撰於後學者微有不同。古人本無著作之權，傳者、述者渾而爲一，亦恒有之事。又古時重口說，凡一代大師其書行於世，大都爲其弟子所結集。時代先後，最難憑斷。……不必一一求其人以實之。西人治學，喜以字法、文法互相比較，然此種方法亦只能證明某書大概爲某時代出品耳。若再以此方法考據考據作者，則鄙意認爲未能確定，或切殊有危險」。姚步康於信末反對姚際恒《古今僞書考》所謂《孝經》是漢儒作品的說法，認爲《呂氏春秋》就有好幾處引用《孝經》，其餘如《韓詩外傳》等書也有；至於「經」字，戰國時墨家有《墨經》，《荀子》上引有《道經》，《韓

非子》上有《内、外儲説》之「經」，不能憑此而斷其不是先秦古書。

0876　李源澄，《孝經》出於陰陽家說，庠聲，1933（20）

【解題】《孝經》一書多，多陰陽家言，當爲七十子後學染於陰陽家者所爲書也。其託於曾子，蓋與《大戴禮記・天圓篇》相類，或爲曾子後學所作，亦未可知。

0877　王正己，《孝經》今考，古史辨（第四冊），北京：樸社，1933

【解題】《孝經》的内容很接近孟子的思想，當是孟子門弟子所著的，其成書年代在戰國末年，早不過莊子的時代，晚亦不出《呂氏春秋》的成書時代；古文《孝經》乃劉向前無名氏託今文而作。該書目錄如下：

第一章　緒言
第二章　《孝經》的今古文考
　　　　（一）今文《孝經》的沿革
　　　　（二）古文《孝經》的沿革
　　　　（三）今、古文《孝經》文字的差異
　　　　（四）今、古文《孝經》字數的差異
　　　　（五）今、古文《孝經》的眞僞問題
　　　　　　　（1）古文《孝經》孔氏傳之僞
　　　　　　　（2）古文《孝經》之僞
　　　　　　　（3）古文《孝經》的作者
　　　　　　　（4）現今《孝經》的三種本子
第三章　今文《孝經》作者考
　　　　（一）主張《孝經》是孔子作的
　　　　（二）主張《孝經》是孔子門人記錄的
　　　　（三）主張《孝經》是曾子作的
　　　　（四）主張《孝經》是曾子門人記錄的
　　　　（五）主張《孝經》是子思作的
　　　　（六）主張《孝經》是齊魯間陋儒作的
　　　　（七）主張《孝經》是孟子門人作的
第四章　孝經成書年代考

0878　徐英，孝經爲西漢今文家僞撰略說，安大季刊，1936（4）

【解題】漢儒改制託古，乃謂孔子爲漢制法，而《春秋》《孝經》之説，尤爲今文家所操持，以爲國憲民則也。徵之文體義理，考其傳授，《孝經》不出於孔子也，此漢世今文緯家之所爲。

0879　蔡汝堃，今文《孝經》成書年代考，古史辨（第六冊），北京：樸社，1938

0880　龔道耕，《孝經鄭氏注》非鄭小同作辨，志學，1942（6）
　　　【解題】該文指出《孝經鄭氏注》非鄭小同作，並列「八驗」以證之。

0881　汪馨，《孝經》著者考，中日文化，1942（8）
　　　【解題】先秦卻有《孝經》，惟因其文簡義淺，傳誦者尟，經秦火或遂告絕亡。漢初儒者雜採先秦各書，糅合僞纂，以成今本《孝經》。

0882　潘任，《孝經鄭注》考證，學海，1944（1）
　　　【解題】該文於嚴可均證《孝經鄭注》爲鄭玄所注的基礎上，又得十五證以廣證之。

0883　田良，《孝經》的著作時代與作者考，新鐸聲，1961（35）

0884　金德建，曾參作《孝經》的推測，司馬遷所見書考，上海：上海人民出版社，1963
　　　【解題】《孝經》是曾參的兒子曾申和曾參的弟子樂正子春輩共同撰述的；又由《孝經》裏稱用「仲尼」可追溯到《左傳》，可知《孝經》是傳授《左傳》的曾申輩所著述的書。

0885　胡平生，日本《古文孝經》孔傳的眞僞問題——經學史上的一件積案的清理，文史，1984（23）
　　　【解題】日本古抄本系統的《古文孝經》係自我國傳去，時代約在隋唐，它正是劉炫講於人間，立於學官的「劉炫本」，時代遠較司馬光之「指解本」爲早，文字也比「指解本」可靠；清人與近人指責日本《古文孝經》爲近世日本人所僞造，是完全錯誤的。「劉炫本」的《古文孝經》經文，現在已經找到了文字的依據（「康本」），可以證明非劉炫僞撰。通過對日本發現的《孝經述議》的研究，可以斷定劉炫決不是《古文孝經》孔傳的僞造者。

0886　黃中業，《孝經》的作者、成書年代及其流傳，史學集刊，1992（3）

　　【解題】以《孝經》係孔子所作，皆出自漢代及共以後儒者的說法，源於俄緯之書。從《孝經》一書的文體上看，它同成書於春秋戰國之際的典籍相對照，文體迥然不同；從《孝經》的用詞、用語來看，所謂「先王」、「明王」、「士民」、「至德要道」、「以孝治天下」等等，都是春秋戰國之際的人們所很少使用或不曾使用的，多見用於戰國後期和西漢初年；從《孝經》的思想內容看，它同孔、曾論孝的某些觀點有牴牾之處；從《孝經》編著者的學術派別上看，他們同戰國時期儒家學派中的孟、荀學派有著密切的淵源關係。從《孝經》同《禮記》、《大戴禮記》、《呂氏春秋》、《孟子》、《荀子》諸書的關係來看，《孝經》原是先秦禮書的一部分，成書於戰國末年的孟、荀學派之手，成書時間當在《荀子》的成書之後。孔壁《古文孝經》，應是秦始皇焚書前的本子，從時間上判斷，這個本子即是戰國末年最初問世的《孝經》。《今文孝經》是由漢初儒者再次編著而成的，但自劉向校定本《孝經》問世後，《今文孝經》便逐漸不再流傳，今本《孝經》是今古文孝經的合編本。

0887　伏俊連，《孝經》的作者及其成書時代，孔子研究，1994（2）

　　【解題】《孝經》出自孔子，而成於孔門後學，爲曾參的弟子最有可能（理由是：《孝經》全爲孔子同曾參的對話，而對曾參全部稱「子」，且在孔子的學生中，曾參以孝道著稱），春秋末年已基本成書，魏文侯作《孝經傳》是《孝經》成書於春秋戰國之交的最直接證據。關於《孝經》論孝與《論語》論孝的不同，孔子之後的八派儒學所傳的孔子學說，取捨不同，甚至有因不同而互相攻擊者，《孝經》的思想與《論語》有違，並不是否定《孝經》傳自孔子的強有力例證；《論語》中多次講到「孝」「悌」問題，其基本思想同《孝經》所宣揚的孝是一致的，這是《孝經》傳述孔子學說的最好說明。關於《孝經》中襲用《左傳》、《荀子》、《孟子》中的一些成語的說法，《左傳》雖非左丘明所手著，但它傳自左丘明，而成書於戰國初年，這一段時間左氏門人傳述左氏之學，而曾子門人受其影響而襲用其中論孝的句子，那是完全可能的；至於《孝經》襲用《荀子》中的語句，在沒有確切證據之下，倒不如說是《荀子》襲用了《孝經》中的句子；而《孝經》和《孟子》的相近，只是思想的相近，而不是句子的襲用，更不能斷定《孝經》抄襲了《孟子》。關於文章體裁，從《論語》的語錄體，發展到《孟子》的借問答的形式論述問題，再到《荀子》文章的左右援引、坐而論道的長篇大論，這是合乎人類思維邏輯的發展規律；《孝經》的問答體形式，和《孟子》相近，而又未能像《孟子》那樣鋪得開，其成書在《論

語》和《孟子》之間，是完全合乎散文文體發展規律的。

0888　張濤，《孝經》作者與成書時代考，中國史研究，1996（1）

　　【解題】《孝經》的著者爲曾子弟子，他們假託孔子與曾子對話，宣傳了曾子論孝的基本思想，但也有自己的一些新的觀念。其成書時間爲戰國初年魏文侯在位之時，即公元前445～前397年之間。

0889　彭林，子思作《孝經》說新論，中國哲學史，2000（3）

　　【解題】《緇衣》、《中庸》、《坊記》、《表記》出自《子思子》，已由郭店楚簡的發現得到證明。《孝經》與《緇衣》等四篇好在「子曰」之後引《詩》《書》，風格相同，當屬同一時代，同一作者的作品。《論語》中孔子多言《詩》、《禮》而罕言《書》，與《子思子》判然有別，用《詩》、《書》發揮孔子思想，應是子思的創造。孟子受業於子思之門人，「退而與萬章之徒序《詩》、《書》，述仲尼之意」，繼承了子思學派的傳統。《孟子》原有《說孝經》等「外書四篇」，《史記》等都曾引用。《說孝經》當是《孝經》成書於孟子之前、孟子論述其師門所傳《孝經》的證據。郭店楚簡內多處論孝，與《孝經》相表裏，表明「孝」是子思學派論討的熱點之一。

0890　朱明勳，《孝經》成書說述論，重慶師院學報，2001（1）

　　【解題】對《孝經》的產生年代及作者問題的八種觀點（孔子說；曾子說；曾子門人說；七十子之徒說；孔、曾作《孝經》後儒纂雜說；子思說漢儒說；孟子門人說），從文獻材料出發並結合有關社會背景加以比較分析，認爲「七十子之徒說」較合理，一則肯定了《孝經》爲先秦古籍，二則在無確切資料可憑時而未憑臆斷人爲規定此書爲某一個人或某一派弟子所作，只界定其爲孔門後學所爲。

0891　侯希文，《孝經》作者曾參考，西藏民族學院學報，2002（1）

　　【解題】《孝經》是先秦就有的古書，《呂氏春秋》曾引用，魏文侯《孝經傳》是其最早的注本，其主要部分與曾參的孝道思想是一致的，其作者當爲曾參。

0892　李文玲，《孝經》爲子思撰新考，管子學刊，2002（2）

　　【解題】魏文侯作《孝經傳》，說明《孝經》至遲於戰國初年魏文侯時已成書，此前對孔子稱「仲尼」者僅《孝經》和《中庸》，《緇衣》、《坊記》、

《表記》、《中庸》取自《子思子》，爲子思所作，已由郭店楚簡的出土得到證明，四篇中對孝的論述與《孝經》相近似，而且此四篇與《孝經》在「子曰」之後引《詩》、《書》，體例相同。郭店楚簡《緇衣》的出土，爲這一體例的存在提供了有力的佐證。《孝經》當是戰國初期魏文侯時子思將其祖孔子、其師曾子論孝的對話編撰整理而成的。

0893　駱承烈、沈效敏，曾子與《孝經》的關係，曾子與《孝經》，濟南：山東文藝出版社，2004

【解題】《孝經》的主要作者是曾子。

0894　舒大剛，日本《古文孝經》辨僞，中國哲學史學會 2004 年年會暨中國傳統哲學當代價值學術研討會論文集，2004

【解題】結合出土文獻和傳世資料回顧《孝經》今古文問題，重新回顧《孝經》的今古文問題，對日傳《古文孝經》經文的造假問題、日傳《孔傳》傳文的作僞問題、敦煌遺書是否存在《古文孝經》的問題，以及近時學人論證日傳《古文孝經孔傳》爲眞的證據，進行全盤清理和討論，推翻了至今仍有漢孔安國作傳的《古文孝經》傳世的錯誤結論。

0895　杜娟，1978 年以來《孝經》研究綜述，中國史研究動態，2008（3）

【解題】從「《孝經》的作者及成書年代」、「《孝經》的版本、流傳及其眞僞」、「《孝經》的思想內容」、「《孝經》的地位及評價」、「歷代《孝經》之學」、「唐玄宗《孝經注》的研究」六個方面綜述《孝經》的研究概況。

0896　趙靜，《孝經》孔傳與《尚書》孔傳非一人所作，語文學刊，2008（18）

【解題】通過《古文孝經》和《古文尚書》內容上的對比，從訓詁學角度，考證其並非一人所作。且兩本孔傳在訓釋風格上，皆訓注詳審，經義闡明通達，無疑與漢儒釋經簡略，有疑則缺的風格大相徑庭，故有晚出的嫌疑，應非孔安國所作。

0897　肖永明、羅山，近年來《孝經》研究綜述，雲夢學刊，2009（3）

【解題】對 21 世紀以來《孝經》研究涉及到成書、版本、歷代《孝經》之學、《孝經》思想等方面的論文做了番梳理，同時希望以後的《孝經》研究不要局限在對其「孝道」思想的闡釋和翻譯上，只有結合具體的歷史情境和學術背景，才能對《孝經》思想以及對中國文化的影響有較全面的認識和理

解。

0898　陳以鳳，今本《古文孝經》孔傳成書問題考辨，孝感學院學報，2009（5）

【解題】今本《古文孝經》孔傳流傳過程曲折複雜，非日本人偽造，應是魏晉時期所流傳的注本，即《家語後序》中所云「孔安國傳」本。從對史籍的記載著錄、文本的體例風格等方面分析，此書非孔安國個人所著；考諸孔安國後人對《孝經》的傳習，關於《古文孝經》訓說的史載及其和《孔子家語》、《古文尚書》兩書序言的聯繫，該書最可能成於孔家學者眾人之手，當與漢代孔氏家學有密切關係。

0899　王昆鳥，關於《孝經》作者的考辯，濮陽職業技術學院學報，2011（2）

【解題】從「孝行」、「孝治」和「孝道」三個方面對《大戴禮記》中關於曾子論孝和《孝經》中的思想做了一些比較，發現《大戴禮記》中的《曾子十篇》關於曾子對孝道的論述和《孝經》中的思想總體是一致的，在《孝經》成書的一百多年間，孝道思想與《孝經》思想保持如此高度一致的只有曾子一人。因此，無論是從時間上，還是從思想上來說，曾子都應該是《孝經》的作者。

0900　常佩雨，《孝經》作者新論，孝感學院學報，2012（1）

【解題】關於《孝經》作者，約有九說：孔子自撰說，曾子所錄說，子思所作說，七十子之徒遺書說，齊魯間儒者附會說，孟子門人所著說，漢儒所作說，折中說，曾子門人編錄說。從先秦古書成書體例、思想內容、出土文獻旁證等方面考察，認爲曾子門人編錄說較妥當，具體而言，當是樂正子春。

0901　舒大剛，《孝經鄭注》眞偽諸說平議，儒藏論壇，2012

【解題】歷代對於《孝經鄭注》的爭議，大致經歷四個時期：（一）南朝到唐代的懷疑期，這一時期的懷疑以陸澄和劉知挑爲代表，陸澄從「注文不類他經」立說，劉知幾以「不見著錄」爲論，但是他們都忽略了許多反證，舉證不全面，因而沒有說服力。（二）從清初至乾隆時，朱彝尊、余蕭客、王謨、陳鱣、臧庸、袁鈞等人，依據古注舊疏，廣泛輯佚，使學人初識《鄭注》；與此同時，日本學人也對《鄭注》的輯佚和恢復作出了努力，並取得多項成績。（三）嘉慶初年，日本岡田挺之從《群書治要》輯出的《孝經鄭注》傳人

中國，引起中國學人對日傳《鄭注》眞僞的熱烈討論。在相持不休的狀況下，
一批中國學人，如黃奭、洪頤煊、嚴可均、孫季咸、皮錫瑞、龔道耕等人，
又回過頭來綜理舊文，他們在前人輯佚基礎上，繼續旁徵博引，鈎稽沉溟，
使《鄭注》輯佚工作達到當時最高水平。但是由於資料仍然是一鱗片爪，證
據不足，《鄭注》眞僞和是否鄭玄所撰，仍然處於疑信之間。（四）清末敦煌
遺書發現後，在尚殘存的 30 餘件《孝經》文獻中，赫然發現了 10 餘件鄭氏
《孝經》及其《序》、《注》，爲《鄭注》的恢復提供了最原始也最爲完整的祖
本。以此爲依據，日本專家林秀一、中國學人陳鐵凡皆奮起校錄，分別撰成
《孝經鄭注》復原專著，終於使《鄭注》原貌得到最大限度的重見，《鄭注》
作者問題也得到徹底解決。現在關於《孝經鄭注》校好的輯本有五種：一是
嚴可均輯本，二是皮錫瑞疏本，三是龔道耕輯本，林秀一《孝經鄭注復原研
究》、陳鐵凡《孝經鄭注校證》。不過，此五本的主要工夫仍然在於恢復《鄭
注》原貌、論證「鄭注」眞實上，對於抉發《鄭注》之孝悌思想，以爲《孝
經》推廣普及之助，則有待於來學。

0902　曾祥芹，維護曾子在《孝經》和《大學》中的主著權──復審兩樁古
　　　老的著作權公案，山東圖書館學刊，2013（3）
　　　【解題】在駱承烈、沈效敏《曾子與〈孝經〉》一書關於《孝經》作者
問題討論的基礎上，又從文章閱讀學、寫作學、版本學、文章本體學、文章
主體學等視角考察，認爲《孝經》的主要作者是曾子。

0903　許剛，《孝經》作者考論，國學而立集，武漢：華中師範大學出版社，
　　　2013
　　　【解題】對《孝經》作者的九種說法（孔子說；曾子說；孔子門人說；
曾子弟子說；後人、齊魯間陋儒附會；子思說；漢人僞託說；七十子之徒說；
孟子弟子說）作了檢討，認爲《孝經》大義原自孔子，草稿成於曾子，定稿
成於子思。

0904　張東微，《孝經》作者非曾參管見，紅河學院學報，2013（6）
　　　【解題】從人名稱謂不符、思想內容相悖及先秦孝道觀發展流變等角度
出發，認爲《孝經》最早源於孔子向其弟子們講孝，可能是零散、無系統的，
他的學生把這些議論記錄下來，歸納整理成聽課筆記，再加工、潤飾。最初
做這項工作的可能是曾參，再後來曾參講學又授於其弟子以此相傳，因此文

中曾參被尊稱爲「曾子」。從這個意義上講，孔子、曾子和曾派弟子都是《孝經》的廣義作者。

0905　舒大剛，中國孝經學史，福州：福建人民出版社，2013
　　　【解題】該書相關章節目錄如下：
　　　第二章　先秦「孝道」觀念與《孝經》的形成
　　　第一節　上古「養老」傳統與「孝道」觀形成
　　　第二節　《孝經》形成諸說
　　　第三節　對《孝經》作者諸說的審察
　　　第四節　孔子與《孝經》
　　　　　　　一　孔子作《孝經》是西漢相傳師說
　　　　　　　二　孔子作《孝經》是漢唐學人之公論
　　　　　　　三　孔子思想與《孝經》內容一致
　　　第三章　《孝經》在周秦時期的傳播與研究
　　　第一節　先秦儒學概觀
　　　第二節　孔門的《孝經》傳授
　　　　　　　一　孔門論孝；
　　　　　　　二　閔子騫「善事父母」
　　　　　　　三　有子以「孝悌」爲仁之本
　　　第三節　曾子與《孝經》
　　　第四節　子思與《孝經》
　　　第五節　戰國諸儒的《孝經》傳授
　　　　　　　一　樂正子春與《儒家者言》
　　　　　　　二　魏文侯與《孝經傳》
　　　　　　　三　孟子與《孝經》
　　　　　　　四　荀子與「孝道」
　　　第六節　不絕如縷的秦人《孝經》學
　　　　　　　一　秦人「非孝」與《孝經》失傳
　　　　　　　二　《呂氏春秋》與《孝經》

0906　袁青，《孝經》成書時代新辨，齊魯學刊，2014（5）
　　　【解題】《魏文侯孝經傳》應視作魏文侯《孝經》之傳，與前人所理解

的魏文侯《孝經傳》有所不同,《呂氏春秋》所引「《孝經》曰」並非注文誤入原文;又以《魏文侯孝經傳》及《呂氏春秋》爲突破點,認爲《孝經》的成書上限當爲魏文侯之時,下限當爲《呂氏春秋》成書之時。

0907 佟大群,論唐代的文獻辨僞與官方學術──以《孝經》孔、鄭注眞僞之辯爲中心,陝西學前師範學院學報,2014（6）

【解題】《孝經鄭注》和《孝經孔傳》淵源有自,卻在流傳過程中頗遇波折,經、注早失體統,已非原貌,不可據隋、唐文本之眞僞,定兩漢事蹟之有無。劉知幾、司馬貞等人圍繞《孝經鄭注》和《孝經孔傳》等問題,展開激烈論辯,其實質就是以《孝經》孔、鄭注爲代表的「南北學」之爭及「今古文」之辯的繼續。同時,這也向以唐玄宗爲首的關隴貴族,昭示了繼續大力推進文化發展、統一經術的必要性和緊迫性。唐玄宗基於不糾結於「小疵」而發揮「異說」,不糾纏於「門派」而弘揚「大義」的考慮,詔令擱置眞僞之論而並立學官,後又在諸儒所論的基礎上,廣採眾說,兩次親注《孝經》,從而在推進經術統一、「以孝治國」的道路上,邁出了堅實的一步。

0908 徐正英、常佩雨,《孝經》的成書時代、作者及版本考論──以出土文獻「郭店簡」「上博簡」「定縣漢簡」等爲參照,國學研究（第33卷）,2014

【解題】從文本的名稱、傳播、體裁、思想源流、衍生形態等方面推測,《孝經》當成書於戰國早期;又從先秦古書成書體例、思想內容、出土文獻旁證等方面考察,認爲曾子門人編錄說較妥當,具體而言,當是樂正子春。歷史上《孝經》版本至少有七種系統,從國家圖書館藏《孝經》善本看,該書的傳播流傳經歷「元典定型──廣泛詮釋──文獻衍生」的文獻傳播一般過程。

其他

0909 歐陽縈雪,《孝經直解》作者考,濮陽職業技術學院學報,2012（12）

【解題】民國二十一年《重修滑縣志》卷六靳一玉《滑州重修學記》透露了金人撰有《孝經直解》一書的信息,由此考證出作《直解》者爲河平軍節度使奧屯忠孝。金朝爲少數民政權,與南宋對峙了一百多年,憑的不只是軍事上的優勢,奧屯忠孝「王道之基,莫先教化;教化之源,始於學校;學

校不立，何以化人」的重教主張便是一個明證。金代關於《孝經》的著述，僅白賁《孝經傳》一種；《滑州重修學記》關於《孝經直解》的記述，爲遼、金《藝文志》的著錄增添了新的內容。

0910　劉增光，劉炫《孝經述議》與魏晉南北朝《孝經》學——兼論《古文孝經孔傳》的成書時間，復旦學報，2015（3）

【解題】《孝經述議》在《孝經》學史上綜合了南北思想，成爲走向唐代經學統一時代的先導，可謂是《孝經》學發展的一大轉折點。《古文孝經孔傳》對《孝經》的解釋有著濃重的法家色彩，將《孝經》解釋爲飽含刑名治術之書，此正與曹魏時期的名理之學及博通風氣相合，同時亦與曹魏以重典治國相應，以此爲線索可推測該書之成書當在曹魏時期。而《孝經述議》對頗富法家意味的《古文孝經孔傳》不但未予以批評，反而能予以高度認同，也正是因爲兩者均成書於從分裂走向統一、需要強調法治以整合社會的歷史時代。魏晉南北朝時期正是律法儒家化的時期，儒、法關係與當時的忠孝之辨、仁孝之辨緊密結合在一起，成爲三大主題；《孝經》本身論述忠孝關係，且有專門關涉律法的《五刑章》，故成爲當時士人關注的重要典籍。劉炫對這三大主題都做了回應，他主張忠先於孝、仁大於孝，此正與其主張不孝之罪在三千刑律之內的立場一致，而劉炫的解釋也凸顯出歷史上對《孝經》的解釋呈現出禮儀化和刑法化兩種不同的趨向，這體現出了法律的儒家化和儒家經學對法家思想的吸收之兩重面向。

0911　司領超，日傳本《古文孝經孔氏傳》考，天津師範大學碩士學位論文，2017

【解題】日本學者太宰純於享保十七年（1732）刊行《古文孝經孔氏傳》，隨後此書由鮑廷博好友汪鵬在日本長崎購得並帶回國內。日傳本《孔傳》的回傳，引起了清代學者對《孔傳》眞僞問題的討論：有人認爲此書是中國久已失傳的古籍，如盧文弨、王鳴盛；有人懷疑此書爲日本人僞作，如阮元、孫志祖；有人認爲此書雖是中國古籍，但懷疑其作者非孔安國，如鄭珍認爲此書是劉炫僞作，丁晏認爲是王肅僞作。關於這一問題的爭論，至今仍眾說紛紜，莫衷一是。然而《孔傳》並非日本人僞作，確爲中土古籍，這一點由隋代劉炫《孝經述議》可得證實。劉炫推崇《孔傳》，曾作《孝經述議》以解《孔傳》。因《述議》與《孔傳》之間關係密切，本文欲利用《孝經述議》，

證明今日傳本《孔傳》為中國古籍，非日本人偽作，同時對《孔傳》非劉炫偽作這一觀點進行補證。又據現存文獻資料，從詞彙辨析、術語溯源的角度看，《孔傳》中各別用語經考察皆晚出，並非漢孔安國時代所有。由史書得知，《古文孝經》與《古文尚書》同出於孔壁，然而兩書「傳序」所及之相同問題卻有不同的記述，這表明兩書並非出自同一作者，眾多可疑之處皆論證了《孔傳》非漢孔安國所作，乃後人所偽作一事。

0912　舒大剛、尤瀟瀟，日本《古文孝經孔傳》真偽再考察，濟南大學學報，2018（4）

　　【解題】日本傳《古文孝經孔傳》自乾隆年間傳入中國，其真偽就一直是爭論不休的問題。肯定者以為漢孔安國本「失之中國得之東瀛」為稀世珍寶；否定者則從引文、著錄和語言等角度加以證偽，其中以《四庫提要》、鄭珍所撰文最具說服力。近時，由於敦煌遺書的發現，證實了歷史上同樣有爭議的《孝經鄭玄注》的真實性，於是又有學人試圖引以證明孔傳的真實身份。通過審核梳理各家的證據，發現並不周延；復審日本傳本的經傳文字，發現經文承襲了南宋學人合編玄宗注、司馬光指解和范祖禹說時造成誤注的錯誤；其傳文又與漢唐傳孔傳遺文並不一致，說明並非中國漢唐所傳孔安國本《古文孝經孔傳》。

0913　高亮，隋代《古文孝經》發現者辨（上）（下），中華文史論叢，2018（1）

　　【解題】宋邢昺《孝經疏》述及古文本《孝經》發現過程，是辨別《古文孝經》真偽的重要史料，但因其間文字舛，致使部分內容敘述事跡象不明，弱化了其史料價值。今就其中所言購得古本並呈送王劭之「秘書學生王逸」者究竟何人，稍作考索，試還其真。梳理隋代學人，發現有一位王孝籍頗符合《孝經注疏》的記載。

五經總類

0914　周予同，「六經」與孔子的關係問題，復旦學報，1979（1）；周予同經學史論著選集，上海：上海人民出版社，1983

　　【解題】「六經」絕非一人作於一時一地，孔子對不同傳本的典籍進行了整理，其整理有一定的標準，現存的五部「經書」不完全是孔子整理後的原書。

0915　金景芳，孔子與六經，金景芳古史論集，長春：吉林大學出版社，1991
　　　【解題】六經是當時孔子爲了教學所編的教科書，孔子對《詩》、《書》所做的加工是「論次」，對《禮》、《樂》所做的加工是「修起」，對《易》則是做《易傳》，對《春秋》則是另成新著。

0916　林慶彰，《五經大全》之修纂及其相關問題探究，中國文哲研究集刊創刊號，1991

0917　王世偉、岳氏《九經三傳》與岳珂無涉，讀書，1985（7）；圖書館學文獻論叢，上海：上海書店，2000
　　　【解題】岳氏《九經三傳》爲元初所刊，荊溪家塾當指義興岳氏，與岳珂無涉。

0918　汪紹楹，相臺岳氏刊九經三傳考，文史，1987（28）
　　　【解題】刊《九經》、《三傳》者，屬相臺岳氏；此岳氏或即岳珂支裔，刊於元而絕非宋。

0919　崔富章，《刊正九經三傳沿革例》作者非岳珂辨，古籍整理出版情況簡報，1989（205）

0920　王玉良，關於岳刻九經以及《刊正九經三傳沿革例》的作者問題，圖書館學通訊，1990（2）

0921　張政烺，讀《相臺書塾刊正九經三傳沿革例》，中國與日本文化研究論集，北京：中國大百科全書出版社，1991
　　　【解題】從岳珂、岳濬籍貫生平、《沿革例》內容及史料記載等幾個方面，認爲相臺本九經乃元初宜興岳濬據廖瑩中世綵堂本校正重刻，與岳珂無涉。

0922　陳植鍔，從疑傳到疑經——宋學初期疑古思潮述論，中國經學史論文選集（下），臺北：文史哲出版社，1993

0923　張文彬，《經義述聞》作者之商榷——兼駁劉盼遂「《述聞》係王引之竊名」之說，國文學報，1980（9）
　　　【解題】駁斥了劉盼遂《經義述聞》係王引之竊其父之作的論斷。

0924　楊新勳，《六經奧論》作者與成書考辨，淮北煤炭師範學院學報，2006（4）
　　　【解題】《六經奧論》爲改編署名「二鄭」的《六經雅言圖辨》而成，

編定時間大致在宋末；《六經奧論》夾行小注中標注出處和所指部分元初已有，其闡明原因和意義的部分蓋出於明初危邦輔祖父之手，其內容確與鄭樵有關，但也有許多並非鄭樵的言論。

四書類

大學

0925　馮友蘭，《大學》爲荀學說，古史辨（第四冊），北京：樸社，1933

【解題】荀子爲戰國末年之儒家大師，後來儒者多出其門；荀子又多言禮，故大小戴《記》中諸篇，大半皆從荀學之觀點以言禮；其言學者，《大戴記》中直抄《荀子‧勸學篇》，《小戴記》中之《學記》，亦自荀子之觀點以言學；蓋當時荀學之勢力，固較漢以後人所想像者多多也。《學記》以「知類通達，強立而不反」，「足以化民易俗，近者悅服而遠者懷之」，爲「大學之道」；《大學》亦以「格物，致知，正心，誠意，修身，齊家，治國，平天下」，爲「大學之道」；二者之主要意思相同，《大學》中所說「大學之道」，當亦用荀學之觀點以解釋之。

0926　徐復觀，先秦儒家思想的綜合——大學之道，中國人性論史‧先秦篇，
　　　　臺北：中央書局，1963；上海：上海三聯書店，2001

【解題】《大學》成於秦統一天下之後，西漢政權成立以前；《大學》的內容受孟子思想系統之影響爲主。

0927　趙澤厚，《大學》的作者問題，大學研究，臺北：中華書局，1972

【解題】就關於《大學》作者的幾種的學說逐一進行探討，認爲《大學》非孔子、曾子、曾子門人所作，亦非子思或荀子作；《大學》似爲董仲舒所作，即使非本人，但作者之思想亦與董氏極有關係。

0928　胡止歸，《大學》之著作時代及其與《中庸》之思想同異比較研究，續
　　　　僞書通考，臺北：學生書局，1984

【解題】《大學》所言較《學記》具體而緻密，當爲繼《學記》編著之後，故篇首即以「大學之道」發端，其成書年代當與《學記》同時代或稍後。

0929　勞榦，《大學》出於孟學說，續僞書通考，臺北：學生書局，1984

【解題】《大學》成書於孟子之後，荀子以前；其學説與《孟子》相近，似出於孟子之徒。

0930　羅華文，《大學》成書時代新考，孔子研究，1996（1）

【解題】《大學》的成書大體在孔子、曾子之後，孟子、荀子之前的戰國前期，即公元前五世紀左右，係出於曾氏之儒一派的純儒家作品；它的出臺是曾氏之儒向思、孟氏之儒轉化的一個極爲重要的環節；然其文「多用排語」，且思想邏輯甚強，似乎有經戰國中、後期儒者潤色的痕跡，但不能由此將它的成書時代下移。

0931　梁濤，《大學》早出新證，中國哲學史研究，2000（3）

【解題】近年來出現的《大學》晚出的各種理由均不能成立，《大學》應成於曾子或其弟子之手；通過與帛書《五行》經、傳的對比，認爲傳統分《大學》爲經、傳兩個部分不能成立，《大學》應爲獨立的一篇，程顥修訂的《大學》最接近原貌。

0932　黃芸，「《大學》早出新證」獻疑，中國哲學史，2006（1）

【解題】該文係對梁濤《〈大學〉早出新證》一文而發，認爲今天所知的古代作品（尤其是先秦作品）有著「逆生成」的共同特點，與其根據某些段落討論整部作品的形成時間及與其他作品的淵源關係，不如討論特定段落的形成時間及相關思想的發展，可能更爲合適。

0933　紀文晶，《大學》成書公案與流傳，曲阜師範大學碩士學位論文，2008

【解題】《大學》的最初成篇時間當爲戰國初期，即孔子、曾子之後，孟子、荀子出現之前。

0934　胡治洪，論《大學》的作者時代及思想承傳，陝西師範大學學報，2008（5）

【解題】《大學》爲特重德性德行亦即內聖外王之道的曾子學派的作品，其文本完成於戰國中前期至西漢初期二三百年間。《大學》秉承了二王三代聖賢一以貫之的實踐和學思傳統，由此具備了上升爲儒家經典的思想基礎。經過董仲舒、韓愈，特別是朱熹、王守仁的闡揚，《大學》在中國歷史社會中發生了愈益重大的思想影響。

0935　金建州，《大學》的作者研究，語文建設，2012（20）

【解題】該文基本參考趙澤厚《〈大學〉研究・〈大學〉的作者問題》而來。

0936　劉光勝，《大學》成書問題新探——兼談朱熹懷疑《曾子》十篇真實性的內在思想根源，文史哲，2012（3）

【解題】將《曾子》十篇、郭店儒簡與《大學》比較後，發現《大學》內外貫通的治國理路、正心誠意的修身路徑、忠恕內省的推仁方法，在《孟子》之前都已出現，因此《大學》成書晚於《孟子》的說法不能成立。朱熹對《大學》和《曾子》十篇均持懷疑的態度，但懷疑的內容不同：朱熹懷疑《大學》，是擔心《大學》文本與自己學說扞格不通之處並未完全解決；他懷疑《曾子》十篇，是疑其不偽，影響自己對《大學》聖經賢傳的論定。

中庸

0937　杜鋼百，《中庸》偽書考，實學，1926（1～3）

【解題】《中庸》不但非一篇也，亦不似出於一手者，其義有極精粹者，有平平無奇者，間亦有可疑者，即所引孔子之言亦不倫，參差不齊，其非一人作明甚。

0938　王維集，《中庸》新考，留京潮州學會年刊，1926（2）

【解題】《中庸》不是子思作的，而是漢儒偽造的。

0939　馮友蘭，《中庸》的年代問題，古史辨第四冊，北京：樸社，1933

【解題】《中庸》首段自「天命之謂性」至「天地位焉，萬物育焉」，末段自「在下位不獲乎上」至「無聲無臭至矣」，多言人與宇宙之關係，似就孟子哲學中之神秘主義傾向加以發揮，其文體亦大概為論著體裁。中段自「仲尼曰君子中庸」至「道前定則不窮」，多言人事，似就孔子之學說加以發揮，其文體亦大概為記言體裁；由此點推測，則此中段似為子思原來所作之《中庸》，即《漢書・藝文志》儒家中之《子思子》二十三篇之類。首末二段乃後來儒者所加，即《漢書・藝文志》「凡禮十三家」中之《中庸說》二篇之類也，「今天下車同軌」等言皆在後段，更可見矣。《中庸說》之作者，名其說為「中庸說」，必係所謂「子思之儒」；但其中又發揮孟子之學說，則又為所謂「孟氏之儒」；蓋二派本來相近，故《荀子・非十二子》以之為一派也。

0940　徐復觀，《中庸》的地位問題——謹就正於錢賓四先生，學術與政治之
　　　間（乙集），臺北：中央書局，1957；臺北：學生書局，1985
　　　【解題】錢穆所説「《中庸》之説本於《莊子》」不正確，《中庸》當出
於莊子之前。

0941　胡止歸，《中庸》章句淵源辯證，大陸雜誌，1958（7）；續僞書通考，
　　　臺北：學生書局，1984
　　　【解題】《禮記》一書，其思想多淵源於荀子，《中庸》爲《禮記》之一
篇，實亦未能例外。「中庸」、「中和」、「誠化」、「愼獨」等實爲《中庸》之重
要思想，而考其語源實出於《荀子》。今按：爲何不是相反呢？

0942　胡止歸，《中庸》著作年代辯證，大陸雜誌，1961（5）；續僞書通考，
　　　臺北：學生書局，1984
　　　【解題】《中庸》當作於董仲舒《對策第一》（公元前 134 年）以後，以
迄劉向卒年（公元前 6 年）以前作品。今按：此説難以成立。

0943　徐復觀，從命到性——《中庸》的性命思想，中國人性論史・先秦篇，
　　　臺北：中央書局，1963；上海：上海三聯書店，2001
　　　【解題】該文基本觀點與《〈中庸〉的地位問題》一文沒有大改變，但
作了補充修正。相關目錄如下：一、《中庸》文獻的構成及其時代；二、第二
十章的問題；三、《中庸》上篇思想的背景與結構；十二、下篇成篇的時代問
題；十三、上下篇的關連。

0944　金德建，子思作《中庸》的推測，司馬遷所見書考，上海：人民出版
　　　社，1963
　　　【解題】《中庸》成書於孟子以前，當出於子思所作。

0945　金德建，論子思作《中庸》於宋地，司馬遷所見書考，上海：人民出
　　　版社，1963
　　　【解題】《史記・孔子世家》説子思「嘗困於宋，作《中庸》」，且《中
庸》書中也有濃厚的宋國地方原有思想，故知子思作《中庸》於宋地。

0946　張學波，《中庸》作者及其哲理研究，孔孟月刊，1967（7）
0947　陳兆榮，《中庸》作者的研究，中庸探微，臺北：正中書局，1975；續

僞書通考，臺北：學生書局，1984

【解題】《中庸》是子思的作品，但是有一部分是後人增添上去的。

0948　劉玉國，《中庸》著成年代平議，聯合學報，1987（4）

0949　洪家義，《中庸》思想的形成及其產生的歷史根源，江海學刊，1987（4）

0950　徐克謙，淺論《中庸》基本思想的產生年代，齊魯學刊，1989（2）

【解題】通過《中庸》裏「誠」這一重要範疇的考察，認爲《中庸》不僅產生在孟子而且產生在荀子之後，至早也只能是在戰國末年完成的。《中庸》關於「誠」的重要思想，是在綜合了孟、荀的有關論述的基礎上進一步發展起來的，把《中庸》僅僅看成是所謂「思孟學派」的思想材料也是不恰當的。

0951　廖煥超，《中庸》作者是子思嗎，營口師專學報，1989（1）

0952　廖煥超，《中庸》作者獻疑，孔子研究，1990（2）

【解題】該文與其說是考定《中庸》的作者，毋寧說是考定《中庸》產生的時代；否定「子思作《中庸》」，正是要肯定《中庸》出自秦漢間人手。作者從《中庸》的一些提法如「今天下車同軌，書同文，行同倫」等確定其寫作年代外，還從孟子、荀子與子思的關係來考察：孟子師事子思，荀子批評子思，但二人都未提《中庸》，也未褒揚或批評《中庸》內容；《孟子》與《中庸》都談到「中」、「誠」、「仁者人也」，但據其思想內容看，是《中庸》抄襲並發展《孟子》而不是相反。此外，作者還認爲《史記‧孔子世家》中「子思作《中庸》」一語，是後人所增竄的。今按：此說難以成立。

0953　鄒玉現，關於《中庸》的作者及著作年代，山西大學學報，1990（1）

【解題】從《論語》、《孟子》、《中庸》三書關於鬼神、天道觀念的論述，《中庸》與《大學》和《易傳》的思想聯繫，先秦諸子的文體風格和語言特點三個方面來考察《中庸》的作者及著作年代，認爲《中庸》不可能作於戰國前期，而只能作於戰國中期以後，其作者只能是戰國中期以後的思孟學派的後學者，而不可能是戰國前期的子思。

0954　郭沂，《中庸》成書辨正，孔子研究，1995（4）

【解題】今本《中庸》除漢人雜入的文獻外，由兩部分組成：第一部分爲原始《論語》佚文，第二部分才是子思所作的《中庸》，但絕非如徐復觀先生所言，「可以說是對所引的孔子的話所作的闡發及解釋，也可以說是一種傳

注的性質」。

0955 楊朝明，《中庸》成書問題新探，齊魯文化研究，2004；河南科技大學
學報，2006（5）

【解題】今本《中庸》本來應有四個部分：通過與上博竹書《從政》篇
的對比，看出朱熹分章的第二章到第九章應爲原始本的《中庸》；通過與《孔
子家語・哀公問政》等的比較，看出「子路問強」和「哀公問政」原來分別
爲一個部分；今本第一章和「博學之」以下是一個部分，可能屬於原來《子
思子》中的佚篇。既然今本《中庸》至少有兩部分出自《子思子》，《孔子家
語》又與子思有密切關係，再考慮到子思著作本來就有專門記述孔子遺說的
內容，不妨仍然將今本《中庸》的作者歸於子思。

0956 李文波，《中庸》成書再辨正，南京社會科學，2005（6）

【解題】《中庸》的成書時間不會晚於公元前 300 年，甚至更早，一開
始或是零散的篇章文字，是並無統一結構的斷片排列組合，但其核心思想大
體無出其外；至於其編寫成書則當在稍後一段時間，可能遲至戰國中晚期，
甚至秦漢之際，特別是秦火之後經漢儒重新編定成書的可能性還是存在的，
只不過由漢人重新編選的《中庸》，究竟是否完全根據原始典籍所定，抑或在
多大程度上進行了刪補，這都還是難以斷言的問題。如果說《中庸》爲子思
單獨所作尚嫌論據不夠不直接的話，至少《中庸》部分出自子思的推論存
疑不大，由古書傳承性來看，子思所作《中庸》極可能構成了《中庸》文本
內在的核心要義。「誠明」部分應爲子思所原創，「子曰」部分極可能是子思
（及門人）所記孔子語。對《中庸》的研究不僅要從其文本被解釋的歷史去
探討，還應該將孔子及《論語》納入到《中庸》研究的參照體系之內，將孔
子及《論語》作爲研究中庸所必須的背景與焦點問題來深入考量。

0957 鄒憬，《中庸》成書公案與今本《中庸》的流傳與升格，曲阜師範大學
碩士學位論文，2008

【解題】「《中庸》的作者和成書年代」一節認爲，子思曾作《中庸》是
可信的，《史記》、《孔叢子》不會憑空偽造這一事實，只是經過長期的歷史流
傳，戴聖編集《禮記》時所收入的《中庸》，已經不是子思所作《中庸》的本
來面目了。雖然今本《中庸》之內容有可能全部或者至少部分爲子思所作，
但是它並不是一個整體，而是包括了兩個或更多的部分。

0958　張卉，舒大剛，《中庸》成書新探——從範疇詮釋的角度，孔子研究，2014（3）

　　【解題】《中庸》之「天命」與「性」、「慎獨」、「中和」、「誠」等重要範疇，在郭店簡之《性》、《五行》、《教》等篇中得到了豐富和發展，且都與子思及其學派相關。因郭店簡是戰國中晚期的作品，故《中庸》應在此之前，當爲戰國早期的作品，子思所作，文本中明顯不是戰國時期的個別表述，這並不影響《中庸》主要意義的表達。《中庸》以及郭店簡、上博簡代表了戰國時期子思學派的思維方式，即超越了日常道德訓誡，而上升到哲學和心性本體的高度，儒家心性哲學體系當是由子思學派開啓的。

0959　楊少涵，「子思作《中庸》」辨疑，光明日報，2015

0960　黃效，《中庸》考辨，廣東技術師範學院學報，2016（10）

　　【解題】《中庸》歷來是一篇充滿爭議的文獻，其作者和成書問題非常複雜。由於特殊的歷史形態，它不能算是一篇成於一人一時之手的文獻。它是儒家學派思想累積而成的，只不過是大部分經子思之手而已。所以它只能算是一篇歷經了幾代人、成於一個學派的文獻，且其中還包含著被秦漢人篡改的成分。正是如此，《中庸》的文本也體現出先秦文獻的四個基本特性：作者的集體性；成書的歷時性；文獻的學派性及傳播的篡改性。

0961　張培高，《中庸》作者考辨，中共寧波市委黨校學報，2016（2）

　　【解題】考辨《中庸》的作者，首先要釐清《史記》之《中庸》、《子思》之《中庸》與《禮記》之《中庸》的關係。其實《史記》之《中庸》、《子思》之《中庸》與《禮記》之《中庸》不是一回事，《禮》之《中庸》只是《史記》之《中庸》或《漢志》之《子思》的一篇而已。要證明今本《中庸》的作者，可以從「檢討主張《中庸》非子思所作的立論根據」、「辨析《禮記》與《古記》的關係」、「分析《中庸》與《孟子》的關係」等方面分析。無論從哪個方面分析，都可以確定《禮記・中庸》爲子思所作。

論語

0962　方景略，《論語》孔注辨僞，眞實半月刊，1936（2）

　　【解題】孔安國未嘗傳《古論語》，《論語》孔注與《孔子家語序》、《尚書傳》實爲一手所造之書，造僞者爲王肅，其傳自鄭沖。

0963　陳少銘，《論語》篇目辨，雲大特刊，1937

　　【解題】撰《論語》時所列篇章之次序，非有理智之成分也，必當時聖門各派之材料，先行搜獲，即列之先，後來者，則列之後；編纂者之初意，只求孔子言行之多量搜集，使之行遠傳久也。

0964　趙貞信，《論語·堯曰章》末二章探源，史學集刊，1937（3）

0965　顧頡剛，《論語·堯曰章》辨偽，古史辨（第七冊），上海：開明書店，1940

　　【解題】《堯曰章》早則出於戰國之末，遲則當在秦漢之交，乃後人採鄒衍學說而成。

0966　趙貞信，《論語·堯曰章》作於墨者考，中德學誌，1943（1～2）

　　【解題】墨家學說之混入儒家，遠在孟子之時，到戰國末年已成源遠流長，根深蒂固，凡是墨家好的部分部和儒家相同，而不同的部分則均係儒勝於墨，勝於不但儒家自己早已視若固有，其他人也沒有疑心到他們的學說的來源的，兩戴《記》中墨家言論很多，就是儒家採取墨學的成績。《論語·堯曰章》實爲墨者言論，其所引用之材料最遲亦爲戰國晚期材料，再由「萬方」二字之使用來看，其成篇當在秦統一天下之後。因《論語》一書在漢以前本無成書，文帝時始由博士就四方收集得來之一大堆記載孔門言行之竹簡中選擇其比較純粹之若干零篇單簡編纂而成；《堯曰章》蓋此時雜入其中，而編之末章。

0967　趙貞信，《論語》究竟是誰編纂的，北京師範大學學報，1961（4）

　　【解題】《論語》最初編成於文、景的時候，而編撰人是當時任博士職的齊、魯大師。

0968　趙貞信，《論語·堯曰章》來源的推測，北京師範大學學報，1962（3）

　　【解題】前人對《論語·堯曰章》有三種看法（含有深意說、斷簡殘篇說、《論語》後序說），其中「斷簡殘篇說」最近情理，因爲古書大都單篇別行，而傳其書者，續有所得，則附之於篇末，因此醇疵不等，文體互異；而且古人校勘古書，往往可信的排在前面，不太可信的排在後面，最不可信的排在最後。《堯曰章》被列爲末篇，實緣於編纂《論語》的人對這篇的內容最不信任，不過不忍使它遺失，姑且把它附在最後的。《堯曰章》前數節是《墨

子・兼愛篇》的引文，被收入《論語》，是因爲晚起的學人好兼採各家，秦漢之際，一方面儒、墨各有自己獨立的系統，另一方面更有混合儒、墨的學者，儒家言可以羼入墨家的書中，墨家言也可以混進儒家的書中，《堯曰章》既雜入於傳記（《論語》在漢代是屬傳記類的），又被認爲是聖人之言，故被編入。

0969　胡止歸，《論語》編撰源流考，大陸雜誌，1965（6～8）；論語辯證，
　　　　臺北：聯經出版事業公司，1978；續僞書通考，臺北：學生書局，1984
　　　　【解題】《論語》之初編年代，當在孔子卒後三十一年乃至四十三年以上，然當時尚無「論語」之名。其續編年代當在孟子卒後，且《孟子》一書經其弟子編集完成之後，其距孔子卒後已近二百年以上；當時《論語》之上、下《論》，兩者或當別行；所謂《魯論》本與《齊論》本，其同異之別，乃當於此中求之；至此《論語》一書，迄漢宣帝時猶名之曰「傳」。其再編年代，亦即《論語》之魯、齊《論》（或即上、下《論》）合訂本之編集時期，當在張禹爲博士（公元前49年）之後，而完成於成帝即位（公元前44年）之前，其距孔子卒後已近四百三十年以上，此時《論語》一書之名乃告成立。

0970　覃適芝，《論語》內容的懷疑，自由報，1970，9，26
0971　張學坡，《論語》之編纂及其篇章眞僞略考，孔孟月刊，1978（11）
0972　楊伯峻，《論語》的作者和編著年代，論語譯注，北京：中華書局，1980
　　　　【解題】《論語》一書乃成於眾手，最後或爲曾子弟子編纂而成，其著筆時間爲春秋末期，成書在戰國初期。

0973　顧洪，皇侃《論語義疏》釋文辨僞一則，文史，1985（25）
0974　劉誠，《論語・鄉黨篇》辨僞，湖南師大社科學報，1986（2）
　　　　【解題】從孔子生平、日常物品、語言體制三方面來考察，發現《鄉黨篇》的思想內容和語言形式，同《論語》其他各篇對照，齟齬之處很多，所記載的某些物品是春秋時代不能有的，或者不常見的，均與孔子無關，可能是西漢人雜採「三禮」刪削而成的，以西漢末的張禹的可能性最大。

0975　張信，論《論語》的主要作者，內蒙古師範大學學報，2002（5）
　　　　【解題】關於《論語》主要作者的三種主要觀點的基本分歧在於：（1）是孔子弟子還是再傳弟子爲《論語》作者的主體？（2）在《論語》創作過程中，是經歷了群賢錄寫、主要人物編輯成書、曾門增補三個階段，還是群賢

錄寫、曾門編定兩個階段？作者在肯定弟子主體說和三階段說的基礎上，力圖通過建構更爲完善的理論模式來確定主要作者；經過幾個參量形成的考證體系的量化結果，認爲子貢、子夏、子張、子游、曾參是《論語》的主要作者，而他們正是《子張第十九》的紀言主體，弟子專篇原是《論語》主要作者的一種特有的標誌方式。

0976　楊朝明，新出竹書與《論語》成書問題再認識，中國哲學史，2003（3）

　　　【解題】竹書材料證明《論語》的材料來自孔門眾多弟子，而由子思具體纂輯完成，有一定的思想主旨，有內在的嚴密邏輯，有「正實而切事」的突出特徵。

0977　梁濤，定縣竹簡《論語》與《論語》的成書問題，管子學刊，2005（1）

　　　【解題】根據定縣竹簡《論語》認爲崔述等人依據文體、稱謂所作關於《論語》成書的種種判斷難以成立。《論語》是由孔子弟子統一組織，集體編纂，經歷從孔子弟子到再傳弟子的較長時間。

論語筆解

0978　王明荷，《論語筆解》試探，中國經學史論文選集（上），臺北：文史哲出版社，1992

0979　查屏球，韓愈《論語筆解》眞僞考，文獻，1995（2）

　　　【解題】《論語筆解》非僞書，又非韓愈原本，而是宋人對「韓愈《論語注》十卷」的整理本，此書眞實性是可信的。

0980　黃愛平，《論語筆解》眞僞考補，遠東通識學報，2007（1）

孟子・孟子外書

0981　佚名，《孟子》一書作者是孟子，文匯報，1988，12，20（4）

0982　金受申，《孟子外書》考，亞洲文化論叢，1942（1）

0983　楊伯峻，《孟子譯注》導言，孟子譯注，北京：中華書局，1960

　　　【解題】孟子並非子思弟子，生於周安王十七年（公元前385）前後；《孟子》一書爲孟子所著，其弟子萬章、公孫丑參與了編纂。

0984　林慶彰，《孟子外書》辨，豐坊與姚士粦，臺北：東吳大學中文研究所碩士學位論文，1978

0985　屈萬里,《孟子》七篇的編者和《孟子外書》的眞僞問題,續僞書通考,
臺北：學生書局,1984
【解題】今本《孟子外書》出於姚士粦的僞託。

0986　呂濤,《孟子》的作者,孔子研究,1986（3）
【解題】認同司馬遷的觀點：「（孟子）退而與萬章之徒序《詩》、《書》,
述仲尼之意,作《孟子》七篇。」

0987　楊澤波,《孟子》作者新證,濟南市社會主義學院學報,1999（4）
【解題】在前人基礎上概括了《孟子》行文的七大特點（文字一體；文
章長展,文風浩然；沒有關於孟子容貌的記載；自稱爲子；除萬章、公孫丑
外,門人皆稱子；所見諸侯稱謚；文中有史實之誤）。《孟子》一書是孟子爲
了使自己的思想和事蹟不致於失傳,從而有意識地師法《論語》,在與萬章、
公孫丑等講學過程中,口授自己經歷和觀點,並讓弟子記錄下來,然後自己
加以整理刪定的結果,當然其間也不排除孟子自己寫作一部分,以及彙集其
他弟子平日所記的可能。

0988　張荷群,《孟子外書》考述,臨滄教育學院學報,2006（4）
【解題】從目錄學、作者以及先秦時期著作體列等角度進行了考證,認
爲漢代曾經有過以《孟子外書》命名的作品,然趙岐所見,已謂非眞,且已
遺亡,宋人所謂的《孟子外書》均爲僞作。

0989　俞林波,《孟子注疏》作者考論,文學遺產,2011（6）
【解題】《十三經注疏》之《孟子注疏》（即《孟子正義》）是否爲北宋
孫奭所作,學界向有爭論。從《孟子注疏》找到一條內證,證明《孟子注疏》
非孫奭所作。

四書評

0990　崔文印,李贄《四書評》眞僞辨,文物,1979（4）
【解題】《四書評》不是李贄早年的著作,而是葉晝僞託李贄之名的贋
品。

0991　崔文印,《四書評》不是李贄著作的考證,哲學研究,1980（4）
【解題】《四書評》即《四書第一評》,爲葉晝假名李贄的僞作。

0992　劉建國，也談李贄《四書評》眞僞問題，貴州社會科學，1983（3）

【解題】周亮工所說的葉畫僞造《四書評》的意見，不是他親眼所見，也不是親自考證，而是抄自盛於斯的傳聞，而盛於斯之說是不符合史實的；葉畫編《四書眼》時曾參考過《四書評》而不可能僞造《四書評》，如果說《四書評》是葉畫僞造的，那時李贄的好友焦竑和學生汪本鈳等人還活著，必然揭露葉畫的僞造行爲，且李贄自己也曾反覆說明過寫作《四書評》的過程。從《四書評》的思想傾向來看，不但不與李贄的思想傾向相牴牾，而且與他的思想傾向相一致，恰恰證明《四書評》是李贄的著作；從《四書評》中所用的批、評與李贄其他著作中的批、評來看，兩者的文字風格是完全一致的，足以證明《四書評》亦出自李贄之手；《四書評》並不是李贄早年的著作，也不是向反儒過渡時的著作，而是晚年的著作，是向尊孔思想倒退時的著作。

0993　任冠文，《四書評》辨析，文獻，1999（1）

【解題】盛於斯對葉畫僞造《四書評》的記載並不可靠，不能成爲《四書評》是僞書的依據；周亮工《書影》是在牢獄中撰寫的傳聞與讀書回憶錄，有許多內容不一定完全可靠。進而對《四書評》的思想內容進行分析，認爲它應該是李贄晚年的作品。

樂類

古今樂纂

0994　鄭祖襄，一段僞造的音樂史料——《古今樂纂》「隋代漢樂坐部」記載辨僞，音樂藝術，2008（1）

【解題】《玉海》所載徐景安《樂書》引用到一段《古今樂纂》文字，提到了「隋漢部坐樂」問題，這一記載與《隋書》、《舊唐書》、《新唐書》有關記載完全相悖，又與徐景安書原文不相吻合，這是一段僞造的史料，它出現在何文廣《古今樂纂》，是北宋初面臨與外民族矛盾爲突出華夏音樂文化而造的僞。其先被陳暘《樂書》所引用，又加以重新詮釋，後又被人滲入徐景安《樂書》，實與唐代坐立部的歷史沒有關係。

0995　王小盾，關於《古今樂纂》和音樂文獻的辨僞，文藝研究，2008（11）

【解題】對《古今樂纂》一段佚文作詳細考證，闡釋其中蘊含的音樂史

信息，進而確認其真實性。通過對「《古今樂纂》僞造說」的分析，提出音樂文獻辨僞的原則和方法：一、讀懂文獻，正確標點；二、對相關史料作客觀比較，避免先入爲主的成見；三、「多聞闕疑」，用充分考據的方式和保留沉默權的方式處理疑點；四、以「同情的理解」批判對象，尊重其時代屬性和表述習慣；五、注意個別現象與制度化現象的區別，以及事物名稱在廣義與狹義上的區別，避免比附；六、作判斷時尋找系統的證據，不立孤證，更不立臆說；七、正視不利於已說的證據，不故意迴避；八、考查著錄之時要做到資料完備並和推究徵引相結合；九、正確理解同書異名、同名異書等情況，分清名實；十、提升修養，達到「知」的境界。

0996　鄭祖襄，二辨《古今樂纂》「隋代漢樂坐部」記載之僞——與王小盾教授商榷，文藝研究，2009（5）

【解題】《玉海》載徐景安《樂書》所引《古今樂纂》「隋代漢樂坐部」這一記載與諸多隋、唐史籍所載同類史實不相符合，且文字自身不能釋通，不是出自唐代的《古今樂纂》，而是北宋何文廣的同名著作，是北宋「排夷」歷史背景下產生的一條僞造的史料。不瞭解音樂，不瞭解音樂史，見了這條記載就以爲隋代有坐部伎，並作牽強附會、強詞奪理的解釋，這樣的研究是不可取的。

0997　王小盾，再論音樂文獻辨僞的原則和方法，文藝研究，2010（5）

【解題】通過分析《古今樂纂》辨僞的實例，對音樂文獻辨僞的原則和方法作了概括，認爲音樂文獻辨僞是一項嚴肅的工作，它要求懂得著錄和徵引，以確認作爲研究對象的古書的傳承；要求廣羅證據，以探明各項記錄的歷史真實性；要求多聞闕疑，不以空話、假話掩蓋真實；要求以科學的態度做理論證，謹慎避免混淆概念、虛假推定、以偏概全、望文生義等邏輯錯誤。技術不可或缺，態度更爲重要。

0998　董曉明，再談《古今樂纂》「漢樂坐部」史料中的問題，文教資料，2012（17）

【解題】《古今樂纂》「漢樂坐部」史料中有概念及邏輯上的嚴重錯誤，其史料價值不高。《古今樂纂》原書今已不存，其原文如何現不可考，《古今樂纂》史料子遺均爲輯佚。因此前人的「真」「僞」之辯，都缺乏最重要的立論基點。理論立足點的模糊，使得「真」「僞」之斷均失其實。「漢樂坐部」文字上的粗樸，在史源學角度看，有原始史料的特點，但問題較多，不能輕信。

太和正音譜

0999　曾永義，《太和正音譜》的作者問題，續偽書通考，臺北：學生書局，
　　　1984

1000　洛地，《太和正音譜》著作年代疑，江西社會科學，1989（2）

1001　黃文實，《太和正音譜》曲論部分與曲譜非作於同時，文學遺產，1989
　　　（6）
　　　【解題】《太和正音譜》爲曲論和曲譜兩部分，前人依據序言及序尾印
章考定其成於洪武三十一年。《太和正音譜》的曲論部分的撰寫晚於洪武三十
一年，又把朱權曲論中表現的思想與他的人生經歷相比照，認爲曲論部分應
作於朱權的晚年。

1002　周維培，《太和正音譜》成書考論，南京大學學報，1990（4）
　　　【解題】從內證、外證兩個方面對朱權《太和正音譜》成書於洪武三十
一年的說法提出質疑，指出該書有朱權封藩大寧時的初刻本和改封南昌後的
增補本。

1003　姚品文，《太和正音譜》寫作年代及「影寫洪武刻本」問題，文學遺產，
　　　1994（5）
　　　【解題】《太和正音譜》寫作年代在永樂五年（1408）或稍前，沒有所
謂的「洪武本」；即令有所謂「洪武本」，也絕不可能是今存的「藝芸書舍本」
這個面目。

1004　車美京，《太和正音譜》成書時間考，大陸雜誌，1998（6）

1005　馮燕群，《太和正音譜》成書年份及兩個相關問題，四川戲劇，2006（2）
　　　【解題】《正音譜》當作於永樂四、五年，並在寫成之後朱權從未作過
修訂，因爲只有如此，我們才可解答以下兩個問題：一、朱權爲什麼在《正
音譜》中異乎尋常地鄙棄佛家；二、朱權爲什麼對朱有燉採取不應有的忽略。

小學類

爾雅

1006　張最初，《爾雅》作者考，尚友書塾季報，1925（3）
　　　【解題】郭璞序謂興於中古，其說最通，蓋既非一人，又非一時，故概

之曰中古；非專家之著述，爲學者之記注，故不曰作而曰興；遞相增益，先後不等，毛前毛後，皆不足怪。

1007　姚步康，《爾雅》成立時代之研究，徐中，1934（7）

【解題】《爾雅》絕非先秦產物，其成書時期甚長，或在東漢之後，亦未可知。今按：此說難以成立。

1008　呂思勉，論《爾雅》誰作，群雅，1940（3）

【解題】《爾雅》成書較晚，然其中有一篇最古，其餘爲後來所增益；平帝元始五年，嘗徵通《爾雅》者，則民間固有通其學者，通其學必有其書，今之《爾雅》蓋此等人所纂集。

1009　吳繼輝，《爾雅》作者及其年代之推測，文學研究，1940（4）

【解題】就《爾雅》成立上說，其當初時先成一部分，以後次第有所附益。最先出的《釋詁》一篇，殆出於孔子中年以後或距於七十子不遠的時代；《釋言》次之，當在七十子晚年至孟子以前的時代；《釋訓》又從而在其稍後，或同一時編；《釋親》、《釋宮》、《釋器》、《釋樂》、《釋天》，當爲戰國禮學盛行以後的作品；戰國末期新起一種地理學說，風行天下，因而《爾雅》又有《釋地》、《釋丘》、《釋山》、《釋水》諸篇出世；《釋草》以下至《釋鳥》諸篇，其大部分是解釋《詩經》中的草木蟲魚鳥獸的名稱和種類，參有《楚辭》的解釋不少，考《楚辭》之學在漢初極爲風行，此是其受影響結果的必然；《釋畜》篇末的部分和《周易·說卦》關係密切，因《易》在漢初最晚立於學官，故《釋畜》當在田何之世才出現。故《爾雅》成書從孔子中年起，至文、景之間止，約六百餘年，始告編成。

1010　何九盈，《爾雅》的年代和性質，語文研究，1984（2）

【解題】從先秦訓詁學發展的歷史、《爾雅》名義、《爾雅》內容、《爾雅》的結構和體例等四個方面論證《爾雅》成書於戰國末年，爲齊魯儒生所編撰。

1011　李開，關於《爾雅》的作者，中國語文，1989（1）

1012　王玉芬、李坤，《爾雅》名辨及其作者和成書年代，北方論叢，1989（3）

【解題】《爾雅》成書在秦前、戰國末期當屬無疑。

1013 吳禮權，《爾稚》古今研究述評，古籍整理研究學刊，1993（5）
【解題】就古今《爾雅》研究中關於《爾雅》的書名的意義、成書年代與作者、篇數、體例、注本、性質、價值七個方面作了簡要的評述。

1014 胡奇光、方環海，《爾雅》成書時代新論，辭書研究，2001（6）
【解題】《爾雅》初稿當成於《呂氏春秋》問世以後、秦始皇焚詩書之前，到西漢初期，經全面修改而定稿，其時間當在叔孫通「稍定」《禮記》之後，漢文帝置《爾雅》博士之前。

1015 竇秀豔，關於《爾雅》的成書時代和作者問題研究評述，東方論壇，2005（3）
【解題】對從古至今關於《爾雅》的成書時代和作者問題的各種論說進行了總結性研究和評述，分析了各種論說產生的原因，指出「戰國末期成書說」以一定的事實作爲依據，因而較爲可信，但同時《爾雅》也有在秦朝初年成書的可能。

1016 馮玉濤，論《爾雅》的作者和成書年代，寧夏師範學院學報，2007（5）
【解題】從「先秦的訓詁狀況奠定了詞書的訓詁內容和方式」、「文字的統一奠定了形成雅言的基礎」、「正名和名學思想的提出與發展奠定了形成一部同義類聚詞典的思想文化背景」、「讀書的要求爲一部詞典的產生提供了社會需求」四個方面，證明《爾雅》最遲當在戰國中期產生，其作者爲齊、魯一帶的孔門傳人。

1017 馮華，從古文字材料看《釋親》及《爾雅》的時代，漢字文化，2008（2）
【解題】從古文字材料出發，推斷《釋親》成於戰國中晚期。《爾雅》成書時代下限應早於秦代，而成書時代上限不能早於《釋親》的時代，且在秦代也沒有逃脫「焚書」的厄運，後來在漢初重出於世，可能經過當時學者的整理，尤其是在漢文帝將其立於學官之時，定要經過一番整理的。

1018 陳東輝，梁啓超、蔣伯潛《爾雅》出處說質疑——兼論蔣伯潛對《爾雅》之評價，中國典籍與文化，2011（2）
【解題】梁啓超、蔣伯潛關於「《爾雅》本爲《禮記》百三十一篇中之一篇或數篇」的觀點值得商榷，而蔣伯潛對《爾雅》之評價過低，亦不妥當。

1019　王璐，20 世紀《爾雅》文獻學研究，黑龍江大學碩士學位論文，2012

　　【解題】「《爾雅》成書年代研究」一節認爲，名學的發展對語言學產生了很大的影響，使得戰國末年，詞彙的邏輯語義分類理論成熟，這就爲《爾雅》的產生提供了基礎條件；戰國末期很多典籍的編寫體例日漸成型，並有一定的系統性，爲《爾雅》的成書提供了編寫典範；《爾雅》中很多記載內容，如地理或天文等，是戰國末期所特有的，種種跡象都表明《爾雅》成書於戰國末期的可信性；《爾雅》雖成書於戰國末年，但當時並不完善，只是初稿，後經秦漢儒生補充完整。

1020　楊一波，《爾雅》成書考，曲阜師範大學碩士學位論文，2014

　　【解題】共分六章：第一章「《爾雅》成書問題諸觀點之文獻考述與批判」，介紹古今《爾雅》成書問題的十種觀點，並分析諸說不當之處，進而指出《爾雅》成書問題尚未得到解決。第二章「《爾雅》成書問題之研究基礎」，通過分析《爾雅》之結構體例，否定其「非一人一時而成」之論斷；憑藉首章之研究，輔以次章之分析，判斷《爾雅》之成書早於秦代，且其作者當爲齊魯之人。第三章「從《爾雅》之名義看《爾雅》之成書」，作者認爲《爾雅》之名義爲「近正」，「正」即正統之言；而春秋至戰國時期，「雅」字之義由政治意義向容貌與道德義轉變，故《爾雅》存在成書於春秋時期的可能性。第四章「從春秋時期之政治風氣看《爾雅》之成書」，春秋時期具有顯著的「賦詩言志」之政治風氣，研習《詩》義爲時代之要求，且《爾雅》釋《詩》之詞條，無論就深度或廣度而言，俱較釋它書爲多，故《爾雅》可能成書於春秋時期。第五章「從《大學》看《爾雅》之成書」，《大學》釋《淇奧》之文取自《釋訓》，即可證《大學》晚於《爾雅》成書，又《大學》成書於戰國早期，故《爾雅》至少成書於春秋時期。第六章「從《大戴禮記·小辨篇》看《爾雅》之成書」，《小辨篇》孔子「爾雅以觀於古」之言誠爲可信，且此「爾雅」作書名解，故《爾雅》之成書必早於孔子生活之年代。

1021　楊一波，《爾雅》成書時代新考，古籍整理研究學刊，2016（4）

　　【解題】《爾雅》之成書時代，歷來眾說紛紜，莫衷一是。以其名義察之，《爾雅》可能成書於春秋時期；以《大戴禮記·小辨篇》所載孔子之言察之，孔子之言可以取信，且孔子所語「爾雅」當解作書名，故《爾雅》之成書當早於孔子生活之時代。

小爾雅

1022　遲鐸,《小爾雅》初探,陝西師大學報,1985(4)

【解題】《小爾雅》同《爾雅》一樣,並非一時、一地、一人所著,乃是自先秦始,經歷了兩漢以至魏晉這個漫長的歷史時期,集中了不少學者的聰明才智和辛勤勞動,採用了《爾雅》的訓釋方式,陸續增廣、補充《爾雅》而成書的。當然,也不排斥其中有孔鮒、王肅諸學者的心血。

1023　彭林,《小爾雅》,古籍整理研究學刊,1986(2)

1024　趙伯義,戴震「《小爾雅》非古小學遺書」說質疑,寧夏大學學報,1986(3)

【解題】從論據上反駁戴震的觀點,認爲戴氏列舉的三條根據(四個誤例、錯誤不勝枚舉、漢代大儒不取其說)都不可靠,因此他提出的《小爾雅》「非古小學遺書」說也就不能成立。

1025　郭全芝,《小爾雅》產生時代初探,淮北煤師院學報,1996(1)

【解題】從辭典編撰史角度、《小爾雅》的方言詞、《小爾雅》的句式三個方面考察,認爲今存《小爾雅》即《漢書·藝文志》所載舊本,產生於西漢,後經魏晉人潤色,作者係楚人,其他情況不詳。

1026　楊琳,《小爾雅》考實,文史,2002(2)

【解題】《小爾雅》非一人一時之作,其主體部分纂輯於西漢,東漢至宋元遞有增益。

1027　梁紅,《小爾雅》述評,遼寧師範大學碩士論文,2003

【解題】「《小爾雅》成書時代及其作者」一節從漢代經學的發展、《小爾雅》的訓釋、某些漢代新生詞語和詞義的收錄、某些詞語的寫法、《小爾雅》的釋義方式等五個方面考察,認爲《小爾雅》的成書時代應在西漢,至於其作者,由於沒有確切的史料證據爲佐證,還無法得到確切的結論。

1028　劉鴻雁,《小爾雅》綜論,寧夏大學碩士論文,2003

【解題】「《小爾雅》成書時代及其作者」一章認爲,《小爾雅》收錄了先秦的古語,同時還記錄了其成書時代的詞彙,從其所記錄的詞彙以及後人徵引的內容,可以推知《小爾雅》成書應在西漢;《小爾雅》所解釋的方言詞中稱引最多的是楚方言,其作者可能是楚人;《小爾雅》詞語的編排及其體例

非常統一，不雜亂，當是出自同時代一些人之手，最初的作者可能是西漢時的楚人。

1029　劉鴻雁，《小爾雅》補證，延安大學學報，2005（6）

【解題】《小爾雅》的內容是可靠的，成書年代應西漢時期，作者可能是楚人。

1030　孫少華，《小爾雅》成篇時代與作者及其與《孔叢子》之關係，廣西師範大學學報，2009（2）

【解題】從文獻學角度對《小爾雅》的成篇時代、作者及其與《孔叢子》之關係進行考察，認爲《小爾雅》最早成書於秦漢之際，最早的作者爲孔鮒，其後歷漢、魏、晉又經後人增益、改定；《小爾雅》最早於秦漢之際被附於《孔叢子》，魏晉之前被輯出單行，而非後人以爲先單行後被採入《孔叢子》。

1031　屈王靜、趙琦，《小爾雅》考述及辨正，山西大同大學學報，2015（3）

【解題】對前人的考證工作予以概述，並對其中個別觀點加以辨正。著重從《小爾雅》的源流演變、前人徵引《小爾雅》的情況、《小爾雅》的眞僞、作者及成書時代的考述等幾方面進行探討，認爲其書當是古小學遺書。至於對於其作者的考證，作者認爲在目前條件尚不成熟的情況下，應謹愼對待。

1032　馮娟，《小爾雅》成書時代管窺，文學教育，2015（11）

【解題】《爾雅》立於學官後，不便再加增刪，但確有《爾雅》未收的詞或詞義，故補其未備而有《小爾雅》，所以《小爾雅》成書當在《爾雅》立於學官後，且《爾雅》得到全面普及後不久，應該在武帝之後的幾十年，始作於元帝、成於成帝之時，或者直接說成書於成帝時代。

切韻指掌圖

1033　趙蔭棠，《切韻指掌圖》撰述年代，輔仁學誌，1934（2）

【解題】從版本上考察，認爲《切韻指掌圖》非司馬光所作，它是淳熙三年（1176）以後與嘉泰三年（1203）以前的產物。

1034　許世瑛，證司馬光不作《切韻指掌圖》，中國留日同學會季刊，1943（4）

【解題】《切韻指掌圖》異於《廣韻》而同於《集韻》者甚多，足以證明其所列字必據當時方音，非若《廣韻》之綜合古今南北之音也；又考《切

韻指掌圖》與《集韻》、《類篇》不合之處，爲數亦多，足證其純以當時方音爲主，而非若守舊者強今以從古也；故《切韻指掌圖》非司馬光所作。

1035　董同龢，《切韻指掌圖》中的幾個問題，歷史語言研究所集刊（第十七本），1948

　　【解題】《切韻指掌圖》或爲南宋江西僧人所著，並非專依《廣韻》、《集韻》而作。

1036　黃典誠，糅合唐宋的韻圖——《切韻指掌圖》，《切韻》綜合研究，廈門：廈門大學出版社，1994

　　【解題】司馬光果有《切韻指掌圖》之作，必載《傳家集》中，必爲儒林所共悉，今二者俱無，故爲可疑；司馬光所繼者乃纂修《類篇》之職，非續爲《集韻》之編，今序乃云「討究《集韻》之暇，而有《切韻指掌圖》之作」，可見其僞。作者推測，可能是番禺董南一把楊中修的《切韻類例》改爲《切韻指掌圖》，又把孫覿的序改爲司馬光的序。

正字通

1037　丁鋒，關於《正字通》作者，宜春師專，1981（2）

1038　丁鋒，《正字通》著者是廖文英，辭書研究，1984（1）

1039　胡迎建，《正字通》著作者應爲廖文英，文獻，1989（1）

　　【解題】查《豫章叢書》中張自烈著書目錄，知其以治史見長，僅有《字彙辨》是論文字的，字不滿千，大概研究文字非其所長，何能作《正字通》？認爲《四庫提要》據叢談雜史，以爲是張自烈作而廖文英購之，改署己名，實誤。

1040　喻劍庚，張自烈和《正字通》，江西大學學報，1989（3）

　　【解題】《正字通》一書舊本或題明張自烈撰，或題清廖文英撰，或題張自烈、廖文英同撰。確爲張自烈撰。

1041　喻劍庚，《正字通》作者考，南昌大學學報，1994（4）

　　【解題】從《正字通》一書作者的籍貫、生平、治學方向、版本互異、售版始末，以及該書的編排體例、凡例、正文內容與明代梅膺祚《字彙》的關係諸方面，認爲《正字通》是爲補正《字彙》而作，作者爲張自烈；《字彙

辯》或即是《正字通》的原稿，因售稿，廖文英將其更名。

1042　古屋昭弘，《正字通》版本及作者考，中國語文，1995（4）

【解題】《正字通》最早的版本是白鹿書院本，並非弘文書院本，後來印行的劉炳補修本和清畏堂本基本上都使用白鹿書院本的版本；張自烈在明崇禎年間編的字典叫《字彙辯》，經過張氏自己的增訂後，改名爲《正字通》，而廖文英只有出版的功勞。

1043　董琨，《正字通》一書及其作者，辭書研究，1996（3）

【解題】在康熙九年庚戌之前（也許竟就是康熙六年），廖文英或出資五百金，或答應給張自烈養老送終，而張則將所著《字彙辯》稿本徹底奉送給廖。廖又花費了三年左右的時間，對《字彙辯》加以修訂增補，粗成定本，易名爲《正字通》，於康熙九年以自己作爲唯一作者的名義付梓刊行。而張在承認廖爲《正字通》唯一作者的同時，還從自己的文集中刪去與此有關的記載，只留下一篇與《正字通》似乎沒有直接聯繫的《字彙辯序》。他們倆就這樣地完成了對《正字通》一書的著作權轉移。

1044　喻劍庚，《正字通》爲張自烈所輯考，中國典籍與文化，2001（3）

【解題】《正字通》最初應叫《字彙辯》，是對《字彙》的補充和訂正；《字彙辯》即是《正字通》的原稿，廖文英更其名，作者應是江西宜春人氏張自烈。早在崇禎年間，張自烈就在開始編輯《字彙辯》，於清順治十六年（1659）寫了序文，欲「合侵問世」，因缺乏資金而未能付梓；但一直未停止修訂工作，直到清康熙四年（1665）全書才全部殺青。後因答應爲亡友刊刻文集，無資付梓，就把《正字通》手稿售給廖文英。

1045　蕭惠蘭，張自烈著《正字通》新證，湖北大學學報，2003（5）

【解題】《正字通》是張自烈所著，作者通過對「帶巴樓本」的考察，以及與現存諸本的比較，認爲從帶巴樓本、弘文書院本、白鹿書院本，依次反映出廖文英逐步改變《正字通》著作權的過程。清人顧景星爲訂正《正字通》而作的《黃公說字》，書前有趙嶷《黃公說字序》，該序將《字彙辯》何以易名《正字通》、《正字通》書名題解、廖文英如何改序更例而使原撰著者姓字泯沒交待得一清二楚。

1046　段曉華，《正字通》著作權考辨——兼論張自烈、廖文英之關係，南昌

大學學報，2007（2）

【解題】張自烈甘願將自己的著作權交予廖文英，不只是爲了療貧，很大程度上是爲了報恩，所以包括其弟在内的張氏後人，絕不會向廖家討要原稿，更不會透露實情的。廖文英得到稿本刊刻時，根據當時社會語言普及和書市流通的需要，在書前加了滿文 12 字母。廖文英對《正字通》的貢獻，在於資助刊行，而著作權理應歸張自烈，廖文英署名當冠爲「刊梓」或「刊行」。

1047 劉澤民，《正字通》作者問題補證，中國語文，2010（6）

【解題】就古屋昭弘《正字通》反切音系帶有贛方言色彩的觀點，在以下方面作了補充論證：（一）古屋用反切系聯法總結《正字通》音系特點，該文採取數據庫統計法進行論證；（二）對廖文英的方言背景作更深入探討，論證廖氏方言爲連州土話，而非客家話；（三）古屋只將贛語宜春話與《正字通》音系進行比較，論證尚欠嚴密，該文將比較擴大到宜春話、連州土話、連州客家話和明末南係官話；（四）揭示了《正字通》與宜春話一個共同的新的音系特點，即知二和莊組相混、知三和章組相混。《正字通》整體音系還是可以看出張氏宜春話的影響，而看不到廖氏方言的影響，是知《正字通》是張自烈所著。

1048 方子昭，張自烈與《正字通》，江西廣播電視大學學報，2011（1）

【解題】張自烈心甘情願把自己的《正字通》著作權送給廖文英，有三全其美： 其一， 耗盡心血編成的字典，總算得以見天日，能爲天下學子所用，無論署誰的名並不重要；其二，在有生之年，總算兑現了自己的諾言，可「告慰亡友之靈」；其三，報答廖氏對自己的關照。

1049 董琨，《正字通》及其作者，述學集，北京：商務印書館，2012

【解題】主要觀點與作者之前發表的《〈正字通〉一書及其作者》一文無太大變化。

其他

1050 漆永祥，俞樾《古書疑義舉例》係襲江藩《經解入門》而成，中國語文，1999（1）

【解題】此文觀點已被證實爲錯誤，《經解入門》乃抄襲他人著作而成。

1051　司馬朝軍等，俞樾《古書疑義舉例》係襲江藩《經解入門》而成嗎？
　　——與漆永祥先生商榷，中國語文，1999（5）

　　【解題】《經解入門》乃後人託名江藩的作品，其成書在《古書疑義舉例》之後，因此決非俞樾襲用了江藩之說，而只能是《經解入門》抄襲了《古書疑義舉例》。其證有六：（一）《經解入門》的版本來歷不明；（二）《經解入門》的阮序係模仿、抄襲《國朝漢學師承記》阮元序而成；（三）《經解入門》多記江氏身後人、事；（四）《經解入門》多與江氏歿後著述雷同；（五）《經解入門》與《國朝漢學師承記》多相矛盾；（六）《古書疑義舉例》與《經解入門》條例不盡相同。今按：詳見《經解入門整理與研究》一書。

1052　伏俊璉，俞樾《古書疑義舉例》不是襲《經解入門》而成，古漢語研究，2000（2）

　　【解題】從江藩的生平著述以及《經解入門》的序和正文等方面考證《經解入門》不是江氏所作，並根據顧頡剛的回憶誤定此書爲崔適所作。

1053　周德美，戴震《〈爾雅文字考〉序》考僞，文獻，2003（3）

　　【解題】任基振《爾雅注疏箋補》自序與戴震文集內的《〈爾雅文字考〉序》雷同，從《古訓》的修改狀況和它作爲自序所序對象及其所顯示的成書過程、作者經歷、學術觀點等方面的情形，結合相關材料進行分析，判定它是任氏《爾雅注疏箋補》自序的改定稿。大概是孔繼涵從戴氏其他文稿中發現「古訓」一篇屬於研治《爾雅》的自序，且上有戴震改乙的手跡，就同手頭的《爾雅文字考》聯繫起來，誤認作該著自序初稿，因而替換掉原有的書名，改題《〈爾雅文字考〉序》，收錄集中。

1054　陳鴻森，《經傳釋詞》作者疑義，中華文史論叢，2006（4）

　　【解題】《經傳釋詞》一書其實多出王念孫之手，假託其子所撰。